教养儿女

GPS

N

S

掌握黄金十年的教养指南

兼备学术理论与实际应用，
针对现代家庭所面临的子女教养问题，
让您育儿路上不致迷航……

高伟雄 著

四川大学出版社

责任编辑：余　芳
责任校对：敬铃凌
封面设计：大观视觉顾问股份有限公司
封面制作：米迦设计工作室
责任印制：王　炜

图书在版编目(CIP)数据

教养儿女GPS：掌握黄金十年的教养指南 / 高伟雄
著. —成都：四川大学出版社，2016.8
　（亲子教育系列）
　ISBN 978-7-5614-9887-3

Ⅰ.①教…　Ⅱ.①高…　Ⅲ.①家庭教育　Ⅳ.①G78

中国版本图书馆 CIP 数据核字（2016）第 214461 号

授权者——橄榄出版有限公司

简体中文版权授权深圳市爱及特文化发展有限公司

四川省版权局著作权合同登记图进字 21-2016-316 号

书名	**教养儿女 GPS——掌握黄金十年的教养指南**
	Jiaoyang Ernü GPS—Zhangwo Huangjin Shinian de Jiaoyang Zhinan

著　者	高伟雄
出　版	四川大学出版社
地　址	成都市一环路南一段24号（610065）
发　行	四川大学出版社
书　号	ISBN 978-7-5614-9887-3
印　刷	深圳市希望印务有限公司
成品尺寸	170 mm×230 mm
印　张	22.75
字　数	268千字
版　次	2017年3月第1版
印　次	2017年3月第1次印刷
印　数	0 001～6 000册
定　价	56.00元

◆读者邮购本书,请与本社发行科联系。
　电话:(028)85408408/(028)85401670/
　(028)85408023　邮政编码:610065
◆本社图书如有印装质量问题,请
　寄回出版社调换。
◆网址:http://www.scupress.net

推荐序一

华人父母们的祝福和启迪

一对夫妻要"成为"父母，不需要任何资格鉴定，也不需要通过任何考试与训练。但要成为称职的父母，懂得与儿女沟通，建立亲密的亲子关系，培育儿女在身体、心理、情商（EQ）、智商（IQ）、速商（SQ）各方面健康成长，成为一个健全、成熟的人，是何等艰巨的一项生命工程！

高伟雄博士累积了多年培养青少年的经验，又与太太一起养育女儿健康成长，再加上他作为辅导员的专业训练及临床经验，为华人家长编写了一本养育儿女的"手册"。这本"手册"加入诸多育儿心得和实际案例，帮助父母掌握养育孩子头十年的重要理念，实在是父母们必备的实用育儿书。

本书的内容很全面，涵盖了孩子成长头十年的所有重要议题，也能提供实际的处理方法和指引，父母们若尽早阅读，可减少育儿路上的困难和风浪。

我们实在为这一本书的面世感到雀跃，也为高伟雄夫妇所花费的心血和努力感到骄傲，祝福《教养儿女GPS》，愿它成为更多华人父母的祝福和启迪，让我们一同在养育儿女的路上，继续成长，培养出健康、快乐的下一代！

苏颖智，苏李姜慧

香港播道会恩福堂主任牧师，师母

推荐序二

教养宝典

　　自来到得克萨斯州认识高伟雄博士，短短七年当中，我们布兰诺华人宣道会很荣幸每年至少能有四五次请他到家庭教室和姐妹会来作婚姻、家庭、个人成长及教养子女的讲座的机会。他每场满座的讲演和精彩实用的著作，令人受益良深。当高博士邀我为他即将出版的《教养儿女GPS》一书写序时，我虽自愧资格不够，然而，想到能抢先拜读新书的文稿，我还是义不容辞地欣然接受了。

　　根据我个人随夫蔡应时牧师从事几十年教育事业的经验，我深信这本书堪称现代华人父母教养子女的宝典。

一、包含丰富、具体、实用的内容

　　本书所触及的几乎都是父母们最棘手和最需要得到解决的问题。诸如父母的角色，养儿育女的目的，如何与孩子进行良好的沟通，如何管教孩子（惩罚和奖励孩子的原则），电子产品对孩子的影响，家庭性教育，如何纠正孩子的偏食习惯（使孩子有健康的身体），如何培养孩子的情商和良好品格，如何处理手足纷争以及为孩子进入青少年时期做好准备，等等。

首先，作者用耳熟能详的生活常例来介绍或提醒父母各主题的重要性。若父母能把握好孩子年幼的教养时机，父母与孩子将会成为幸福的双赢者。否则，日后孩子在就学、谋生及与人相处上会遇到种种困难，甚至成为父母的负担或社会的祸患。

其次，作者对各类教养难题，根据他本身丰富的专业知识以及多年的亲身教导和辅导经历，结合教育学家或科学家的相关研究，具体分析了所有影响因素，让父母看清楚症结所在，进而提出了父母要避免的错误、想法、态度和做法等，使父母有防患未然的把握和解困的出路。

最后，作者提供了正面的、可行的、有效的策略和实行的步骤，让父母知己知彼、百战百胜。这正是父母及老师最需要的信息！拥有这本《教养儿女GPS》就是把资深专业辅导高博士请回家了。

二、针对父母的谆谆劝勉

作者在字里行间不断提醒——成为成功父母的先决条件是树立好榜样，以身作则。孩子在成长阶段，父母的一言一语、一举一动都在影响着他们的道德品格，潜移默化地建立他们的价值观和人生观。因此，我们必须注意自己的言行。

父母的角色随孩子的年龄增长要做调适，从单纯的双亲成为他们的玩伴、朋友、导师。作者说"父母是要做一辈子的"，又鼓励父母们"不要怕难，你做得到，你孩子也做得到，先对自己要有信心"。

由于本书兼备学术理论与实际应用，它确实是10岁以下孩子的父母和准父母必读的教科书，是指导父母能成功称职，防患未然的导航仪（GPS）；它也是青少年父母亡羊补牢的指引，更是从事教育和辅导工作者必读的参考书。建议您先将整本书通读一遍，然后选择您需要的主题去细读并实行之。那么您和孩子们就有福了！

蔡潘纯金

布兰诺华人宣道会妇女事工主任

推荐序三

成功父母的智慧结晶

高伟雄博士是我相交至深的好友，我们认识了将近三十年。这本书是他积累了几十年的经验，参考了无数的报告，经历了各种辅导个案，阅读了许许多多有关教养子女的书籍的智慧结晶。这本书聚焦于现代家庭所面临的子女教养问题，非常实用。

早在二十多年前我们夫妇就已看见高博士对青少年的关心和爱护，那时我们就邀请他一同来教课，好帮助大家学习如何教养子女。今天看见他写成这本实用又深入浅出的书，实在要为他、为他的成就而感到骄傲。他更大的成就在于成功教养了一个硕士毕业、亭亭玉立的药剂师女儿Priscilla。这也证明高伟雄博士夫妇是成功的父母，他的书绝不是空谈。

本书共13章，主旨是要父母明白生儿养女的目的，并且引导儿女选择他们人生的正确目标和方向。它很详尽地讲述了一般中国家庭最常出现的问题——沟通。

第5章情商（EQ）是我们以前常忽视的课题，作者进行了深入的研究。单单这一章已足够值回票价，因为情商是一个人最基本的合群方法和技巧。书中教我们如何教导、训练儿女，使他们能平顺地与人相处。

第7章有关偏食，作者提醒父母注意这一问题，并提出了有效的对策。

第11、12两章关于品格培养，作者特别列举出八项重要的品格。它们是培养孩子良好情商的基础，不但每项都解释得十分清晰，而且有实际的问答范例。

我诚心推荐这本书给所有的家庭，不论您的儿女年龄多大，这是一本开卷有益的书。诚心祝福您。

（夏沛）

香港播道会恩福堂牧师

自　序

赞美上天奇妙的安排

我有一个女儿，才刚过22岁生日。记得我第一次开设"养儿育女"这门课程，是二十四年前的事。换句话说，在我女儿尚未出生时，我就已经开始教导父母怎样教养儿女了。你可能会感到很好奇，我有什么天大的本领，还没有当父母就教人如何做父母。让我稍微解释一下。

我曾有机会在教会的青少年团契服事，前后有六年的时间。这群孩子刚好进入青少年反叛时期，身体、思想各方面出现很大的变化，和父母的关系偶尔会出现擦枪走火的状况，而作为辅导者的我常常周旋在这些青少年与父母之间。

借着与他们玩耍和打球的机会，我们建立起了亦师亦友的关系，所以我也成了这些青少年与他们父母之间的一道沟通桥梁。当时我也是抱着半学习、半摸索的心态，扮演辅导者的角色，算是陪伴他们走过那段崎岖不平的人生道路。在这个过程中，我也曾经花了不短的时间研究青少年成长的心理变化，察觉到很多青少年的问题可以追溯到他们原生家庭的成长背景，当中也牵涉他们家庭中父母的婚姻关系。日子久了，我也变成教养儿女这方面的半个专家，因此才出现自己的孩子没出生，就开始教别人怎样做父母这种奇怪现象。

不过，有一点要补充的是，当年不是我一个人单独挑起这门课的担子，我只是负责讲授青少年那一部分而已，真正负责这门课程的是夏沛教授和周崇颐师母，他们两人可以说是我的启蒙导师。当年他们大胆邀请我参与养儿育女课程，让我在孩子尚未出生以前，就得以学习自己怎样当一名父亲。让我更意想不到的是，日后我成为全职专业辅导员，我过去在青少年团契所经历的一切，成为我辅导和教学上非常有力的帮助。在这里，我不得不赞美上天奇妙的安排。

自从成为一位专业辅导员后，我每隔三四年就会在得克萨斯州阿灵顿华人教会的主日学讲授"养儿育女"课程，偶然也到附近不同教会作这方面的专题演讲。在大家的回馈和鼓励下，最后我把所讲的内容编写成这本书。

感谢阿灵顿华人教会过去多年对我的造就和栽培，也敢放手让我多次在教会的主日学开办教育孩子的讲座。也谢谢过去曾经参加过我课程的朋友们，他们给了我很多宝贵的回馈，也因为他们有形无形的鼓励和支持，我终于把这本书完成。另外，特别感谢住在亚特兰大的张蕙燕姐妹，她们在百忙中抽空阅读我的手稿，并且帮我进行文字上的修正，也谢谢住在达拉斯的臧彤姐妹，她们在阅读我的手稿之后，提出了宝贵的意见，在这里衷心地感谢她们。

女儿的回应

仿佛看见当年

对于父母最佳的描述莫过于"永恒灵魂的管家"吧。你可以把孩子培养成最棒的运动员、最聪明的科学家，或是未来的总统，倘若其人品出现了缺陷，这又有什么益处呢？一个称职的父母亲，不只是要让你的孩子可以在世上求生存，更是要让他们有丰盛的生命。

还记得最初听到"爸爸""妈妈"时那种兴奋的心情吗？孩子在几个月的牙牙学语之后，终于出现了一些值得赞许的举动。但是研究显示，婴儿所说的话跟先天智力没有多大联系，而是父母无数次重复相同的字句在婴儿的脑中留下的印记。

我认为，同样的道理也适用于孩子的成长。身为孩子，我们永远不能完全理解父母为了塑造我们的品格而下的一番苦心。我们只是听见单调的重复，到我们能理解时，那些词汇早已深深地留下烙印了。

说实话，我已经记不清这本书中提到的有关我的故事了。它们大多是在一个孩子记忆深处无关紧要的琐事。然而，生命正是由这样一个个小小的细节组成的：心情沮丧时给予的安慰，在空旷的停车场里与父亲疯狂追逐，球赛获胜后的大肆庆祝……

　　也许，作为孩子很难说清自己是如何长大成人的，但是我们都清楚地知道我们的父母一定做了一些对我们影响深远的事。对于父母的养育之恩，我们一生都无以回报。

　　对于这本书我的一点肤浅感受是，作为父母，没有一种"秘方"可让你教出完美的孩子。父母的角色是持续不断的，每一个行为都将带来后果，无论是积极的还是负面的，都将产生重大的影响。毕竟，孩子不是父母的财产，父母只是一个管家，他们的职责就是养育下一代，回报世界。

　　但愿你读了这本书以后学会怎样为孩子付出。看着父亲的心血化为文字，我仿佛看见当年他对一个灵魂所付出的心力与感情。我为他对我的付出长存感激。但愿，他送给您的这份礼物也将成为您送给孩子的无价之宝。

高依灵

目 录

前　言　　　　　　　　　　　　　　　　　　　　　1

青少年问题的前身 / 1

我到底哪里做错了？ / 2

先处理教育孩子的障碍 / 5

1　养儿育女　　　　　　　　　　　　　　　　　9

孩子个性的形成因素 / 10

养育孩子的八种错误心态 / 15

管家心态 / 25

2　育儿基本概念　　　　　　　　　　　　　　31

胎儿期和幼儿期 / 33

孩子的依恋行为 / 37

培养孩子的正面情绪 / 41

幼年时期孩子的五个特点 / 45

结论 / 48

3　沟通　　　　　　　　　　　　　　　　　　53

父母与孩子沟通出现问题的原因 / 56

父母与孩子沟通常犯的十个错误 / 60

什么是沟通 / 70

与孩子建立良好关系与沟通 / 73

结论 / 82

4　**父母角色**　　　　　　　　　　　　　85

丈夫妻子角色不同 / 87

父母亲不同角色对孩子的影响 / 90

是父母也是夫妻 / 96

结论 / 100

5　**情商**　　　　　　　　　　　　　103

智商与情商 / 104

如何培养孩子的情商 / 106

结论 / 122

6　**管教**　　　　　　　　　　　　　125

管教 / 127

两种不当管教方式 / 129

威信型父母的教育方式 / 131

承担后果 / 141

结论 / 145

7　**偏食**　　　　　　　　　　　　　147

父母的错误理念 / 149

什么是孩子的正常饮食行为？/ 151

家庭用餐的规矩 / 154

结论 / 162

8 性教育   165

"性"是礼物 / 167

父母错误的心态 / 167

孩子缺乏性教育的结果 / 171

全人教育 / 175

按年龄教育 / 190

结论 / 195

9 手足阋墙   199

客观看待手足相争 / 200

处理手足冲突 / 202

以创意处理手足争执 / 217

结论 / 218

10 电子产品   221

高科技产品衍生的负面影响 / 222

手机 / 224

电玩 / 229

电视 / 235

网络安全 / 243

聊天软件 / 252

结论 / 255

11 品格培养（上）   257

品格及其培养 / 257

爱心 / 261

尊重 / 265

诚实 / 269

自律 / 274

12　品格培养（下）　　　　　　　　　　　　*281*

勇气 / 282

诚信 / 286

心平气和 / 291

自信 / 297

结论 / 304

13　青少年　　　　　　　　　　　　　　　　*307*

青少年生理心理变化 / 309

父母面对青少年的问题 / 312

青少年矛盾情结 / 319

父母与青少年的冲突区 / 320

青少年最容易挑动父母神经的语言和行为 / 320

避开地雷区 / 324

父母容易犯的六个过错 / 327

对付青少年的有效工具 / 328

与青少年建立美好关系 / 331

有关约会的事 / 334

结论 / 337

参考文献　　　　　　　　　　　　　　　　　*341*

前 言

青少年问题的前身

青少年手上拥有七张"王牌",可以让他们的父母感到震惊、害怕,甚至暴跳如雷。这七张王牌分别是:

一、对父母无礼:瞪你一眼、翻白眼、讲粗话、爱理不理。

二、逃学:把成绩弄得一塌糊涂。

三、离家出走:跑到朋友家,好几天不见踪影。

四、乱搞男女关系:卧室藏有避孕药、保险套。

五、抽烟喝酒:卧室留下空酒瓶和烟屁股。

六、暴力威胁:讲威胁的话,墙壁留下拳头痕迹,玩刀弄枪。

七、自杀。

不管他们这样做是故意的,还是装腔作势,这些行为都足以让父母胆战心惊,一夜白头。

当你打开本书,你应该已经成为父母,或准备为人父母。如果你的孩子已经进入青春期，借着你过去跟孩子所建立的良好关系，希望上述的青少年问题并没有出现在你的家中。如果你的孩子现在只有几个月大，或尚在幼稚之年，也许你认为上面讲到的青少年问题离你太遥远，不可能出现在你的孩子身上。不过，我希望你不要太过天真，说实在话，每天从网络、电视、报纸等各种传播媒体中，我们随时看得到与青少年有关的负面新闻，让父母心惊肉跳。

2009年的同一个月内，三个不同地方发生了类似的事件。台湾一名17岁男生因为不满父亲有外遇，在某个凌晨伙同朋友砍杀正在熟睡中的父亲；新墨西哥州一名10岁男童，疑因不满父亲管教严格，用来复枪射击父亲头部致死；香港一名8岁男孩，由于母亲认为他学习态度欠佳罚打他手心，男童因此不满而报警告发母亲。

我到底哪里做错了？

身为专业辅导多年，我处理过不少家庭的青少年个案，有东南亚的东方家庭，也有土生土长的西方家庭。不管是华人、白人还是黑人家庭，据孩子父母所言，他们的孩子跟其他一般孩子一样，尽管从小都有调皮捣蛋的时候，但基本上父母还能够控制住他们；但自从进入初中、高中以后，孩子好像成了脱缰野马，行为态度跟以前判若两人，而且不受父母管束。有跟母亲起冲突而动手打人的，有因怀孕而中途辍学的，也有吸毒搞帮派被送到感化院的。反正上面提到的青少年的七张"王牌"问题，可以说是辅导工作中的家常便饭。陷入教养困境的父母都异口同声地问："我到底哪里做错了？"

不久以前，我在美国看到一个很受欢迎的电视谈话节目《费尔医生》（"Dr. Phil Show"，美国哥伦比亚广播公司知名节目），主持人是一位资深的心理学家，节目内容大部分是讨论当前家庭和社会的弊端。当天主持人访问一个出现暴力问题的家庭，被殴打的是一位单亲母亲，而动手打人的是母亲心爱的还未满17岁的女儿。主持人虽同情，但也很坦率地问这位单亲妈妈："你女儿今天变成这个样子，你认为你自己应该负什么责任？"这个问题实在是一语中的。这位母亲含泪陈述女儿的童年往事，主持人费尔医生事后作了一些补充，表示孩子年幼时闹情绪、发脾气、摔东西、打人骂人，如果父母没有认真和适当地处理，进入青少年期，情况只会变本加厉，到了成年期更会成为强暴、伤人、杀人等犯罪问题的起因。主持人的这番话并非对这位母亲落井下石，而是提醒那些孩子尚年幼的家庭，如果孩子年幼时没有受到父母良好的引导和管教，一旦进入青少年期和成人期，他们就容易成为社会的毒瘤。

无法否认的是，跟上一代的父母相比，在养育孩子的过程中，现代父母所面临的挑战非常大。几十年前，学校的"问题学生"顶多只是吃口香糖、上课讲话、不专心听课、在课堂上乱丢东西、斗嘴，比较严重的可能是男生扭打成一团。而现在父母面对的孩子问题，则包括青少年未婚怀孕、校园枪杀、在外搞帮派、吸毒酗酒、沉迷网络或色情等。父母更没有想到，他们会被自己一手抚养长大的孩子打得青一块紫一块。比较起来，上一个年代的亲子问题实在只是"鸡毛蒜皮"。

有些父母认为，上面所提到的情况其实都是一些极端的例子，通常不会出现在一般的家庭当中。这的确是事实。不过，回想我们这一代与父母的关系，尽管不见得出现水火不容的紧张状态，但一般来说，两代之间的确少了彼此期盼的那份亲密感，为什么？原因很多，归根结底，还是因为中国传统养育孩子的方法和观念，并没有让两代之间产生很强烈的连接。如果我们与上一代缺乏亲密的亲子关系，你能保证你跟下一代会有所不同吗？身为父母，除非愿意主动打破旧有的中国传统教育模式，否则我们仍会重蹈上一代的覆辙。

尽管今天养育孩子有很大的挑战性，但也并非意味着孩子将来一定会出现前面所讲的那么吓人的状况。这完全取决于在孩子的成长过程中，父母抱着一个怎样的心态来养育他们、管教他们。这也是我写作这本书的主要目的，我希望借着我个人在辅导中所接受的训练、所获得的体验和经验，来帮助年幼孩子的父母在教养儿女过程中，尽量少犯错。更重要的是，我盼望父母能够与孩子建立美满的亲子关系。

一位母亲过去跟她15岁的女儿的关系可以用水火不容来形容，后来参加了我开办的"父母讲座"系列的其中一堂"怎样跟孩子沟通"，发现自己过去在教育女儿过程中所犯的过错，马上改变了态度和沟通方式。没多久，女儿发现母亲比以前容易亲近和沟通，母女二人在一次互诉心声时，讲到过去的事情，抱头痛哭。学期结束前，她跟女儿的关系有了脱胎换骨般的改变。这正是我写作本书的期盼。不管过去你跟孩子的关系有多糟，或是你从来不知道怎样当一个称职的父母，希望本书能够改变你教育孩子的一些基本观念，加强你跟孩子的良好互动，进而让你与孩子共同建立一个崭新美好的亲子关系。

本书共有13章，内容包括养儿育女的目的、如何与孩子沟通、父母亲的角色、培养孩子的情商、管教孩子、纠正孩子的偏食习惯、家庭性教育、电子产品对孩子的影响、培养孩子的良好品德、处理手足纷争、预备孩子进入青少年等。上述问题是一般父母在教养儿女中都会遇到的。

过去我开办教养儿女的课程，一个学期总共有12节课，一节课大概是一个半小时。通常我在开课时特别强调，课程比较适合那些孩子年龄在6至8岁或以下的家庭，原因是孩子10岁之后，个性基本成型，要改变他们的性格就极为困难了。如果你的孩子还在这个"可塑造"的年龄段，这本书会给你很多帮助；倘若你的孩子已经超过这个年龄，身为父母的你也不要太过灰心，只要改变自己教育孩子的方法，纠正你对孩子的态度和沟通习惯，持之以恒，相信还是可以看到孩子明显的改变的。

先处理教育孩子的障碍

在继续谈到教养孩子的秘诀和方法的时候，做父母的必须要对几个重点有所警惕。书中讲到教养孩子的原则必须围绕一个重点，就是孩子必须拥有一个安稳健全的家庭，唯有如此，施行这些教育方式才有效果。如果父母不能给孩子提供一个温馨的家庭，不管有多好的教育方式，都只是纸上谈兵，根本不可能有效果。以下几点是身为孩子的父母必须优先处理的问题。

一、建立夫妻恩爱关系

如果夫妻为了家庭的大小问题常常吵架，坚持己见，互不相让，孩子在家里感受不到和谐的家庭氛围以及恩爱的父母关系，那么，你会发现这本书讲到的教育孩子的方法很难在你家里推行。建议你在讨论教育孩子的问题以前，首先处理好夫妻关系的问题。

二、夫妻教育孩子的方法要尽量一致

如果夫妇两个人教育孩子的方法南辕北辙，精明的孩子会游走在父母所定规矩的夹缝之间，坐收渔人之利。建议夫妻一起阅读本书，如果双方仍然在教育孩子的方法上不能达成共识，不妨寻求年长者或教育专家的意见。

三、戒除恶习

家庭成员如果有酗酒等恶习，必须马上处理。父母之身不正又如何正人，而且绝大部分出生在酗酒、吸毒家庭的孩子，日后极易重蹈父母覆辙。所以，为了下一代和自己家庭的幸福，夫妻应该马上寻找专业辅导，认真戒除这些成瘾的恶习。

四、停止家暴

家庭暴力也是必须马上处理的家庭问题，通常暴力以男性为主，母亲扮演忍辱负重的角色。一些受害者美其名曰为了不想家庭被拆散而息事宁人，但往往暴力只会变得变本加厉，危险时甚至可能失控而导致伤亡。所以家里的任何一个成员，如果知道家中发生暴力事件，应当立即报警，并且马上寻求外界的辅导和帮助。

五、处理性虐待

很多时候受害者年幼不懂事，因为害怕或受到威胁不敢挺身而出，有些母亲明知道孩子遭虐，但隐忍不说，假装若无其事。等孩子长大离开家，其身心灵早已受尽摧残。性虐待是违法的，文明国家立法保护受害者，一旦知道，必须举报，并且尽早寻求专业的辅导和帮助。

六、有关抑郁症

现代人罹患抑郁症的情形越来越普遍，中国人比较讳疾忌医，常把抑郁症看作是非常严重的精神病，于是延迟就医，不但把家里每个人搞得精疲力竭，而且对下一代造成深远的伤害。现代医药发达，抑郁症经过适当的辅导和服用药物，很有可能被治愈。因此，当事人家庭必须认真对待抑郁症患者，并且寻求适当的帮助。

1 养儿育女

前些年香港影星张国荣跳楼自杀，如日中天的明星陨落，让人不禁唏嘘。为什么他在事业最巅峰时为了一份得不到的爱情而自寻短见？从事心理工作的人，很容易从张国荣的童年找到蛛丝马迹。

张国荣在10个兄弟姐妹中排行最小。其父是香港著名的商人，工作忙碌，是一个不太顾家，也不太喜欢亲近孩子的父亲，整天喝酒应酬，对家里事务不闻不问。尽管张国荣喜欢他父亲，但他父亲一方面忙于事业，另一方面与妻子不合，所以平日极少回家。张母个性乖张霸道，从婚姻中得不到满足，便将所有精力转移到家里的生意上，至于养育孩子的责任则推给佣人，所以张家10个孩子没有一个跟父母亲近，其中又以张国荣最甚。童年的他孤立无援：大姐与二姐是一对玩伴；老三与老四相继逝世；老五与老六的年龄差不多，她们又是一对；七哥与八哥是另一对；老九出世后便夭折了；他排行第十，跟八哥年龄相差8岁。张国荣回忆他的童年曾这样描述道："从小没人关心我，唯一疼我的是佣人。小时候最需要的是关怀和爱护，但从家人那里得不到。"

童年没有从父亲那里得到认同，父母关系貌合神离，与其他兄弟姐妹缺乏互动，塑造了张国荣优柔寡断的性格。认识张国荣的人这样形容他：他的本质十分柔弱；与他有过接触的人都知道，他温暖待人接物的背后，是需要别人的关心和宠爱，他感情脆弱，极怕受伤。

张国荣儿时的经历其实每天都在不同地方、不同家庭上演，只是张国荣是媒体所熟悉的公众人物，才引起普通大众的注意。说得直白一点，今天很多家庭正在有意无意地塑造很多未来的"张国荣"。因为像张国荣的父母冲突的婚姻关系、他与家人的互动情形，在今天的社会里，以及在我们周遭的朋友中，比比皆是。因此，在谈养育儿女前，让我们先谈谈有关父母养育孩子应有的心态和责任，因为这不仅将塑造孩子的性格，而且会奠定他们日后的人生观和价值观。

孩子个性的形成因素

在父母讲座中常常被问到的问题有，为什么我的孩子个性这么倔强，为什么我的孩子总是那么胆小怕事……其实这些问题都是有迹可循的。不可否认，个性有先天因素，也有后天的塑造。不过，心理学家普遍认为后天的影响比较大。美国电视情境喜剧《天才老爹》的主角黑人笑匠比尔·科斯比（Bill Cosby）就半开玩笑地说，给他2 000个2岁的孩童，他就可以征服这个世界。一方面他是指2岁孩童都是捣蛋鬼；另一方面他也表示，孩子是可以塑造的。不过，个性、品格并不是一天形成的。中国人说，3岁定80；西方人说，人的个性在6岁以前就形成了。影响一个人性格的因素很多，其中父母的影响力非常深远。

我比较喜欢用泥娃娃来形容个性塑造的过程。黏土未干以前，泥娃娃可以随意按照个人的心意来捏造，但时间一长，黏土变干，要改造泥娃娃就需要花更多功夫和力气，孩子的品格和个性也是如此。父母影响孩子的品格和个性的力量是巨大的，但水能载舟亦能覆舟，父母的影响可以是正面的，也可以是负面的。更值得注意的是，父母对孩子影响最大的时间是在孩子年幼的时候。美国资深儿童教育学家怀特（Dr. Burton White）根据过去他对孩子的观察写成了一本畅销书《生命的前三年》。该书强调，孩子的性格和品格在他们生命的前几年形成，父母要好好把握机会，趁着他们年幼好好培养和栽培。

下面让我们谈谈影响孩子个性、品格的几个重要因素。

一、家庭结构

孩子生长在一般的核心家庭（只有父母和子女），或三代同堂，或单亲家庭，不同的家庭状况会造成不同程度的影响。中国内地的家庭架构，大部分父母在外面工作，养育孩子的责任常落在祖父母身上，这种家庭架构在一定程度上是导致孩子成为小霸王的原因之一。香港、台湾的情况也好不到哪里去，孩子都是跟着菲佣、越佣、印佣长大的，因此他们与"最重要的前十年"擦肩而过。另外，家里出生排行也会造成性格的不同。大家庭中老大生来就被塑造成当家的角色，老幺容易具有跟班的心理，独生孩子则比较自我，对他人的需要不是那么敏感。尽管这些都不是绝对的，但无可否认，家庭结构是直接影响性格的因素之一。

二、家庭价值观

家庭贫富与否不见得影响孩子性格，但家庭的核心价值观却对一个人的成长有深远的影响。家庭核心的价值观应该涵盖忠贞、信实、负责任、忍耐、仁慈、温柔等良好美德。四十年前，尽管物质匮乏，人民生活不是非常富裕，但一般百姓的价值观和道德观念尚且不错，社会治安可以用夜不闭户来形容。今天，人们算是丰衣足食，经济发展水平甚至跃居世界前列，但可惜的是，一些人的道德观念和价值观却是每况愈下。一些社会传媒所宣传的往往不再是中国传统美德，而是对金钱、物质、名利等的追求。除非父母在家庭中坚持培养孩子正确的人生观和价值观，否则下一代很可能就会向不良的观念看齐。

三、家庭角色

每个家庭成员在家中扮演不同的角色。到底谁是主导者？父亲、母亲，还是孩子？一般来说，传统观念中是父亲当家，衣食住行的担子都在他身上，所以父亲被赋予无上权威，对家中事务具有定夺权。有少部分家庭是母权至上，尤其碰到个性优柔寡断的父亲，会更凸显母亲的主导角色。许多男同性恋者便是出自后面这种家庭组合，而张国荣正是生长在类似组合的家庭中。最后一种家庭则是以孩子为主导，在现代家庭生育较少的今天，孩子容易成为家中的天之骄子。在过分保护下，这类孩子成为现今社会特有的"草莓族"：一摸就烂，一碰就散，禁不起风吹雨打。家庭角色的学习非常值得重视，因为这种学习往往会成为子女未来家庭角色布局的脚本，子女会承袭父母家庭的角色模式，在自己所组的家庭中重演过去的历史。

四、家庭冲突解决方式

人的一生难免因与他人意见不合而起冲突，至于冲突的处理方式则因人而异。有些人会据理力争，有些人则选择退缩回避，这种冲突处理方式主要受到原生家庭的影响。出生于暴力家庭的人自然比较容易有暴力倾向，父母常以吼叫、挑剔、批评等方式彼此对峙，孩子耳濡目染，日后与他人意见不合，自然如法炮制。如果父母在家庭中常常以互相尊重的方式进行沟通，表达自己的想法和处理双方的冲突，则会给孩子树立一个非常正面的处理冲突的良好模范。想想看，身为父母的你，你的原生家庭是采取哪一种冲突解决方式？现在你的家庭又是如何？所以父母一定要注意自己解决冲突的方式，以免孩子的个性受到冲击。

五、教育孩子的方式

通常父母管教孩子的方式可分为直升机式、教官式和威信式三种。

直升机式教育是指父母常常在孩子头顶上盘旋，专门做"救驾"的工作。此类教育方式会产生两种极端后果：一种极端是孩子因为过度保护，成了温室的花朵，永远不能独立；另一种极端就是孩子缺乏自律，放纵自己，任意妄为。

教官式的父母却刚好相反，教育方式如同军事训练，一个命令一个动作，孩子毫无与父母讨价还价、商讨的余地，这是典型传统中国式教育方式，容易造成孩子倔强、专横、叛逆的个性。孩子年幼时屈服于父母的强权，日后长大成人，他们可能头也不回地离家。

威信型的教育原则既有父母严格的要求，同时让孩子深深感受到来自父母的关爱。彼此的关系，小时候是父母孩子关系，日后长大变成亦师亦友亦父母，两代之间关系良好，沟通顺畅。在这种环境中长大的孩子比较有自信和有自律。

六、家庭对失败的反应

当人遭遇到困难、挫折、失败时，有人怨天尤人、自怨自艾，有人却是处变不惊、自强不息。同样是遇到逆境，人会有不同的反应，主要与父母在孩子成长过程中的教育方式有关，同时也与父母本身在处理困难、挫折时所持的心态有关。仔细思考身为父母的你，在遇到人生不如意的时候，是如何面对和处理的。是自暴自弃，还是勇往直前？当孩子遭遇失败，学业上遇到挫折，你是严厉斥责、冷嘲热讽，还是循循善诱、多多鼓励？父母教养孩子处理困难挫折的方法会深远地影响孩子以后面对失败的态度。

七、家庭历史

家庭面临的一些偶发事件，包括生病、死亡、战争，甚至搬家等，都会给孩子的性格带来不同程度的冲击。如果遇上迷信家庭，孩子出生时碰巧家庭出现不幸，孩子会无形中成为替罪羔羊。另外，如果出生在破碎家庭，父母离婚或貌合神离，家里经常出现打架、吵架等情况，这对孩子性格的冲击也很大。社会学家发现，出生在这种被称为"病态家庭"的人，不管在性格上还是心理上都会有很大的不协调，除非他们在心灵上能够得到适当的医治，否则他们容易贬低自我，也不容易与人建立亲密关系。

上述影响孩子个性的因素，除了少部分不是父母所能掌控的，绝大部分都与父母有直接关系，包括父母本身的婚姻关系、父母与孩子之间的互动、父母对孩子的期盼和教育方式等。本书将按部就班讨论父母的夫妻关系，如何与孩子沟通，怎样管教孩子，如何建立孩子的良好品德等。父母应当趁着孩子年幼，尽量为孩子提供良好的学习环境，并且按照孩子的个性和特点来培育他们，为孩子日后的成长打下良好的基础。

养育孩子的八种错误心态

理论上每一个人都可以当父母，但知道怎样当父母的人却不多。尚未当父母以前有多少人想过为什么要当父母，当父母的目的是什么？又有多少人付钱参加父母讲座，好让自己成为称职的父母？一个简单的比喻也许能助你了解当父母不是想象中那么简单的事情。假如某天你坐上某人的车子，你发现他没有驾驶执照，也从来没有学过开车，你会怎样做？相信正常的情况是，你会马上下车，拒绝继续搭乘这个人的车子。同样，你的孩子诞生在你的家里，你从来没有上过如何当父母的课程，手上也没有当父母的"执照"，要是你的孩子可以说话，他们可能会问："我的一生幸福都在你的手中，我可以信得过你吗？"

除非父母拥有养儿育女的正确心态，否则，生养儿女就只是一项例行公事，毫无计划，也毫无方向。有人形容今天做父母的人，不是像沙滩上的海龟，就是像猪圈里的猪。海龟在沙滩上产卵之后就自行离去，任由孩子自生自灭。猪的情况刚好相反，小猪出生之后，母猪过于保护，小猪跟母猪的关系纠缠不清，结果不是孩子幼年夭折，便是孩子不知道如何独立。不管是海龟家庭还是猪家庭，问题都在于今天的父母普遍缺乏养育儿女的正确心态，所以才会造成今天社会上的毒瘤和寄生虫。在没有进一步谈养儿育女的正确心态以前，先谈谈一般父母在教育孩子过程中容易出现的错误心态。

一、把孩子看作是父母的延伸

　　这是最常出现的心态问题。父母常常将自己过去没能完成的心愿投射到儿女身上，美其名曰为了孩子的将来，其实父母只是期待孩子替他们完成过去未能完成的梦想。但父母这种期盼往往违反了儿女个人的心愿，因此带给儿女很大的心理压力。

　　2008年，中国发生一起引起社会争议的事件。一个父亲期盼自己7岁的女儿能够参加2012年奥林匹克马拉松比赛，就用土法炼钢、魔鬼训练的方法来训练他的女儿。早上4点把女儿从床上拉起来，吃过早餐就开始跑步30公里；等女儿放学回来，休息过后，再命令女儿跑15公里。每天如此，风雨无阻。女儿虽然还没有达到参加马拉松公开赛的年龄，但在当地的跑步比赛中已得到一些小奖项。当这个父亲训练孩子的方法成为新闻之后，许多人表示无法赞同这位父亲对女儿的所作所为，因为这不是出于孩子自己的心愿，而只是为了满足父亲个人的虚荣与愿望。

不管中外，这是最常听闻的家庭问题：父母把自己此生无法完成的期盼加诸孩子身上。有的父亲没机会当医生，就算知道孩子有恐血症，也非要把孩子推进医学院。也有父母不能进入世界一流学校，为了光宗耀祖，威胁利诱硬要孩子进入父母期待的理想学校。一位医学院教授曾经告诉我，许多学生进了哈佛大学不到一年，就出现退学、患精神病等状况。因为能够进入这些学校的孩子，过去都是班上的顶尖者，但"人外有人，天外有天"，入学后班上排名必须重新再来，情商比较高的学生很快就能保持身心平衡，但情商较低的学生则容易因无法承受压力而患上精神病。

中国父母教育孩子要出人头地，但犹太人的教育却强调"与众不同"。前者要孩子爬到别人头上，后者则强调孩子的天分和兴趣，并尽力把这些潜能发挥出来。心态不同，教育方式也不一样。

二、父母错失与孩子相处的时机

孩子年幼时，往往正是父母事业开始上升的时候，忙碌的工作、事业占据了父母太多时间，父母无法抽身来照顾孩子，所以往往靠托儿所、补习班、保姆，或祖父母等代劳。有些父母的心态是想等事业有基础、经济稳定之后，再花时间陪孩子。但事实上孩子最需要父母的时候，正是他们幼小的时候，而孩子的个性形成也正是在他们短短的年幼岁月。父母把塑造孩子性格的最佳机会交给别人，把孩子一生的幸福交由别人来决定，这绝对不是有智慧的父母的抉择。另外，若孩子年幼的时候，父母不趁机跟他们建立亲密的亲子关系，等到父母愿意花时间陪孩子时，孩子根本没兴趣跟爸妈在一起，并可能在进入青少年时出现各种各样的问题。

很多年前，美国民谣歌手哈里·查宾（Harry Chapin）写了一首非常流行歌曲，歌名叫《摇篮里的猫》（"Cats in the Cradle"），内容正是反映孩子在出生之后与父亲之间互动关系的演变过程。歌词（苏颖睿译）的大意是这样：

数天前，我的儿子来到这个世界，令我感到万分畅快。
但我要赶着捞世界，终日忙着赚钱还债。

当他学行之际，我却忙于生计，
虽然他年纪还小，却常常说：
"我要像爸爸这样厉害。"

小猫在婴儿床上，还有爸爸的肖像。
"爸爸，究竟你何时回家？"
"乖仔，你知道爸爸没有假，他日我和你玩得笑哈哈！"

数天前，我的儿子已度过十个寒暑，
他对我说：
"爸爸，多谢你送给我的皮球，
我们一起玩吧！你可否教我数招？"
我说：
"今天没有时间，我还有许多事情赶着要承担。"
他口说OK，脸上却有点悲伤；
但他说着："我要像爸爸一样向上飞。"

数天前，我的儿子刚大学毕业，令我感到万分喜悦，

我说：

"乖仔，爸爸为你自豪心喜悦。能否父子蜜语细说？"

他摇头说："爸爸，可否借用你的车？"

"乖仔，究竟你何时回家？"

"爸爸，你知道我没有假。他日我会和你玩得笑哈哈。"

我已是白发苍苍的老人，

乖仔成家立室，已为人父亲。

我说：

"乖仔，若你不介意，

我倒想到你家一次，聚聚也是我的兴致。"

"爸爸，真不好意思，孩子忙着功课又考试，

我更要赶工返公司，还是留待下一次。"

当我想到乖仔说要像爸爸这一句，

诚然我们两父子真是天生一对。

　　这首歌把父子的互动关系描述得淋漓尽致：父母在孩子年幼时，若没有把握建立亲密关系的机会，日后年老力衰才想要和孩子修补和建立关系时，为时已晚。父亲和母亲在一个家庭中是有互补功能的，养育孩子不单是母亲的责任，父亲在家庭中的角色也非常重要，所以父母双方都不能错失与孩子相处的光阴。

三、父母对孩子厚此薄彼

有这样一个家庭，这个家庭的夫妇有一对双胞胎儿子。父亲偏爱老大，而母亲独爱老幺，结果两个孩子成为冤家，并由冤家最后成为仇家。最惨的是，两兄弟不和，小弟为了逃避哥哥的追杀而被迫离家出走，母亲万万没想到，自己临终也无法见心爱的幺儿一面。手足本应情深，但却不共戴天，这种悲剧正是在孩子成长过程中父母过于偏爱某个儿女所导致的。

也有一些家庭有明显的重男轻女的错误观念，女孩被认为是赔本生意，唯有男孩才是有用的宝贝。成长在这种家庭的男孩也许表面风光得宠，却埋下许多个性上和家庭问题的祸根，例如轻视女性，养成自恋心态，成家后容易导致夫妻关系失和。女孩则会普遍自我贬低，一种极端是在男孩子面前逞强，要显出自己不是弱者，另外一种极端就是软弱怕事，任人宰割。这都是父母在养育孩子过程出现偏差的后遗症。

四、错误的管教方式

有称中国传统管教孩子的方式为"食指教育"，乃是指父母常常用手指对孩子指指点点，左批评，右指责。许多父母自己是过来人，深受上一代父母的负面手指教育，当时总是恨得牙痒痒的，心中巴不得要出言顶撞。但当自己有了孩子之后，看到孩子犯错，又变得身不由己，在孩子身上又犯了上一代同样的错误。更严重失当的管教，是父母不就事论事地针对孩子所犯的错误，反而流于个人情绪的发泄，将工作上不顺心、夫妻关系不和谐的全数情绪发泄在孩子身上。也有父母平常没有把家规说清楚，朝令夕改，心情好时，孩子犯大错都不成问题，要是心情不好，小过都可以成为天大的事情。

今天有很多父母真不知是怎样管教孩子的，才会导致孩子动手打父母这种大逆不道的情况。这是孩子的错吗？绝对是，但父母在管教孩子过程中，需要承担更大的责任。这类孩子平时很少得到父母的关爱，并且把父母看作暴君，小时候早已经产生严重心理障碍，隐忍在心，一旦有了反抗能力，就会出现虐待母亲，甚至刺杀父亲这种违反家庭伦常的悲剧。

即使没有出现极端违常的凶杀案件，父母如果在教育孩子方面缺乏适当的管教方法，两代之间也会出现严重的沟通问题。孩子到了青少年期之后，便会常常躲在自己房间听音乐、玩计算机、上网聊天，或跟朋友出去看电影、逛街，就是不肯留在家里跟父母多讲几句话，他们巴不得马上可以振翅高飞，早点离开父母的庇护。原因正是孩子年幼时，父母缺乏正确管教他们的方法。

五、父亲缺乏积极参与

传统的家庭都是男主外、女主内，所以一般认为教育孩子是母亲的责任。随着时代变迁，女性接受高等教育，有了就业的机会。女性尽管已经结婚生子，考虑到经济因素，还是维持职业妇女的身份。于是在夫妻两人都在外工作的现代社会中，出现了一个奇特的现象，也就是负责教育孩子的工作仍然落在母亲身上。举例来说，父亲与母亲，谁能讲出孩子学校老师的名字？谁知道孩子医生的电话？是谁联络孩子打球的教练？大多是母亲。

所以今天很多母亲早已精疲力竭，白天要上班工作，下班要负责饭食和管教孩子，晚上还要满足先生性的需要。除非先生有很好的警觉心，努力分担家事与教育孩子的责任，否则，这种夫妻关系很难长久维持。还有一点，丈夫参与孩子的养育工作，不但可以增进夫妻感情，更重要的是，孩子在成长过程中，人格的培育更加均衡，因为父亲的角色与母亲一样，是不可替代的。

六、错误的沟通方式

根据家庭辅导专家维吉尼亚多年的辅导心得，在众多的家庭问题中，家庭沟通模式是影响家庭成员最深远的因素。她认为个人的沟通方式不但影响家庭成员之间的关系，也影响每个成员的身心健康。说得更深远一点，沟通方式也会影响个人在社会中与其他人的人际关系。

遗憾的是，沟通往往是中国家庭中最弱的一环。孩子年幼时，父母还不会感到与孩子沟通有隔阂，可一旦孩子进入青春期，父母会发现与孩子沟通实在是左支右绌。孩子要不是把房门关上，外头贴上一张"请不要打扰"的字条，要不就是整天讲手机，对着计算机上网。他们不但不跟父母聊天说话，连吃饭都躲在自己的房间对着计算机或电视机。如果父母对孩子兴师问罪，情况只会变得更糟糕。亲子关系演变至如此冰冷的地步，应该归咎于孩子幼年时父母的错误沟通模式。中国传统家庭中，父母与孩子之间的沟通倾向于指责和责备，语气和态度带有破坏性，少有建设性。如果你过去很难跟自己的爸妈沟通，可能你会发现你跟孩子也会出现沟通困难的问题，因为你在有意无意间套用了负面的沟通方式。

七、错误的教育方向和目标

众所周知，中国父母热衷于孩子的教育。"如何教育成功的孩子"是最受欢迎的专题题目，这一类的书也最热卖，什么天才班、哈佛培训班，不管学费多贵，绝不缺捧场的父母。除了这些，只要家里经济能力许可，父母也尽量让孩子参加各种才艺班、芭蕾舞、钢琴、小提琴、游泳、网球、柔道等。而且很多父母从不要求孩子在家里做家务，只要孩子把书念好，钢琴弹好，小提琴拉好就够了。因此，在美国长大的中国孩子给人的印象是念书不错，可以弹一手好琴，拉一手好的小提琴，但这些孩子往往缺乏独立自主的能力，进了大学后，不要说一顿简单的饭食不会弄，连早餐煎一个蛋、煮一碗方便面都有困难。这便是典型的中国传统家庭对孩子教育的结果。

父母让孩子学习不同的才艺，如果是抱着发掘孩子天分而培育孩子的态度，原本是无可厚非的。但很多时候孩子并没有在这方面有特别的天赋，父母却恨铁不成钢，把孩子逼得死去活来，导致孩子除了读书，其他时间就花在钢琴、小提琴这些才艺上。一位很有名望的学者这样问父母，你们真的希望子女日后以音乐维生吗？绝大部分父母都回答说不会。那么整天逼迫孩子练习乐器、打球，目的是什么？何必把孩子逼得一把眼泪一把鼻涕呢？这实在发人深省。

另一方面，若父母灌输孩子"万般皆下品，唯有读书高"的观念，最终可能混淆了孩子人生的优先级。有一名华裔女孩，她在班上一直都是第一名，某年从别的学校转学来了一位高手，让她无法再保住班上的王后宝座。尽管她多方尝试，但这位新来的竞争者实在太强，她就采用小手段攻击这位新同学，一直持续三年，直等到这位同学受不了搬走为止。小学生就有这种为达目的不择手段的态度，日后在社会谋生又会变成怎样的局面？这个孩子天生有如此卑劣的性格吗？绝对不是，乃是父母错误的教育观念导致的恶果。

八、与孩子的关系缺乏调适

父母在教育孩子中常犯的最后一点错误，就是不懂得调适与孩子的关系。所谓关系的调适也就是角色上的调适，儿女成长历经婴儿、孩童、青少年等不同阶段，很可惜的是，很多父母未能按照孩子不同的成长阶段来调整与儿女的互动形式。把带孩童的那一套方式硬加在青少年身上，这是造成青少年时期的孩子出现心理反叛的因素之一。

要知道，孩子心目中的权威对象会随着他们的年龄而有改变。孩子年幼时，他们视父母为无上的权威，对父母所讲的话总是唯命是从；等他们进到学校，他们的崇拜对象便从父母转到老师身上，老师讲的才是真理；等他们进入青少年时期，朋友则变成他们想要亲近的对象，同侪所做所讲成为一种无上的影响力量；等毕业出来做事，顶头上司变成他们仰望的对象，老板讲的话才算数。不过父母不必过于担心，过了若干年后，当你的孩子变得成熟，那时候他们看自己的父母心态不再一样。如果两代之间的关系还是很密切，他们最终还是会认为自己的老爸、老妈才是他们应该敬佩的对象。因此，父母要谨记勿用同样的方法和态度与孩子周旋，孩子年幼时，可以扮演单纯的双亲角色；孩子慢慢长大，则要从双亲的角色调适成为孩子的玩伴；到了青少年时期，父母既要做孩子的玩伴，也要做他们的朋友；到了成人期，父母除了成为儿女的爸妈、朋友，更要成为他们的导师。如果父母一直坚持要当孩子一生的双亲，而忽略朋友、导师、玩伴的角色，你会发现你很难跟下一代维系持续的亲密关系。

以上八点是父母在养育儿女过程中比较容易出现的问题，出现这些偏差的原因，主要在于父母缺乏养儿育女的正确心态。那么，父母在教养儿女过程中，应该抱持一个怎样的心态？

管家心态

父母在教养儿女过程中，应抱持管家心态。

一、儿女是上天所赐的产业

今天，许多父母不明白教育孩子的目的，奢谈教育孩子的方向和目标。要知道，如果父母将教育孩子的目的搞错，不管用什么方法培育孩子，最终还是会以惨败收场。这如同一个弓箭手准备射箭，尽管他有百步穿杨的技术，如果他把方向弄错、目标搞错，便绝对无法射中靶心。同样，作为父母，如果缺乏正确的教养儿女的目标、方向和心态，也绝对无法培养出出类拔萃的孩子。错误的目标和心态，导致父母把工作放在家庭的首位，把孩子看作是梦想的延伸，灌输给孩子错误的人生观和价值观，家庭就可能会出现各种管教和教育上的问题。

父母应该有怎样的教育孩子的心态呢？答案是"管家的心

态"。如同人在尘世中的生活一样，表面上人拥有金钱财富，但实际上，他们只有借用权和管理权，而没有拥有权，时间一到，一切财富都不再属于自己，上天会把它们交给另外一个人来管理。同样，孩子是上天给父母所托付的产业，父母只有对儿女管理的权柄，但却没有对儿女的拥有权。

既然产业不属于自己，上天也随时可能从父母手中将其收回。多少时候，我们听到有母亲怀孕流产，也有孩子年幼夭折，还有孩子进入少年时期，一个意外夺去了他们的性命。某一年香港一栋旧楼崩塌，导致一个在母亲、老师、同学眼中的模范生，正准备全力投入大学考试的孩子，在这场意外中丧生，死时年龄不到20岁，是所有遇难者中最年轻的一个。

一个16岁的儿子某天晚上对妈妈说，明天要考试，他感觉很累，妈妈劝他好好休息早点睡觉。到了晚上1点钟，母亲听到有东西掉在地上的声音，但之后再没听到别的什么声音，所以她没有去查看。第二天才发现儿子悬梁自尽，已经撒手人寰。

其实类似这样的青少年死亡，不管是人为，还是意外，在父母心中都是沉痛的打击。父母含辛茹苦将孩子从怀中的婴儿养育成为一个健壮的年轻人，心中对孩子的前途都有美好的憧憬，但孩子却这样静悄悄地从人世蒸发。唯有经历这种冲击的父母，才能够体会个中心酸。

二、栽培孩子的优良品格

管家心态并不是指父母不对孩子有崇高的期盼和要求，父母仍可栽培孩子在学业上出类拔萃，为将来的事业立下良好基础，日后在社会上为人谋幸福，或者在科技发展上有所贡献。父母抱着这种心态培育孩子是人之常情，而且合情合理。正如每个人都想在工作上有出色的表现，在事业上能够有一番作为。但父母教育孩子的目的不应该仅仅停留在学业上的成功或出人头地，正如父母的目光不应该仅停留在事业的成就上。一个真正有智慧的人，他们的眼光不是放在短暂表面的事情上，他们争取的应该是具有永恒价值的东西。教育儿女也是一样，栽培孩子拥有学问、知识并不是坏事，但这远不及培养他们拥有良好的品性和优良的品格。前者是外在和短暂的，后者才是成功的基石，具有永恒和实质意义。

　　许多人在初中时，发现数学或英文等一两门主要科目念得非常吃力，一下子没赶上进度，结果到了高中，便开始对这些科目敬而远之。而且就算花了很大的力气，成绩总是不理想。问题便在于开始时的基础没有打好，所以日后尽管花了很大的力气也很难弥补。人生的课题也是如同求学一样，如果孩子童年时期人格基础没有打好，到了青少年期，他们会遭遇很多的挣扎、引诱和挑战；当十来岁的孩子没有学会树立自律、自信和负责任的态度，成年之后，在与他人交往和就业时便容易出现困难与障碍。所以，人生的每一个阶段，都是在为下一个阶段建立基础。聪明的父母应帮助孩子，在孩子年幼时为他们打下良好的人格基础，这对他们日后有莫大的好处。（幼儿各时期发展特色，请参阅第2章"育儿基本概念"）

　　有一位父亲，他两个孩子已经到了五六岁了，在上完我所教"养儿育女"的第一堂课"孩子重要的前十年"之后，很感叹说他应在孩子出生以前就上这门课。如果你已经身为父母，看完这一章，你心中也许会有类似的"相见恨晚"的感觉。不过，就算曾经犯过不少错误，你也不需要过分自责，我自己身为辅导者，在女儿出生以前，也曾经上过类似的课程，甚至自己也当过老师，但是在养育孩子过程中，我仍犯了许多可以避免的错误。如果让我重新再作一次父母，我也还有很多需要改正的地方。

◎ 问题讨论

1. 你认为你原生家庭对你性格上有什么重大的影响?

2. 本章提到父母养育孩子的八种错误心态，哪一种错误你过去曾经触犯?

3. 以管家心态养育儿女最大的好处是什么? 你认为怎样才能做到?

4. 这一章给你最大的提醒是什么?

2 育儿基本概念

一对美国夫妇虽然已经有了两个孩子，仍然希望能够再领养一个外国小孩。他们从俄罗斯的领养杂志上看到一张漂亮女婴的照片，夫妇被这18个月大的小女孩吸引，与代理处接洽后，他们表示愿意领养这名女婴，条件是对方必须提供她的健康证明书。代理处负责人告诉他们，婴儿的右脚需要做一个小手术，身体其他方面都非常健康。夫妇相信对方的话，但他们不知道的是，这女婴因为此前一年多在孤儿院长大，缺乏来自外界的激励和关爱，她的脑部已经受到极其严重的伤害，虽然外表看来与一般婴儿无异，但在学习能力和其他方面远比其他孩子落后。领养这婴儿多年后，夫妇发现她跟家里的两个孩子非常不一样，她有很大的行为缺陷，喜欢尖叫，拧人，咬人，吐口水，摔东西，无缘无故大哭，稍不合心意就吼叫。

其实这并非是一件偶发的案例。过去多年，许多美国家庭到俄罗斯等东欧国家的孤儿院领养孩子，心理学家从这些被收养的孩子身上找到一些共同点：这些幼年时代无法从照顾者身上得到关爱和照顾的婴儿，脑部已经受到无形的摧残，这些婴儿在生理方面失去某种应有的功能，无论视觉、触觉、听觉、嗅觉、味觉等方面都发育迟缓，而这些是跟脑部的运作分不开的。导致的结果便是这些婴儿不能靠着知觉有效地处理从外界接收到的信息，以至于形成日后语文学习上的困难。

往往父母发出的一个简单吩咐，需要重复多次后，孩子才能明白。这不是他们故意不听父母的话，而是因为他们脑部运作与常人不同。其他方面，如记忆力、理解能力、体能和集中力等方面都比正常孩子逊色。人的情绪认知都与这些方面有密切关系，无法有效运用这些功能，容易造成他们与他人的互动发生问题。

此外，这些孩子在孤儿院生活了一段时间后，早已在心理上建立了一套自我生存的防卫系统，这套系统在孤儿院这种环境中很管用。为了生存，他们必须照顾自己，要求自己变得很坚强，不允许自己软弱。一旦来到领养家庭，他们心中不禁疑惑：过去他们在孤儿院都可以这样活过来，现在来到新家庭，有什么是养父母能提供而他们自己做不到的呢？这导致那些有爱心的养父母非常难以进入这些孩子的内心世界，因为他们总是有意无意推开想亲近他们的人，心理学上称为自我毁灭的行为。

你可能会问：我的孩子又不是来自孤儿院，这个问题与我何干？心理学家从东欧孤儿院婴儿受过伤害的个案得到一个新的启发，不少父母在养育孩子过程中犯了很多可以避免的错误，一般人以为暴力虐待才会造成孩子严重的心理伤害，但对这些领养孩子的行为研究发现，心灵上的伤害才是后患无穷。

所谓心灵的伤害，包括忽略婴儿生理上的需求，把孩子寄养到别人家让孩子感到被遗弃，父母与孩子缺乏肌肤之亲，斥责怒骂的语言伤害等。孩子年幼时受到的心灵创伤，对他们的个性和行为有着非常深远的影响。前面提到的由儿童教育家怀特所写的畅销书《生命的前三年》中提到的孩童心理的演变，与许多学者强调孩童早期发育的重要性不谋而合，这也与上面提到的东欧孤儿院孩子出现行为异常的情况一致。以下我们将进一步讨论幼童早期的心理变化，帮助父母了解如何才能满足婴儿的需要，以便为孩子打下良好的人格基础。

胎儿期和幼儿期

科学进步日新月异，医学证明中国人所谓的胎教并不是迷信，因为从女性的卵子受精开始，腹中的"胎儿"就跟周遭环境开始互动。胎儿是随着环境改变而成长的，这个环境就是母亲的子宫，而母亲的子宫直接受到母亲的生理和心理影响。所以，怀孕期间医生特别吩咐孕妇要非常注意她们的饮食，尽量吸收有营养的食物，远离刺激性的饮食如酒、烟和某些药物。除了饮食以外，母亲的情绪更为重要；如果母亲怀孕时心情倾向于忧虑和焦虑，孩子日后比较可能出现反常行为。除此以外，有些医学专家建议孕妇多多聆听柔和的古典音乐，以提高孩子的智商。尽管这种说法的科学性需要进一步验证，但很多母亲发现孩子出生之后，回放怀孕时期经常播放的音乐，可使孩子镇静，尤其是在其情绪不稳定的时候。可见，在胎儿期，外在环境便已开始对孩子产生一定程度的影响。

一、脑部细胞的连接

《时代》杂志（1997年2月3日）报道，提到有关婴儿脑部的发展问题。研究发现，人在出生时刻，尽管脑部细胞数目有亿万个，但细胞之间其实尚未互相连接。科学家发现细胞连接工作从婴儿诞生开始，一直到10岁才停下来。更奇妙的是，婴儿脑部细胞的连接居然与他们受到的来自外界的刺激有关。外界刺激是通过婴儿的听觉、视觉、嗅觉、触觉来实现的，刺激越多，脑部细胞连接越多。值得注意的是，婴儿到了某一个年龄之后，那些未曾连接的细胞就会自动消失。而科学家发现，脑部细胞越多，孩子日后学习能力就越强。如果用今天的计算机做比喻，计算机内存越多，执行命令越容易，计算机运行越快；脑细胞就如同计算机的内存，越多越好。

因此，父母要增强孩子日后的学习能力，就应在婴儿时期大量向孩子灌输多渠道的讯息。例如多跟孩子讲话，让他们看五彩缤纷并且会转动的东西（最好随时更换），闻不同味道的东西，摸不同温度的东西（当然以安全为原则）。孩子在年幼时可能看不出能力发展有何分别，但科学研究证明，这对婴儿头脑发育有莫大的好处，能够增强他们日后学习的能力。

二、听力发展的关键作用

听觉是语言发展最重要的基础，如果婴儿从小有听力问题，他们语言能力的发展会出现障碍。如果婴儿出生后几个星期仍对外界声音没有强烈响应，父母便需要带婴儿给医生作详细检查。

很多父母忽视跟婴儿讲话的重要性。13世纪，德国国王费得瑞克二世要进行一项实验，他想知道婴儿本身的母语是什么，在不受外界干扰的情况下，他们是否会发展出属于自己的新语言。于是他下令把一群刚刚出生的婴儿抱离他们的父母，每天除了喂食之外，不准拥抱、抚摸、出声说话。结果所有婴儿还没有到开口说话的年龄，就全部死亡。洛克菲勒大学也有类似的实验，一个实验室的笼子里放了几只小鸟，但这些鸟都不会唱歌，因为它们从幼年时期就与母鸟分开，从来没有听过其他鸟的声音。

婴儿在10个月前，虽然不会讲话，但他们都在留心听着周围人们的声音。时间到了，他们会突然开始咿咿呀呀地说话，相信许多父母有过类似的经历。孩子学习讲话好比一个空杯子，父母一点一滴往杯子倒水，水满了自然往杯外流。所以专家建议父母尽量找机会跟孩子讲话，不用担心婴儿听不懂，用平常讲话的语言就可以了。

还有一件更奇妙的事情，婴儿在6个月大以前，便有能力发出全世界所有语言的音调。换句话说，他们有能力学习世界各种语言，而且发音都非常准确，这是一件非常奇妙的事情。不过父母也需要知道一个事实，尽管婴儿有学习世界各种语言的能力，但这种学习能力有时间限制，到了某一个年龄，这种能力便会退化，并且会消失。所以小孩子学母语很快，发音也很准确，但过了某一个年纪再学一种新的语言（六七岁之后），发音就不怎么准确，而且讲话带有口音，正是这个原因。所以专家建议，父母不妨在孩子年幼时让他们多学几种语言，孩子不会感到迷惑，而且发音还很准确。

三、婴儿的气质

孩子的性情（Temperament）或称为气质，是指婴儿是好动还是好静，以及他们对周围环境改变的适应程度和敏感度。婴儿的性情大概可以分为三大类型：容易型、困难型和蜗牛型。

容易型是指一些孩子生活非常有规律，他们按时吃奶、起床、睡觉，不太好动，容易适应环境的改变，对周遭事物也不会过分敏感。

困难型的孩子刚好相反，好动，生活缺乏规律，易生气与哭闹，难以适应环境的改变，敏感度比较高。

最后一种是蜗牛型，什么都比别人慢半拍，他们不怎么吵闹，对周围的事物也没有强烈的反应。

不管父母喜欢不喜欢，孩子生出来就带有某些性情的特质，面对不同性情的婴儿，母亲会有不同的反应。容易型的婴儿，听教听话，生活有规律，母亲比较有成就感。困难型的婴儿生活没规律，晚上喂饱后，半夜还哭闹不休，一点病痛就哭得死去活来，让父母精疲力竭。当母亲感到烦躁、焦虑时，自然会失去照顾婴儿的耐性，于是孩子变本加厉地哭闹，无形中成了恶性循环，让母亲对养育孩子产生严重的挫败感。

怎么办呢？尽管性情是先天的，但父母对孩子的教育依然可以起到部分作用。对于困难型婴儿，父母必须要以稳定的情绪来面对。1岁以前，不妨对他们多宠爱一点。母亲要有充分的精神、体力与稳定的情绪，以爱心和耐心安抚孩子，最终一定会收获美丽的果实。

至于蜗牛型的孩子，他们可能天性害羞，对新事物缺乏主动探索的精神，畏惧外来事物。父母可以用温柔鼓励的方式，帮助他们克服内心的恐惧，甚至陪伴他们一起去探索。一旦他们从探索过程中找到乐趣，来自内在的推动力便会帮助他们突破自我界限，内向的性情获得改变。所以，尽管孩子带着天生的性格，不管是来自遗传或别的原因，他们仍旧可以通过与父母或环境的互动而改变，所以父母对孩子的态度和处理方法对孩子有着深远的影响，但这需要花费很多的力气和智慧。

孩子的依恋行为

在一个杂乱的客厅里，一位母亲正在逗弄她1岁的儿子。没多久，妈妈觉得很浪费时间，就把孩子留在客厅，让他独自玩耍，跑去做家事。结果孩子觉得孤单，突然哭起来，妈妈却没有理他，他哭得更大声，于是妈妈觉得心烦，把孩子大骂一顿，孩子还是哭闹不停，母亲最后逼不得已，只好把他抱起来，孩子这才稳定下来。相信这种画面常出现在一般家庭里，但你可知道，研究发现，母亲如果长期忽略孩子的需求，孩子会产生很大的心理障碍。

心理学家研究证实，婴儿与照顾者之间，是其一生中首次建立的非常重要的人际关系。而孩子在3岁前是否出现心理学家所称的"安全依恋"（Secure Attachment），将为他们日后的人际关系和行为奠定基础。如果孩子具有安全依恋，他们就能学会自尊，与人社交互动就会显得有自信；相反，如果孩子缺乏安全依恋，就容易出现焦躁、忧虑，甚至反社会行为。

何谓安全依恋？让我们先谈依恋关系，再谈安全依恋。依恋关系是指婴儿与其照顾者之间的一种情感的联结，一般来说照顾者就是婴儿的母亲，而两者的联结关系需要经历一段较长的时间才能形成。当照顾者在旁边的时候，婴儿显得愉快、安全，感到舒畅；一旦照顾者不在，婴儿就会显得焦虑不安。安全的依恋能够让婴儿得到纾解、安慰和释怀，所以照顾者在婴儿健康成长过程中，扮演着非常重要的角色。

　　婴儿对照顾者的依恋通常不会马上形成，而婴儿出生后的18个月是最重要的形成时期，这18个月可以分成几个不同阶段：前6个星期属于无社交阶段（Asocial stage），这时候的婴儿，任何行为并非针对某一个人，肚子饿，口渴，感到不舒服，自然的反应就是哭；6个星期至7个月，也没有特别依恋对象（Indiscriminate attachments），任何人都可以引起他们的注意；7至11个月，婴儿开始以某一个人为依恋对象（Specific attachments），这个人通常是常与他们有接触的，一般的情况就是母亲或者主要照顾者；11至18个月，婴儿依恋的对象可能不止一个，于是形成对多人的依恋（Multiple attachments），除了主要照顾人之外，还有可能是祖父母等。

　　以研究孩子心理安全依恋著名的心理学家玛丽·爱因斯沃斯（Mary Ainsworth）曾经做过这样的实验。她把婴儿（12到18个月）、母亲和一个陌生人放在一个房间。这些接受实验的婴儿过去都跟母亲有不同程度的互动，他们与母亲的互动关系可以分为三种不同程度的依恋：安全依恋（Secure-attachment）、焦虑情感矛盾依恋（Anxious-ambivalent attachment），以及焦虑逃避依恋（Anxious-avoidant attachment）。

　　实验的程序是这样的：首先婴儿跟母亲在一起相处3分钟，接着婴儿、母亲跟陌生人在一起相处3分钟，母亲离开，让婴儿跟陌生人在一起3分钟，接着是母亲跟婴儿在一起3分钟，婴儿一个人独处3分钟，婴儿跟陌生人在一起3分钟，最后是母亲与婴儿在一起3分钟。实验的目的是要观察整个过程中，三种不同依恋类型的婴儿，与母亲在一起、独自一个人、与陌生人在一起时的不同情绪和行为反应。

以下是玛丽·爱因斯沃斯（Mary Ainsworth）的观察结果。

一、安全依恋

这些孩子过去跟母亲有很好的依恋关系，母亲在他们身边时，他们很有安全感。当母亲在他们旁边时，他们不怕生，能够很自然地与不认识的人互动。当母亲离开把他们单独留下来时，他们虽然显得很不满意，但因为内心有安全感，他们仍可以接纳自己。母亲回来时，他们脸上马上露出喜乐的表情。母亲不在，他们不会很热情地跟陌生人进行互动。这些孩子敢于对外探索，也很容易适应外在环境的变化。为什么他们会有这种反应？因为当孩子有需要的时候，母亲能够做出适时的响应。

二、焦虑情感矛盾依恋

这类孩子当母亲在身边的时候，会有勇气作对外探索，但心里还是感到不安，与陌生人的互动也不是很投入。当看到母亲走开，脸上出现焦急的表情。等看到母亲回来，内心却出现矛盾，一方面很想亲近母亲，但另一方面又埋怨对方。当母亲主动关心他的时候，他又表现得很不在乎。母亲要跟他和好，他却故意把母亲推开。为什么这类婴儿会有这种反应？因为当孩子有需要的时候，他们的需要被忽略了，他们平常没有得到足够的母亲的关注。

三、焦虑逃避依恋

在最后一种依恋形态中，这些孩子会尽量避免与母亲接触，常常对母亲不理不睬，不管母亲离开或回到他们身边，他们不表露情感。母亲主动过来靠近他，他却刻意逃避；母亲想要抱他，他却把母亲踢开。这些孩子没兴趣作对外探索。不管是对外人还是母亲，他们的态度都非常冷漠，不表露情感，看不出他们的喜怒哀乐。为什么他们会有这样的反应？因为他们与母亲的连结线早已断裂，过去婴儿的需要经常得不到满足，他们心中早已认定，无论他们做什么，母亲都不爱他们。

为什么婴儿与照顾者的依恋关系那么重要？因为婴儿在出生时，他们的大脑大多尚未发育完全，两岁或三岁前脑部会经历一段雕塑期。在这期间，幼儿与母亲的关系会决定控制身体基本功能与情绪的基础系统，也会影响负责思考的前脑部分。婴幼儿越是经常感到恐惧与不安，脑部功能的损伤就越大。而持续不断的恐惧会产生类似受压情况下的化学变化，这让小孩的身心一直处于警戒状态。这些化学物质会摧毁日后他们的社交和记忆的途径，让孩子无法有片刻的时间感到安全与放松，而经常处于苦恼的状态，等他们到了惹是生非的年龄，他们就开始到处为非作歹，四处捣蛋。

新西兰有一项突破性的研究，追踪一组1972年新生儿的成长历程，直到1993年他们年满21岁为止。护士们借由研究他们3岁时的依恋质量，可以指出哪些孩童比较容易发展出行为与精神上的问题。等到他们21岁时，这类高危险孩童的犯罪率，已经高出一般人的1倍以上，出现反社会人格的概率也是一般人的3倍，表现出焦躁、好勇斗狠、反社会行为。所以，今天许多青少年出现精神失常、酗酒、滥用药物与暴力行为，其实都可以追溯到他们幼儿时并未得到母亲或主要照顾者足够的关爱的事实。

培养孩子的正面情绪

在一个大学的实验室里，实验人员吩咐母亲用开心的笑容逗弄她只有几个月大的婴儿，婴儿脸上露出灿烂的笑容；当实验人员请母亲摆上严肃、毫无笑容的面孔时，婴儿脸上的笑容也会在一刹那间消失，改换成一副愁容。实验证明，婴儿的情绪根基与父母密切相关。因此，孩子不小心摔跤，母亲不要过分惊惶失措，可以镇静地回应，平心静气地说："你还好吧？"婴儿会不怎么哭闹就自行起身走开了。相反，如果婴儿看到母亲紧张焦急的表情，他反而会被母亲的反应吓着而放声大哭。因此，母亲看到孩子摔倒，跌倒，做噩梦，碰到野狗、害虫等情况时，不要把它弄成一场大阵仗，以平常心处理，便能安定幼儿的情绪。

科学家发现人的大脑有一个边缘系统可以储存人类的情绪。因此，情绪记忆可以追溯到每个人的婴儿时期。一个人在婴儿时期与父母或养育他们的人之间的情绪与感受反应，都会记录在情绪记忆系统内。如果一个人在幼年时能得到好的照顾，父母能满足他的需求，了解他的感受，照顾他的情绪，基本上他长大后较能适当处理自己的情绪和感受，与他人相处会较少争执，遇到压力或事故，也比较能懂得控制自己的情绪。相反，如果童年的情绪记忆是恶劣的，悲伤难过的日子多于开心的日子，长大后的情绪大多不稳定，个性倾向内向木讷，遇到事故容易焦虑、不安，与人交往欠缺技巧，人际关系也会出现问题。父母要怎样做呢？下面将进一步谈到孩子在0～6岁的不同阶段中，父母应如何培育孩子的正面情绪。

一、0～1岁建立安全感

婴儿没有选择的权力，时间到了，他只好从舒服安全的子宫中来到这个不可预知的世界。到底这个世界对他而言是安全、美好的，还是危险、难以信任的？这取决于周围的人如何照顾他和满足他的需要。婴儿需要的一切包括饮食、衣着等，都得依靠外界的供应。供应者可能是他们的父母、保姆或其他亲人。

如果在这段时期婴儿能得到妥善的保护、照顾，不缺乏父母亲的爱与关怀等，那么他就比较能对外界产生信任感。当他饿了就有食物吃，渴了就有水或奶喝，冷了就有衣服穿，他就会相信这是一个可以信任的世界。但是如果他的基本吃喝没有按时供应，冷了没有衣服穿，他就会怀疑这不是一个关怀他的世界，容易对外界生出不信任。

所以孤儿院成长的孩子，通常存在这种性格上的欠缺，因为孤儿院缺乏人手，无法兼顾每个婴儿的需要。另外，婴儿第一年会跟照顾他的人建立一种依恋的关系，这个人最好是母亲，应当经常在他们身边，因为依恋关系也是情绪关系，可以帮助婴儿打好日后人际关系的基础。如果照顾者经常更换，或母亲不能经常在他们身边，婴儿就很难建立起稳定的依恋关系，容易对孩子产生负面影响。以往中国人对这方面不是很注重，美国的年轻华人父母常把孩子送回中国，等孩子长大之后再带回来，这样会造成孩子性格上的障碍，对人缺乏信任，日后难以与人建立亲密关系。所以孩子年幼时，父母应尽量让孩子留在自己身边，并且给孩子提供稳定的成长环境。

二、2～3岁学习独立自主

孩子小的时候，生活细节都依赖父母打理，选衣服、配裤子都由父母决定，系纽扣、绑鞋带等日常琐事都要父母代劳。但孩子到了2岁，事事想自己做主，穿衣服有自己的意见，绑鞋带这等难度高的事，他们也希望不求人。在这个时期，孩童渐渐在体能和智能上有某种程度的发展，他们已能掌握爬、走、推、拉、拿等各种动作，而且也开始学说话并与别人沟通。当他们每做出一些新的动作或完成一些以前不会做的事，他们就会自鸣得意，引以为傲。

然而，他们是否能在这期间慢慢地学习独立及行使自己的自由意志，那就取决于父母如何处理孩子的一言一语、一举一动。如果父母的心态是健康的，明白这是孩子迈向自立的第一步，并且在旁边给予适当的指导和鼓励，那么孩子就比较容易学到自治和自立的能力，建立起健康的自我形象。但如果父母本身心态不健全，当看到孩子慢慢学习独立，再不像以前那么需要自己的时候，不安和担心被拒绝的心理油然而生。于是这些父母会想尽办法去阻止孩子要独立、要成为个体的行动。例如，当父母看到孩子要自己绑鞋带的时候，母亲用嘲笑或讽刺的口吻说："你那么小，这种事你不会的。"或说："啊，你长大了，不要妈妈了，你有本事就自己赚钱养自己，不必回来了。"父母这些负面的反应不但会造成孩子过度依赖父母，也会让孩子对自己的能力感到怀疑，并因这些话而产生羞耻感。

三、4～6岁为自发性时期

当孩子慢慢长大，体能和智能增强后，他们开始想做一些以前不会做的事。同时，孩童在这一阶段也有许多新构想，希望玩一些别人没想过的"新花样"。可能一个小男生会跑到母亲的化妆台前，用口红把自己涂个花脸，或小女生穿爸爸的衣服扮成大人的模样，这是小孩的自发性成长阶段。若父母不了解孩子的心理，对他们的所作所为不以为然，觉得非常幼稚或不雅，从而嘲笑或责备他们，会让孩子的心灵受到极大的伤害。要知道，孩子很多时候并不明白何谓对错。

孩子以为创新是好玩的事，但换来的却是父母的指责，甚至打骂，于是他会认定：原来创新是一件坏事。结果父母不但抹杀了孩子在这阶段的自发性或创造能力，也造成孩子内心的罪恶感。心理学家认为，孩子的这种罪恶感会带入他们日后的青少年期及成人期。不少自我形象差的人，他们总觉得周围发生不好的事情与他们有关。一种心理极端就是过分自责，想尽办法去讨好别人和满足别人的需要；另一种极端就是用欺骗、说谎等方法，掩饰自己的过错。归根结底，这些扭曲的心理都是童年成长过程中，父母缺乏合理教育的后遗症。

幼年时期孩子的五个特点

这是一位医学教授告诉我的一个典型中国家庭故事。这个家庭只有一个女儿，品学兼优，她念书非常认真，从小学到高中都是班上第一名，父母向来对她引以为傲。为了让她专心念书，除了读书以外，父母从来也不要求她做任何家务，家里的一切家务包括煮饭、烧菜、洗衣服、刷厕所、擦地板等都是母亲一手包办。父母灌输给孩子的概念是，书要念好，成绩要优异，其他都不是很重要。

这个女儿没有辜负父母的期盼，她高中以第一名毕业，连大学入学考试SAT也是满分，最后被一所美国常春藤名校录取。父母对孩子的未来有着很大的期盼，没想到进了大学才一个学期，女儿圣诞节放假回家，她的面容把父母吓了一跳，体重也一下子减轻了10磅，细问才知女儿患了严重的抑郁症。因为女儿在大学修了6门课，五个A、一个B，这是她念书以来第一次拿B，这让她对自己感到非常的失望，觉得自己是一个"失败者"，过分烦恼而患上了抑郁症。

你也许会觉得很不可思议，不过我已经不止一次听到类似的家庭故事了。从辅导者的角度来看，其实这并不奇怪。对于一个未曾经历严重挫败的人来说，一旦面临失败，就是一个相当严重的打击。是孩子的错吗？与其责怪孩子，倒不如责怪父母，因为他们在孩子成长过程中灌输了错误的价值观，说到底这就是家庭教育失败所造成的结果。

孩子具有五种特性，他们是可爱和有价值的（valuable），他们是脆弱的（vulnerable），他们是不完美的（imperfect），他们有依赖性（dependable），他们是不成熟的（immature）。让我们一个一个检视。

一、孩子是可爱和有价值的

孩子也是独立的个体。每个小孩子都是宝贵的，都是有价值的。但如果孩子在成长过程中，父母给予的教育出现误差，会使孩子原来的价值观念扭曲。比如上面的例子，父母给孩子灌输了一个错误的观念，认为读书比什么都重要，等孩子有一天发现成绩不理想，或比不上别人的时候，他会觉得自己没有价值。有些父母强调读书成绩，有些父母强调赚钱，有些父母着重外表；当父母把外在的物质放在孩子本身的价值之上，孩子在成长的过程中看不到自己的独特性，学生时代追求学业成绩，长大了就追求工作、事业和财富。一旦学业不理想，他们就觉得自己很笨、没用、比不上别人；倘若在工作上不称心，他们就认为自己没出息，觉得自己是一个失败者。他们没法以平常心接纳自己的独特性，看不到自身的价值。

二、孩子是脆弱的

孩子天生是脆弱的，他们不会保护自己，所以需要父母在适当的时候对他们施予合宜的保护。但很多时候，父母不是过度保护，就是疏忽保护。譬如说，孩子在外头遇到野狗，心里面会感到害怕，过于保护的父母会以负面态度告诉孩子："外面是很危险的，你就是不听，总有一天你会被狗咬死。"这种教育无形间谋杀了孩子探索外界的好奇心，孩子认定外面是危险的，只好整天待在家里接受父母的保护，一生怕事，不敢冒险，活在父母的庇荫之下。另一种极端情况是，任孩子在外面溜达，父母不理不睬，让孩子天生天养、自生自灭。这种放任的态度没有教导孩子如何保护自己，日后会导致孩子成为别人侵犯的对象。对孩子保护过度或保护不足，都是父母的责任。

三、孩子是不完美的

大人都会犯错，更何况是孩子，加上他们年幼，人生阅历不足，他们随时会犯一些无心之过。譬如说，不小心打翻牛奶，或者打破花瓶等。这些无心之过是可以被接纳的，也是可以饶恕的。但有些父母却矫枉过正，看到孩子打翻牛奶，认为那是天大的事情，对孩子大声责骂："你搞什么鬼，这么大，牛奶也会打翻？你真是没用。"父母不能接受孩子的不完美，对他们过分的要求会产生两种结果：一是孩子做事战战兢兢，不允许自己犯错，形成完美主义的倾向；另外一种情况是孩子养成叛逆个性，心想反正怎样做都无法达到父母的要求，干脆唱反调。同样的道理，父母过度或不足的教育方式往往会适得其反。

四、孩子具有依赖性

孩子年幼不知道怎样照顾自己，肚子饿要吃东西，口渴要喝水，冷了要加衣服，这些都依赖父母满足。但是如果这些基本需求都无法从父母那里得到，就会出现三种极端的情形。第一，孩子饿了问父母（或看顾他的人）要食物，父母却责备他："你看不见我在忙着看电视吗？你整天只管吃东西，肚子饿就自己想办法。"孩子学到的第一件事情就是，求人不如求己，日后不管自己有什么需要，最好不要求人，否则只有挨骂的份。第二种情况，孩子不管肚子饿或口渴，父母因为太忙，孩子叫天天不应叫地地不灵，久了孩子对自己的需求就不怎么理会了，日后长大，他们就不知道怎样满足自己的需求，宁愿埋头在工作上，也不怎么照顾自己的饮食起居。最后一种极端情况是，孩子不管多大，只要他们喊肚子饿，父母马上为他们预备食物，从不好好教导孩子怎样想办法来自己解决问题，于是父母就成了孩子的拐杖，依赖行为就此出现，长大后连弄三顿饭也成问题，这怎样成家立室呢？

五、孩子具有不成熟行为

孩子的成长取决于父母怎样看待孩子年幼时的幼稚行为。当孩子因为得不到自己想要的东西而发脾气时，健全家庭的父母一方面会接纳孩子的不成熟，另一方面会施予适当的管教，从而帮助他们学会以恰当的行为表达自己，懂得自律，孩子因此会变得越来越成熟。但如果父母对孩子的不成熟行为的教育方式是放任纵容，孩子就会变得无法无天，长大后成为一个唯我独尊的小霸王。不过家长如果过度严厉，孩子要么出现叛逆行为，要么变得自卑而缺乏自信。

结论

中国人说3岁定80，早期西方心理学家说人在6岁时就决定了性格，而怀特的研究肯定了人的生命前三年的重要性。一个人年幼时是否能得到来自父母或照顾者对他们的关心和爱护，对他们日后在性格、行为及与他人的互动上有决定性的影响。

其实婴儿从出生那一刻就向周围的照顾者提出了这样的问题：我值得你们爱我吗？在危难的时候你们会保护我吗？婴儿从照顾者对他的响应中就能知道答案。因肚子饿、口渴、不舒服而发出哭的求救信号，若能够得到适时的响应，婴儿就知道照顾者是爱他们的。如果婴儿所得到的爱是一致、经常和适宜的，他们就会产生安全依恋。相反，如果婴儿的需要经常得不到响应，哭得死去活来也得不到照顾者的关爱，需要被忽略，需求得不到适时满足，久而久之，婴儿就会出现非安全依恋。日后婴儿对自己和别人难以接纳，对周围环境的适应也会出现困难。

也许安全依恋是一个比较抽象的学术名词，如果从婴儿脑部的发育来探讨，可能更有说服力。

过去科学家以为孩子脑部出生时就已经定型，完全受基因遗传的决定，与后天毫无关系。但现在科学研究证明，婴儿的脑部在出生那一刻尚未完全发育，出生后那几年才是他们脑部结构变化最大的时段。很多因素影响婴儿早期脑部的发育，除了基因、食物、营养以外，父母与孩子的互动、孩子的日常生活、他们的个人经历和是否感受到照顾者的关怀和爱护等，这些才是最具决定性的因素。

你可以把婴儿的脑部看作是一座刚建好的房子，围墙已经树起，门也装上了，你在外面买了很多电线、保险丝和其他电器零件，若只是把这些电器零件摆在地上，你以为房子的电灯、电风扇就会自动安装完成吗？绝对不会的。你必须把这些电线连接起来，把插头接上，这样你房子里面的电子器材才能够有效运作。婴儿的脑部情况也是如此，他们需要在父母的帮助下把内部的"电线"连接起来。婴儿通过每天的活动，借着听、看、闻、摸、尝等，来完成这些连接过程，脑部的连接塑造脑部的结构，而脑部的结构又与他们日后的学习能力、与人之间的互动、自我接纳等息息相关。

因此，父母们千万不要浪费塑造婴儿性格的最佳时光，不要把照顾婴儿的工作交给远方的祖父母或亲戚朋友，也尽量不要交给商业的托儿所。除了为孩子提供健康均衡的饮食外，父母还要为孩子提供不同的活动和各种类型的生活经历，对孩子的关爱、适时和正面的响应，都对孩子的脑部发育有非常积极的影响。

特别要注意的是，只有在前面几年的时光（第一年尤其重要）孩子的脑部才有能够被塑造的机会。但两三年时光弹指即逝，如果父母能够好好把握这几年的时光，趁孩子年幼，尽量跟孩子建立安全的依恋关系，给孩子安排多姿多彩的活动，带孩子到公园、游乐场所玩乐，让孩子有各种不同类型的玩耍经历，多与婴儿有肌肤之亲，学会解读他们的需求，对其哭闹不忽略，并适时予以回应。父母与孩子这等互动关系，将为他们日后的人际关系和行为奠定基础。

◎ 问题讨论

1. 你跟孩子的互动关系如何？你对孩子有耐心吗？

2. 在工作、家庭、照顾孩子等事项中，你的优先事项是哪些？

3. 也许过去你没有好好把握机会"训练"你的孩子，你认为日后该怎样"亡羊补牢"？

4. 这一章给你最大的挑战是什么？

3 沟通

　　一个父亲带着3岁的女儿到外地探亲，长途飞行的旅程让女儿觉得很枯燥无味，情绪也慢慢失控，她不断告诉爸爸她很想抱她心爱的芭比娃娃，但很不幸，她心爱的玩具放在飞机行李舱里。

　　父亲虽然想尽办法向女儿解释芭比娃娃正在飞机下方的行李舱里，现在没有办法拿到，要等到飞机降落才行。但3岁的女儿却不管不顾，她还是不断地要求："我要我的芭比，我要我的芭比！"最后孩子哭起来，甚至开始发脾气。旁边乘客投过来的眼神，好像在看戏一般，似乎等着看这个老爸如何处理这件看似容易但绝不简单的家务事。

　　爸爸对女儿好说歹说："我知道你很想要你的芭比，但它现在不在我们这里，我也不能把飞机停下来。这样好了，我给你看你喜欢的白雪公主图画书，好不好？"

　　但女儿还是不买账，说："我不要看白雪公主，我要我的芭比，我现在就要我的芭比。"

　　这时候父亲开始感到血压升高，脸也红了，怒气一触即发。

如果是你面对这种情况，你会怎样处理？把女儿严厉地骂一顿，说她无理取闹吗？这不是好方法，因为3岁的孩子实在无法理解平日比超人还厉害的父亲，怎么突然间连拿一个洋娃娃也变得束手无策。面对一个懵懵懂懂的3岁孩子，身为父母，实在感到巧妇难为无米之炊。如果换作一般的中国父母，甚至有可能伸手就是一巴掌，不然就是痛骂一顿，给她一点颜色，看她以后还敢不敢在众人面前这样丢父母的脸。

　　类似这种情况其实随时可见，你可知道，父母处理这些看来无关紧要的事情的方式，却会深深影响日后他们与孩子之间的关系，看下面的真实个案就可见一斑。（这父亲后来怎样摆平这件事情呢？待会儿自有交代。）

　　一个来自东南亚的家庭，他们只有一个16岁的儿子，在学业上他曾经在班上名列前茅，但进了高中之后，他突然改变读书习惯，白天不读书，晚上看电视、跟朋友讲电话到半夜，过了午夜才开始温习功课，结果白天爬不起来，成绩因此一落千丈。父母想尽办法管教他，不允许他看电视和用电话，甚至把电话收起来。他很生气，把电视遥控器和电话乱砸乱摔，把家里客厅墙壁上砸出一个个洞来。当情绪不佳的时候，他跑到厕所用拳头打墙壁发泄，所以家里的厕所也留下他的"杰作"。他告诉父母，把电话藏起来对他没有好处，因为这样他无法跟同学谈功课，只会让学业越来越糟糕。

　　父母觉得他有道理，于是让步，给他使用电话，但偷偷做电话录音。之后发现孩子在电话中只是跟女孩子聊天，于是跟他摊牌，孩子感到非常愤怒，说他们侵犯了他的隐私，一气之下离家出走，两天两夜没回家，父母于是报警。原来他偷偷躲在了同学家，连同学的家人都不知道他躲在同学的卧房中。

之后他又偷偷跑回家，警察到家调查，因为他年龄太小，只能给予警告。但学校和警察都建议他们寻求专业的家庭辅导，所以夫妻二人来到我的办公室。我听他们讲完来意，就问他们："孩子不会无缘无故变成这个样子，我很好奇孩子年幼时你们怎样管教孩子？"母亲抢着说，她家儿子是个个性倔强的孩子，她管教孩子的观念是："你强！我比你更强！"譬如说，孩子得不到他要的玩具大哭时，她就把门关上让他大哭，往往他可以哭上一两个小时，有时候哭累了就睡，睡醒之后继续再哭。根据母亲的说法，孩子年幼的时候，这种方法还管用，儿子还算听话，中学之后，孩子突然判若两人，不跟父母讲话，甚至有时还出言恐吓他们。

所以，我在本书的前言中就提到，孩子进入青少年阶段，一夜间变得像恶魔一样，不是没有原因的，通常都是因为父母教育孩子的方法出现问题，尤其是父母跟孩子的沟通有了严重的障碍，造成亲子关系名存实亡。

这一章的主题就是父母应怎样跟孩子沟通。上面讲到的都是实例，类似案例随处可见。为人父母必须首先认识到一个问题：青少年不是突然关上与父母沟通的大门，而是问题经过累积后才演变成这样。所以父母们要搭建一个与孩子良好沟通的平台，不要等他们进入青少年才开始，应该趁着孩子年幼时就建立一个畅通的沟通渠道。

父母与孩子沟通出现问题的原因

在谈到父母怎样跟孩子沟通以前，让我们先谈谈深入沟通的困难之处和一般父母跟孩子沟通常犯的错误，然后讨论什么才是真正的沟通，最后再说父母怎样与孩子进行有效的沟通。

表面沟通很容易："你好吗？""我很好！""吃饭了没有？""最近怎样？"但深入的沟通就不是那么简单，尤其是涉及个人感受的沟通就更不容易了，到底沟通的困难在哪里呢？

一、文化背景的差异

讲到沟通，中国文化在这方面可以说是先天不足又后天失调，因为华人是最不擅长表达自己情感的一个民族。单以文字来举例，我们就能看到中文和英文在情感表达上有很大的差别。英美人士常用的形容情感的字眼相当多，如mad（怒），sad（哀），glad（乐），anxious（忧），depressed（沮丧），nervous（紧张），overwhelmed（心烦），但华人日常使用的情感字词却相对较少。当一个人沮丧时，别人问他感觉如何，通常的回答不外是"我很难过""不舒服""心情不好"，很少使用能贴切形容个人内心感受的字眼。

另外，我们绝少听到中国父母对孩子说"我爱你"，除了谈恋爱的男女会常听到以外，在结了婚的家庭也绝少听到，先生太太不说，孩子也不会从父母那里听到。如果有一天我们听到父母对我们说"我爱你"，可能马上会起鸡皮疙瘩，甚至以为今天爸妈是不是吃错药，精神失常了。也许用英文"I love you"听起来还顺耳一点，用中文就实在感到很不自然。

二、不良的教育观念

一般来说，中国传统教育孩子倾向负面方法，也就是批评多鼓励少，责备多称赞少。所以有人谑称中国父母教育子女的方法是"食指教育"。什么是食指教育？就是父母用食指对孩子指责、批评、责骂。

以孩子考试为例，当孩子告诉你明天是他的第一次英文考试，他觉得很害怕和紧张，一般中国父母的反应是什么？

"平常要你好好用功念书，谁叫你临时抱佛脚。"

"整天花时间看电视，玩电脑，搞你的电玩，好啦，现在考试才知道厉害吧。"

"你好好给我考，如果没有90分，你就不用回家了。"

确实有太多中国父母教育孩子都是用指责批评的方法。换个角度想想看，如果你是孩子，听到这些话，还会愿意继续和父母沟通吗？这种教育方式阻断了父母与孩子的良好沟通，以至于等孩子到了青少年期，沟通的渠道便完全断绝了。

三、男女差异

一般来说，孩子比较容易和母亲沟通，跟父亲沟通的难度较大。原因是女性通常比较感性，她们善于表达个人的内心感受，而男性向来压抑情绪，不习惯对外表达内心世界，对外人的情感需要也缺乏敏感性，所以父亲面对孩子的需要，常会感到手足无措。看看下面这个例子：

> 5岁女儿养的乌龟突然死了，她向父亲诉苦说："爸爸，我房间的乌龟死了。"
>
> 父亲的回答："乌龟年纪大就会死，没有什么奇怪的。"
>
> 女儿听到就很伤心地哭起来，父亲继续说："只是一只乌龟而已，没什么大不了的事。"
>
> 同时还加了一句："你就是没有好好照顾它，所以它才死掉。"
>
> 女儿哭得更大声了，于是这位父亲又尝试去安慰她，说："不要再哭了，我明天买另外一只乌龟给你。"

对女儿来说，这不单单是一只乌龟而已。但身为男人的父亲却缺乏对孩子的同情心和敏感度。

当然，这也不能完全责怪男人，因为今天的社会文化致使男人成了这个样子。男人在成长过程中被灌输大丈夫流血不流泪这等思想，他们活在一个弱肉强食的世界，为了要显出自己的刚强，必须建起他们所有的防卫机制，感情绝对不外露，唯有这样才能彰显自己是一位英雄好汉。但这并没有真正帮助男人成为一个有血有肉的男人，反而妨碍了他们与人建立亲密关系。

四、人有趋吉避凶的倾向

一般人都有趋吉避凶的心态，我们比较愿意接受高兴、快乐、正面的事情，但对难过、伤心、不好的事，总是能避免则避免。为什么这样？因为负面的事情很容易触动我们的负面情绪，让我们感到不安。于是，当父母看到孩子情绪低落，听到孩子在学校发生不如意的事情，或者看到他们哭哭啼啼的样子时，会感到手足无措。情急之下，采取的最直截了当的办法就是把孩子训一顿，或者掩面不看，当作没这回事。

想想看，如果一个父亲在工作上遇到压力，心情已经很沉重，回到家本想安静休息一下，结果一进门就听到弟弟号啕大哭地冲过来告状说哥哥打他，太太说女儿学校要见家长，你认为这时候爸爸会如何反应？

"拜托你们，我在外面工作了一整天，你们可以让我安静一下吗？"

"不要让我看到你愁眉苦脸的样子好不好？"

"你们两个人在一起真是狗碰到猫，吵个没完没了，总没有好日子过！"

如果刚好父母关系不好，孩子对父母的告状更是火上浇油，孩子自然成为发泄的对象。孩子碰多钉子之后，知道不好的事情最好不要带回家，免得又被训一顿，久而久之，与父母的沟通就停顿了。

综上所述，文化背景的差异、不良的教育观念、男女的不同、人有趋吉避凶的心态，这些都会直接或间接造成父母与孩子的沟通出现障碍，而传统中国文化的含蓄更加重了亲子沟通的困难。

孩子成长过程中会面临各种人生的问题，会遇到学业上、交友上、感情上的困难。本想找父母倾诉，但父母要不是把他们的话当作耳边风，要不然就是指责或辱骂。一旦孩子进入青少年时期，内在情绪得不到抒发，只好埋头在电视、计算机上，沉迷于网络中。如果不幸遇到不良朋友，随时可能会借着毒品或者酗酒来麻醉自己。更严重的，也许会以自杀来了结自己的生命。等父母知道的时候，为时已晚。归根结底，这些都是当初父母没有跟孩子建立良好沟通所致。

父母与孩子沟通常犯的十个错误

文化不同、家庭教育、男女差异等因素都构成父母跟孩子的沟通困难，也导致许多错误的沟通。下面列出了父母与孩子沟通中常犯的十种错误。

一、对孩子指责和控诉

当父母发现家里有事情不对劲，玩具乱放，到处脏兮兮，东西被打破时，很自然就将矛头对准孩子。

"你看，房门都是你的手指印，你为什么这样做？我告诉你多少次？你从来没有听我的话。"

父母这种指责控诉的方式，虽然目的是为了改变孩子的行为，但却常常适得其反，不但没有改变孩子的行为，还让他们在心中产生很多怨恨和不平。孩子听到父母这样说，他们心中会怎样想？

　　"在爸妈心中，门比我重要。"
　　"我绝对不会承认那是我的手指印。"
　　"你要我听话，我偏偏就不。"

一个已过中年的男子，在谈到童年往事时，仍记忆犹新。7岁那年他父亲为家中添了一个新橱柜，好奇的他在玩弄橱柜时不小心把柜门弄坏，他父亲在盛怒中甚至想把他从8楼家中的窗户推出去，好在窗口不够大才留下他的命，但从此他家的兄弟姐妹都跟父亲之间有很大的鸿沟。

相信类似的例子在不少中国家庭出现过，所以父母要注意自己对孩子的所作所为。

二、给孩子贴标签

第二种父母惯用的责备孩子的方式就是给孩子贴标签，而这些标签绝对不是恭维的话。

　　"你实在够笨，简直是猪脑袋。"
　　"拜托，你是孙悟空投胎吗！怎么那么皮！"
　　"为什么你总是慢吞吞的，你跟蜗牛是一族吗？"

孩子听到这样贬低的话心中会怎样想呢？

"没错，我是很笨。"
"你每次都只会骂人。"

英文有个短语叫"prophecy fulfillment"，就是预言应验。意思是说，孩子最终成为父母所讲的那个样子。你说孩子笨，最终他就变成你所说的傻瓜；你说他顽皮像猴子，最后他就成为家里和班上的捣蛋分子，父母的负面评价是带有很大的杀伤力的。

三、讲威胁的话

父母习惯向孩子乱发空炮弹，讲一些光说不练的威胁话，而通常这些都是连篇的废话。譬如说：

"你再给我看到你跳沙发，你屁股准备开花。"
"我数到三，再不把衣服穿好，你就独自在家里。"
"你再弄电话，我就把全部电话扔到垃圾桶去。"

父母真的会做吗？很多时候不会，但孩子心中怎样想？

"等你看不到，我就跳，怎样？"
"妈妈不要我了，我好害怕！"
"好啊！你就扔吧，看看谁在乎？"

聪明的孩子，久了就知道什么是空炮弹，什么是真弹。

6岁的小光到他邻居小华家玩耍，快到睡觉时间，妈妈在厨房喊道："小华，收拾玩具，准备睡觉。"但小华没有任何行动，他还是玩自己的玩具。过了5分钟，妈妈又再叫："小华，赶快收拾玩具去睡觉。"小华还是动也不动。再过10分钟，母亲声音提高八度说："你再不收拾玩具睡觉，你就死定了。"小华对小光眨了眨眼说："你现在可以回去了，明天再来。"

有些孩子聪明得很，有时候父母还被他们玩弄于股掌之中。

四、发号施令

这是中国人传统的教官式教养孩子的方法，父母在上面发号施令，孩子只能执行，不能回嘴，不能讨价还价。

"我给你3分钟马上把房间清理好。"

"你立刻把垃圾拿出去。"

结果孩子心想：

"我就是不做，看你能对我怎样！"

"为什么我做什么都不对！"

"等我长大了，我就不需要听你的了。"

一位父亲因为13岁女儿顶撞他，生气地对女儿说："这是我的家，请你收拾自己的东西离开这里。"15分钟之后，女儿带着一个皮箱走出门，三天三夜之后，家人通过警察把女儿找回来，但父母亲已经三天三夜没睡觉了。

孩子小的时候，他们没有什么能力反抗，只好逆来顺受，等翅膀硬了便头也不回地飞出去。

五、长篇大论

"你们现在实在是命好，简直是身在福中不知福。我在你们这个年龄，早就出来闯天下了，没机会读书，没机会游山玩水。你们现在有机会学钢琴，学小提琴，学溜冰，却一点都不珍惜，只会整天抱怨，等有一天爸爸妈妈都不在了，孤苦伶仃的，你们就知道命苦了。"

孩子最厌烦父母长篇大论、喋喋不休地训话。前面讲到的发号施令通常都是父亲的杰作，而母亲最容易犯的错误就是对孩子唠叨。

孩子心中怎样想？

"你有完没完！"
"谁要听你的！"
"烦死人！实在吵死了！"

偶然听到有父母抱怨说，进入青少年时期的孩子居然在自己房门口挂上一个"不要打扰"的牌子。为什么有时候一些青少年宁愿整天泡在自己房间听他们的音乐，看他们的电视，就是不想跟父母讲话？父母过于唠叨是重要原因之一。

六、滥用警告语句

天下没有不爱自己孩子的父母。父母总是想方设法保护孩子，避免孩子受到伤害。父母的用意绝对良好，但讲话的方式却往往弄巧成拙。

"不要爬那么高，你会摔死的。"
"把衣服穿好，不然你生病了没有人理你。"

孩子听到这些信息之后的反应是什么？

"这个世界实在不是很安全。"
"将来我都不知道怎样照顾自己。"
"我好像做什么都不对。"

一位教授上小学时是学校的捣蛋分子，新学期开学的第一天，老师当着全班的面给他一个下马威："我看上学期老师给你的评语很不简单嘛！你在我班上就要给我小心点。"你以为这位顽皮学生怎样回应他？他马上站起来说："是的，老师，你看到的都是真的，不过，你放心，我绝对不会让你失望的。"

会捣蛋的孩子也是聪明的孩子，采取恰当的方式教导他们非常重要。

七、父母扮演殉道者

第七种父母与孩子的错误沟通方式，就是父母将自己扮演成殉道者，认为把愧疚感加在孩子身上，孩子就会变乖，但往往得不偿失。

譬如父母说：

"不要再吵了，你们实在吵死人了，我快要心脏病发作了。"

"你看我这么多白头发都是因为你们，你们是不是要我提早进棺材？"

结果孩子怎样想呢？

"都是我不好！"

"如果妈妈将来生病，都是我不乖。"

一位女性在青少年时非常反叛，常跟父母顶嘴，气到父亲有一次说："你要把我气死了你才开心，是不是？"很不幸，父亲在她17岁那年因癌症过世。为此她一直耿耿于怀，把父亲的离世与她自己过去的叛逆行为挂钩，甚至以不结婚来惩罚自己，直到她遇到一位很好的辅导者才得以释怀。

八、把孩子与别人比较

根据家庭辅导专家的研究，家里出现兄弟姐妹不和的局面，很多时候应归咎于父母对家里成员作无形的比较，父母对某个孩子的偏袒，造成孩子之间的嫉妒和仇恨。

若家里孩子多，我们会常常听到父母跟孩子讲这样的话：

"为什么你不像你哥哥，他每个学期都是全A。"
"为什么你不像妹妹乖巧听话，总是把她弄到哭。"

孩子心中的想法是什么？

"妈妈总是爱哥哥比较多。"
"等着瞧！有机会我会好好整一整这个搬弄是非的讨厌鬼。"

一位父亲为了鼓励自己终日游手好闲的青少年儿子上进，便说："隔壁王先生的大儿子，在你这个年龄已经出来打工赚钱帮补家里。"结果儿子说什么？"华盛顿在你这个年龄已经当总统了。"这个父亲被气得说不出话来。

九、冷嘲热讽的话

冷嘲热讽其实是最伤人的，就像是一把刀偷偷从背后插进来，这种无形的刀不伤身体，但严重伤害内心。

譬如父母说：

"你明知要考试，还把课本留在学校，你故意的吗？"

"你穿这种衣服到学校去，你希望老师给你奖赏？"

孩子的念头是：

"她总是那么让人厌烦！"

"何必去考试呢？没有必要去考试。"

"我实在恨死她了。"

如果你发现孩子不怎么讲话，不要光责备孩子，不妨检讨一下自己对孩子讲话的语气和态度。

十、讲预言

"你对父母这样说话，将来铁定一生坐牢。"

"看你这么懒惰，总有一天当乞丐。"

"你那么自私，学校里一定没有人愿意跟你玩。"

孩子心中想到什么？

"她是对的，我将来不会有什么成就。"

"我实在没有用。"

"我还是放弃算了吧！"

一个被老师归入自暴自弃行列的少年，被送到暑期青少年训练营接受培训，当辅导员与他细谈过后，惊讶地发现当事人还算是很求上进的年轻人，便很好奇地问他为何落入这个光景。年轻人回答说，他父亲常这样骂他："你将来不会有什么出息的，铁定一辈子在麦当劳帮人烤汉堡。"年轻人心想，既然如此，我何必花精力读书呢？

这也是预言应验的效应，是孩子的问题吗？倒不如说是父母的责任。

上面讲到了父母与孩子沟通常见的十个错误，从父母的出发点来看，其用意原本都是良善的，但因为表达的方式错误，很容易对孩子造成无形的心理伤害。孩子受年龄和能力所限，无法充分地对父母表达出自己的感受，愤怒和怨恨就积存在心中。负面情绪的累积埋下隐患，等到了青少年叛逆时期，这些积存的怒气和苦毒便爆发出来，那时候的伤害性就变得非常大了。很多父母常常不了解，为什么10岁时孩子还是一个乖宝宝，短短几年时间，就变得判若两人。原因就在这里。过去父母在沟通时对孩子造成的伤害，早已经把两代之间的亲子关系破坏殆尽，沟通渠道断裂，以致亲子冲突到孩子青春期达到最高峰。等父母察觉，再要弥补挽救，往往得耗费更多功夫。所以，身为父母者，千万不要等到孩子成为那"杀千刀"的时候才醒悟过来，应趁孩子年幼时，就要学习如何与孩子有效地沟通，建立美好的亲子关系。

什么是沟通

简单来说，沟通可以分五个层面：客套式、事实层面、表达意见、感受的倾诉和交流、更深的感受交流。但真正良好的沟通只有后面两个，即深入的沟通和感受上的沟通，其他大部分的沟通都流于表面。

第一种沟通是客套式沟通。举例来说，在马路上碰到一个陌生人，跟他说"嗨，你好吗？"，或者上班看到同事说声"早安，你好吗？"，这些对话都属于客套式的沟通，这种沟通的方式很表面，缺乏深入的交流。

第二种是"事实层面"的沟通。例如我打电话告诉好朋友，我们家附近最近开了一家新的中国餐馆，听说厨师是香港相当有名气的大厨。这也是一种沟通，但这仅仅是停留在事实层面上，没有掺杂个人的意见。

　　孩子回家告诉父母："明天学校有场足球比赛，我们的对手是去年得克萨斯州高中冠军队。"
　　儿子告诉父母："今天我们学校来了一位新的老师，是个女老师。"

诸如此类都是属于事实层面的沟通，把发生的事情告诉对方，这是第二层次的沟通。

第三种是"意见表达"的沟通。除了事实以外，再加入一点个人意见在当中。

"我去过那家新的餐馆，菜炒得非常不错。"

"明天学校有场足球比赛，对手是去年得克萨斯州冠军队，我们准备把他们痛宰一顿。"

"今天我们学校来了一位新的老师，是个女的，人长得很漂亮。"

沟通多了一层"意见表达"，那就是属于第三种沟通，但这种沟通仍然不是很深入。

第四种沟通是感受的倾诉和交流。这种沟通就比较有深度，是把个人的感觉和感受说出来。

一位女士对同事说："昨天跟先生大吵，晚上没有睡好，今天心情很不好。"

孩子对母亲说："明天是第一次英文考试，我复习的时间不够，我很紧张。"

这种沟通比较深入，因为涉及个人的感受，而且往往不是短短一两句话就结束了。

第五种沟通是更深层次感受的沟通，它是第四种沟通的延伸，让表白者更深入地讲到自己的内心感受。

> 孩子说："我来美国时间不长，英文程度比不上别人，明天有英文考试，我感到很害怕，这几天都睡不着觉。"
>
> "我妈妈生了一个妹妹，爸妈都花很多时间照顾她，我常常觉得很孤单，好像没有人爱我，我不喜欢这个妹妹。"

这种沟通就比较深入，表示说话者可能需要别人更多的关怀。

五种沟通中，哪一种是最有意义的沟通？相信你也认同第四种和第五种沟通较深入，也较有意义。仔细想想看，你平常与孩子的沟通属于哪一种？感受的沟通是最有意义，也是最能够建立亲密关系的，尤其是父母与孩子之间，但扪心自问，我们与孩子之间的沟通，有多少时候是属于第四种和第五种沟通？你会觉得很奇怪吗，既然我们明知道这是最好的沟通，是谈心事的沟通，是感受的沟通，但我们做父母的却很少这样做，为什么？因为很多父母从来没有学过如何与孩子沟通。

与孩子建立良好关系与沟通

一、双向式沟通

英文有"talk to our children"与"talk with our children"两种对话方式。前者是对孩子讲话，后者是跟孩子交谈。跟孩子讲话是单向的，跟孩子交谈却是双向的。沟通的最高艺术不是表达自己的意思，而是正确理解对方要表达的意思。跟孩子沟通的目的不只是要孩子了解父母的意见，更是要充分了解孩子的想法。要跟孩子有良好的沟通，做父母的要明白，不是跟孩子讲话即可，而是要跟孩子交谈。

二、以尊重的态度跟孩子沟通

希望与孩子建立良好沟通，父母首先要摒弃"天下无不是的父母"的观念。孩子也是人，他们也有自己的尊严，将孩子看作是合作的伙伴，自然在说话的语气上和态度上就会不一样。让我们看看以下几个例子。

1. 看到就说出来

譬如说，孩子准备洗澡，开了水龙头没有留意到水满了，并且快流到浴缸外头来。父母如果用指责控诉的方式对孩子说："你这个人就是不负责任，把水龙头开了就走掉，你搞什么鬼，这个屋子快要被水淹了，我以后再也不让你一个人洗澡了。"这种说话方式只会让孩子心中产生仇恨与自责。

面对类似情况，父母较好的应对方式是如何呢？

　　　"小华，水要快流到外面去了。"

只将情况讲出来，无须任何的责骂，更不必用威胁的语气。就是这么简单。

又如，孩子房间灯没有关，不要骂他们浪费电，只要指着房间对孩子简单地说："嗨，你房间的灯还开着啊！"

如果孩子常犯某些小毛病，可以考虑用别的方法提醒他们，培养他们的责任感。

2. 提供事实

孩子有时会有愚蠢的行为出现，这并非他们故意使坏，而是因为他们不懂事，粗心大意，这种事情在家里时常发生，不值得被父母当成兴师问罪的理由。譬如说，孩子把牛奶从冰箱拿了出来，用完后忘记把牛奶瓶放回冰箱，这是孩子的大意。父母如果问："是谁把牛奶放在这里的？"孩子的防卫机制就马上启动，不是抵赖，就是找借口推搪。如果家里超过一个孩子，大哥会说是二哥，二哥说大哥，互相推卸责任。最好的方法是说："嗨，小朋友，要知道牛奶不放在冰箱会变坏啊！"这种说法没有针对性，只是将事实告诉给孩子，同时也让孩子有台阶下，他下次就会比较注意。

3. 简单讲话

没有人喜欢别人啰唆、长篇大论，孩子也是一样，有时候孩子忘记带东西，上课忘记拿便当，一句话提醒他们就够了，不需要劳师动众，把孩子教训个狗血淋头。

　　"嗨，你的便当！"
　　"嗨，你的书包！"

　　或者，孩子在房间吃完东西之后，到处都是垃圾。不用骂他们像猪一样，简单一句话就可："垃圾应该放在垃圾桶。"
　　这是初犯的行为，父母点到为止即可。但如果已经变成了习惯，那就需要用别的方法管教了。

4. 说出你的感受和需要

　　有时候孩子不成熟，对周围事物的敏感度不够，不容易体恤别人，父母可以趁机帮助他们，但不要用负面的方式讲出你的需要和感受。譬如说，孩子整天用电脑上网，电话讲个不停，对你造成不便。父母若以大压小，命令他们马上停止使用电脑或电话，是最要不得的处理方法。父母可以简单讲出自己的需要和感受，到孩子面前说：

　　"小浩，我有事，需要用计算机。"
　　"对不起，我需要用电话。"

　　这是对孩子的尊重，是争取孩子合作的说话方式。没有孩子会拒绝的。

5. 把它写出来

有时候不见得一定要用嘴巴讲，一张字条也可以表达你的意见和看法。如果你在房间睡觉，孩子和同学在客厅玩耍，声音造成困扰，写一张简单的字条"请小声说话"贴在房门上，这也是一个很好的方法。

上面提到的几种与孩子沟通的方式，都是非常实际和有效的，重点是要尊重孩子，不能以大压小，不要让孩子感觉父母高高在上，非要听你的才行。随着孩子年龄的增长，修正与孩子的沟通方式，让孩子把与父母的关系慢慢变成朋友，这是为了维护与孩子良好的互动渠道，为未来的关系铺路。

三、以同理心跟孩子沟通

回到前面讲到的父亲跟3岁女儿坐飞机到远地探亲的事情。女儿因为旅程过长，感到身体疲惫，心里烦躁，很想抱着她心爱的洋娃娃芭比，但芭比放在飞机的行李箱中，尽管父亲好说歹说，但女儿还是坚持要她心爱的洋娃娃，身为父亲的该怎么办呢？这个父亲还是有他的本事，他虽然不能帮女儿拿到芭比娃娃，但有一样东西他可以给她的，就是安慰。看看这个父亲是怎样跟女儿说话的：

父亲："你很想现在拿到你的芭比，是不是？"

女儿："是！"

父亲："因为我没有帮你去拿你要的芭比，所以你很难过，是不是？"

女儿："是！"

父亲："你很想现在拿到你的芭比，是不是？"

女儿（眼睛红红的）："是。我现在就要我的芭比。"

父亲："你现在很累，芭比如果在你身边，那会让你感到很舒服。你很想抱着芭比，你也可以把所有你喜欢的洋娃娃放在旁边，它们可以陪着你睡觉，是不是？"

女儿："是。"

父亲："现在芭比在飞机的后面，我们又拿不到，所以你更难过。"

女儿："是。"她无可奈何地叹息一声。

最后爸爸说："实在很抱歉！很对不起！"然后用手摸摸她的头。

女儿的心情突然轻松下来，自言自语一番之后，过了几分钟，她就睡着了。

这就是同理心的沟通。所谓同理心就是从别人的角度来看人事物，是一个待人接物的基本道理，对别人是如此，对小孩子更是如此。当我们心里感到难过，遭遇到一些被他人看作无关痛痒的事情的时候，我们会对别人倾诉，希望别人了解我们的感受，正如这个小女孩一样。在别人眼中，她好像是无理取闹，也许父亲有一大堆理由来对孩子解释，但她需要的是父亲的同情、体谅和了解，不管父亲说什么道理，都于事无补。当父亲能够说出她内心的感受，给孩子抒发情绪的机会，最后是否能够得到芭比，反倒对女孩来说不再那么重要了，这就是同理心的作用。

不要轻看同理心的力量，因为如果这位父亲当时将孩子大骂一顿，谴责她无理取闹，也许在短时间内能收到某种恐吓效果，孩子暂时安静下来，但她的不满情绪却埋藏在心中，日积月累就可能变成一个情绪炸弹。有天父母会发现孩子愈来愈沉默，个性变得很孤僻，或者脾气变得暴躁，进入青少年时期，甚至出现叛逆或反社会行为，这就是父母过去未曾懂得帮助孩子抒发毛躁情绪的结果。

身为父母，如果能够捕捉到孩子心中的情绪，用一两句话点出孩子心中的感受，孩子就会知道父母能了解他们的感觉，知道父母不会取笑他们，让他们难堪。孩子也不会把父母看成是外人，而能视父母为他们的朋友与伙伴，视为他们困难中的支助者，日后心中若有什么疑难杂症，他们都会坦然地对父母倾诉。这正是父母以同理心对待孩子的最大好处。

还记得前面讲到小女儿养的乌龟死了那件事吗？那位父亲跟女儿所讲的话完全没有帮助，也不能给予女儿足够的安慰。我们试试看，若把情况改一下，看看一位有同理心的父亲会怎样有效地跟伤心的女儿来沟通：

女儿："我的乌龟死了！"

爸爸："乌龟死了？是真的吗？"（重复句子与肯定）

女儿："是啊！"

爸爸："早上还活着，突然死掉！"（重组句子与肯定）

女儿："它是我的好朋友。"

爸爸："失去一个好朋友你一定很难过。"（肯定

感受）

　　女儿："我以前还教它翻跟斗。"

　　爸爸："你们在一起很快乐。"（肯定感受）

　　女儿："我每天都有喂它！"

　　爸爸："看来你实在很爱这只乌龟！"（肯定感受）

　　当父亲这样与女儿沟通，你能够感觉到他们父女的关系就会完全不一样。父亲认同女儿的感受，女儿感觉到父亲对她的接纳和关怀，这无形间拉近了两个人的关系。重点不是一只乌龟，乃是父亲对女儿的认同和接纳，这是建立亲密关系的基础。

　　根据前面几个例子，用同理心与孩子沟通主要包括五个步骤：第一，聆听；第二，把孩子说的话重复一遍；第三，把孩子讲出的话，重组成新的句子；第四，找出表达感受的字眼；第五，说出更深的感受。

1. 聆听

　　聆听是跟孩子沟通的第一个步骤，但常常被一般父母所忽略。当孩子来到父母面前时，不管父母多忙碌，他们应该暂时停下所有活动，如把电视机关掉，把报纸放下，暂停使用电脑等，然后眼睛看着孩子，仔细聆听孩子的话。另一方面，好的聆听者不单单是用耳朵收集资料，还要用眼睛来仔细观察，留意孩子的肢体语言、面部表情和各种动作。皱眉头、咬牙切齿、拼命跺脚，这些动作都是有含义的。父母要用温柔的眼神看着孩子的眼睛，放松自己，让孩子感到你是在认真聆听他们说话。

2. 重复孩子的话

　　爸爸："你的乌龟死了？是真的吗？"（重复句子与肯定）

当爸爸重复孩子所讲的话，那表示他正在聆听，证明他没有听错，没有误解，也没有漏听。

3. 重组孩子的话

　　爸爸："早上还活着，突然死掉！"（重组句子与肯定）

重复孩子的话之后，如果可以，不妨重组孩子刚刚讲过的那句话，这表示出对孩子的话的肯定，更表示你的确完全明白了他所说的话。

4. 找出表达感受的字眼

　　爸爸："失去一个好朋友你一定很难过。"（肯定感受）

这是以同理心来响应，父亲肯定了孩子的感受，完全站在孩子的角度来看事情，让孩子感到被认同和接纳，这是沟通最重要的一个环节。

5. 说出更深的感受

爸爸："你们在一起很快乐。"（肯定感受）

爸爸："看来你实在很爱这只乌龟！"（肯定感受）

能够说出孩子更深的感受，那就是更进一步加深了跟孩子的沟通。孩子深深知道，父母的确是非常了解她当时的处境和感受的。父母与孩子之间没有责备，没有批评，只有接纳与完全的了解，好像你我本来就是一体。

我们来做做练习。

练习一：你儿子回来告诉你，他今天在学校拼错一个词，全班同学都笑他。你该怎样回应？

练习二：女儿在幼儿园等你来接她回家，她看到所有小朋友都被家长接走了，唯独你姗姗来迟，等看到你来，她说："你这么晚才来接我，所有人都走了，只剩下我一个。"你该怎样回应？

也许你认为这实在太花时间。没错，要建立关系，要了解孩子的需要，要与孩子建立美好关系，的确需要花些时间，也需要花很多心思。但这对所有家庭成员都有好处，不要把同理心沟通看作可有可无，而应把握与孩子建立亲密关系的机会。为什么很多时候父母不能做到这一点？主要是因为缺乏训练，但如果怀着要与孩子建立美好关系的心情去做，慢慢习惯之后，你会发现与孩子之间的关系变得更亲密，而且你也可以免除日后孩子进入青春期的许多烦恼。

结论

　　中国父母在与孩子的沟通方面，一般都比较弱。一方面因为这不是我们中国传统的与孩子沟通的方式，绝少父母参加过养儿育女的课程。上一代怎样教育我们，我们就依样画葫芦去教育下一代，结果往往是"先天不足，后天失调"，以至于以前我们与父母缺乏沟通，等我们自己的孩子长大，我们发现他们也不怎么跟我们沟通。但不一定都是这样的，父母可以把过去的错误纠正过来，改正我们过去与孩子沟通的错误方法，重新学习。孩子不管在任何一个年龄，父母都可以重新再来，绝不会太晚。

　　当然，刚开始使用这些新的沟通方法时，父母也许会感到不是很自然，就好比我们常用右手写字，突然改用左手，自然很不习惯，甚至会放弃，但如果持之以恒，便会变得自然顺畅。重复孩子的话，认同他们的感受，额外多讲一些更深的感受以安抚他们的情绪，好像是件很麻烦的事情，但一切都是值得的。要知道，在所有关系中，夫妻关系最长久，其次就是父母与孩子之间的关系了。如果想培育与孩子的亲密关系，父母需要趁孩子年幼时就开始。

练习解答:

练习一的回应:

"你今天在学校拼错一个词,全班同学在笑你?"(重复孩子的话)

"你昨天花了那么多时间准备,竟然拼错了一个词。"(重组)

"你心里一定很难过,是不是?"(说出感受)

"你当时一定巴不得找一个地洞钻进去。"(更深的感受)

"你希望有哈利·波特的魔法衣服,马上隐形不见。"(可能的想法)

练习二的回应:

"你看到其他小朋友的父母都接走了他们,只剩下你一个人。"(重复孩子的话)

"你在这里等了很久,看到小朋友一个一个走了,你想为什么妈妈还没有来。"(重组)

"你心里一定很难过,是不是?"(说出感受字眼)

"你担心妈妈是否出了状况,你很想念妈妈。"(更深的感受)

"很对不起!"(额外加一句)

◎问题讨论

1. 你认为你跟儿女的沟通情况如何？你感觉满意吗？

_____

_____

2. 这一章提到父母与孩子沟通常犯的十个错误，你最常犯的是什么错误？

_____

_____

3. 你认为以同理心与孩子沟通最大的困难是什么？

_____

_____

4. 尝试对练习一或练习二做出回应。

_____

_____

5. 你对这一章有什么深入的体会？

_____

_____

4 父母角色

  马克思·朱克（Max Jukes）是个酒鬼，经常为非作歹。在他的逾1 200个后代子孙中，超过400人由于行为不检染疾而致肢体伤残，310人是街头无业游民、乞丐，200人是妓女，130人是被判重刑的囚犯，60人是惯窃，150多人淫乱或酒精中毒，7人是职业杀手。整个家族生活在贫穷、疾病、犯罪的堕落环境中无法翻身，其中仅有20个人有谋生的技能，不过这些技能还是从监狱里学来的呢！朱克的家族不仅对社会没有任何贡献，每年还要耗费美国政府数百万美元的资源。

  另一个家庭的主人叫乔纳生·爱德华兹（Jonathan Edwards），是美国家喻户晓的神学家、诗人、哲学家，推动了北美殖民地的"大觉醒运动"，曾任普林斯顿大学校长。在其近千名子孙中，出了300名以上的传道人、宣教士、神学教授，140位法官和律师，14位大学校长，120位大学教授，60个杰出的医生，60位著名作家，无数个成功的企业家，还出了数位国会议员及一位美国副总统。爱德华兹家族带给美国社会、家庭的贡献与影响难以估计，其成就更是有目共睹。

　　以上是发生在两百多年间美国纽约州两个家族的故事，两个不同的家族出现了完全不同的后代。

　　为什么两个家族会有这么大的差别？爱德华兹家族数代正直勤劳，善于学习，对美国社会产生了非常正面的影响。反过来检视朱克的家族，父亲是酒鬼，不健全家庭（dysfunctional family）一代传一代，导致他的后裔过的都是放荡不羁的生活，后代子孙大都成了无业游民、乞丐、妓女、杀人犯、惯窃。从这两个截然不同的家族身上，我们可以清楚地看到，为孩子提供一个健全稳定的家庭是多么重要。

　　今天的美国社会离婚率高升，将婚姻当作儿戏，人们普遍抱着合则来不合则去的心理，很多家庭可以说名存实亡。而今天华人家庭离婚率直追西方国家。

　　养儿育女与家庭的重要性是一体两面的，尽管这本书是教导父母如何趁着孩子年幼的时候，把握机会塑造孩子的品格，为他们的人生道路奠定稳妥的起点，但在教育孩子之前，父母必须给孩子一个健全的家庭，如果父母本身没有美好的关系，孩子根本看不到一个美满的家，那么不管父母如何使用这本教材，都只是纸上谈兵，对孩子没有半点帮助。无论父母怎样在嘴上说爱孩子，但若孩子感受不到来自父母亲的爱，等孩子到了一个懂得分辨黑白的年龄时，他们自然将父母的话弃如敝屣。

丈夫妻子角色不同

有关父母与孩子的相处原则，在管教孩子的章节中将会谈及，这一章讨论的重点是家庭中夫妻二人要如何扮演好自己的角色，以及夫妻不同角色对孩子成长的影响。夫妻性别不同，与孩子的互动也不一样，但奇妙的是，在教育孩子的过程中，父母亲与孩子的互动却可以相辅相成。

霍华·韩君时（Howard Hendricks）是达拉斯神学院的教授，在他所开设的有关家庭的课程中，第一堂课他就开门见山，道出夫妻角色在家庭中的重要性。他说，在家庭中角色决定了关系，而关系决定了两个人的责任。

简单来说，丈夫在家庭中的责任，首先就是要将妻子当作情人般爱惜。

一、丈夫是情人角色

有一个家庭有3个孩子，最大的8岁，最小的5岁，先生在外上班，太太留在家里照顾3个孩子。先生早出晚归，家里什么事情都不需管，不煮饭，不洗碗，不擦地板，不吸尘，也不教孩子功课，连后院草地的修剪也是太太一手包办。太太照顾3个孩子很吃力，她向先生抱怨，请求他帮忙做家务，他的回答是，他只负责赚钱，家里其他的事不是他的责任。太太做家务累得像狗一样，先生吃晚饭，看完电视，心血来潮时，不管太太心情如何，还要对方满足他的性需要。

相信没有一个太太会认为这是一个负责任的好男人，是不是？

丈夫不应只是赚钱，把饭菜放在桌子上，把妻子、孩子喂饱就够了，丈夫还要满足太太在情感、情绪上的需要。但古往今来，男人好像只要在工作事业上打拼，当一个肯负责养家的丈夫，不在外面拈花惹草就已经是对得起自己的老婆、孩子了，"当太太的情人"绝对不在他们的字典里面。

那么，怎样才算是一个好情人呢？

1. 他是一个良好的沟通者

男人往往只有在谈恋爱时，才肯花时间跟女友讲甜言蜜语，一旦任务完成，就会转移目标，把大量时间投在工作上。可怜的是太太常常一个人"独守空闺"，无可奈何只好寄情在孩子身上。做妻子的好情人，先生需要花时间与妻子聊天，仍将妻子当作未婚时的女朋友一样看待。

2. 满足妻子情感的需要

当一个女人伤心难过的时候，她不只需要一个能够让她倾诉心声的人，她更需要一个能够了解她心情的男人，需要先生的爱和关怀。遗憾的是，男人往往只有在性上有需求的时候，才会稍微打开"温情"这道门。事实上，妻子如果平常无法透过沟通感受到先生的爱和关怀，她便无法投入在性这件事情上。夫妇要享受性的乐趣，丈夫要先学习作一个好情人，成为一个好的沟通者，而不是做一个不解风情的兰博（Rambo，好莱坞电影《第一滴血》中的主角）。

3. 细心周到

一个好情人也是一个观察细微的人：记得太太的生日，绝不会忘记结婚周年纪念日；上班时偶尔一个问候电话，下班时特地买一束玫瑰花；上车为她开车门，吃饭帮她拉椅子；买一些她喜欢吃的食物，偶尔送一些小礼物……这些都是男人结婚前常做的事情，只是很多丈夫抱着"上了公车不必追公车"的心态，婚后就忘记怎样做一个好情人了。

4. 恪守婚姻誓言

最后一点，也是最重要的一点，好的情人也是一个恪守婚姻誓言的人。当前社会上始乱终弃的男人比比皆是，能够坚守婚姻，白头到老的夫妇越来越少。一般来说，女人大多抱着嫁鸡随鸡的观念，好歹都跟着先生一辈子，但并不是所有男人都抱着婚姻终老的念头，他们容易见异思迁。丈夫做妻子的好情人，最重要的是要有终生誓守婚姻诺言的心。

以上是丈夫的角色，那么妻子的角色又怎样？

二、妻子的角色

对于妻子来说，她应当尊重丈夫，与丈夫相互扶持。这对很多太太来说，也不是一件容易的事情，尤其现在是女权运动高唱入云的时代。21世纪的女性无论学历、办事能力都不输给男性，甚至可以说有过之而无不及，"女人能顶半边天"。如果先生的确事业有成，又是个有怜香惜玉之心的好情人，要做到以上这点还容易；但如果太太比丈夫能干许多，太太要做到尊重丈夫，与丈夫相互扶持有时则未必那么容易，也更讲究技巧。

我曾经遇到过一位女医生，她的先生是一名郁郁不得志的艺术家，所以全家的生活担子都由太太来承担。但在先生身上却看不到他有任何自卑感，觉得丢脸或不如人的迹象，认识他们的人都羡慕他们夫妻的恩爱。他们是怎样做到的？这不得不称赞这位女医生的贤惠，尽管在能力、知识和才干方面，她都在丈夫之上，但她却在任何事情上都征求丈夫意见，很多事情让先生做主，尊重先生，家庭关系十分和谐。

三、小结

丈夫和妻子的角色各有不同，丈夫应当做妻子的好情人，一个男人只愿意承担扶养家庭的责任，但内心没有感情，对人缺乏爱，便称不上是一个好丈夫，而只是一个独裁者罢了。妻子则应充分尊重丈夫，与丈夫相互扶持，为孩子建立一个稳定、充满爱的家庭。

父母亲不同角色对孩子的影响

一个年轻时被男朋友始乱终弃的女人，认为没有丈夫也可以凭自己的努力把儿子养大成人。没有想到，经济上她没有遇到太多的困难，反而是在管教孩子方面存在意想不到的难处。社会学家也慢慢发现，原来父母亲教育孩子的方式非常不一样，因为男女很不同，父母两个人对孩子的影响也有很大的差别，奇妙的是，两者养育孩子的方式却有互补的功能。

一、父母亲与孩子的沟通方式不同

如果你是一个细心的人，你会很容易察觉到，父母亲跟孩子讲话的方式跟语气非常不一样。父亲还没有跟孩子讲话前，通常先把语言稍为润饰一番，并且喜欢使用很多词汇和复杂的语文技巧。譬如说，对着只有几个月的婴儿他可能这样说：

> "今天天气很热，你知道吗？"
> "我们晚餐吃牛排！"
> "等一下我们要参加聚会。"

但父亲这种与孩子讲话的方式，无形间可以促进孩子接触较多的词汇，它们可以成为孩子将来学业上的基石。

另一方面，父亲讲话通常又非常简单扼要，绝不跟你婆婆妈妈，常借着肢体语言来表达，并且加上眼神及表情：

> "不可以这样！"
> "我已经说过。"
> "赶快去睡觉。"

母亲与孩子讲话则比较贴心，并且按照孩子能够明白的程度来跟他们说话；另一方面，母亲说话通常比较情绪化，有时候过于冗长。

> "你玩了一整天，已经很累，不要再玩了，快点上床

睡觉，明天还要早起上课……"

　　"裙子太短了，赶快去换一条裤子吧，你总是这样慢吞吞的，快出门又给我添这么多麻烦……"

　　父母亲的这两种沟通方式正是孩子成长所需要的，因为日后无论在学校与老师、在工作上与同事沟通，这两种沟通方式都会派上用场。若孩子在成长过程中缺乏父母亲这两种讲话方式的熏陶，将来与他人接触时又少有这种学习机会，日后在社会谋生时就会比较吃亏。

二、父母与孩子的互动不同

　　父亲与孩子的一项重要互动是玩耍，他们故意逗弄孩子，跟他们摔跤，把他们抛上抛下，搔孩子脚底板的痒痒，在背后追逐他们，扮鬼脸吓他们。当孩子与父亲扭作一团时，他们会明白咬人、打人、踢人等带有攻击性的行为是不允许的，因为如果玩得过头，父亲会提醒他们适可而止，于是孩子便能学会自律。母亲与孩子的互动则大部分属于关怀，她们喜欢热情地亲吻孩子，拥抱他们，搂住他们。

　　父亲是粗鲁的，讲话声音雄壮有力；母亲却是温柔文静的，讲话柔声细语。父亲鼓励孩子竞争；母亲强调和平共处。两者都有好处，一个鼓励孩子求上进，另一个帮助他们与别人建立关系。不管男孩女孩，在与父母亲的互动中，他们既需要母亲的温柔又需要父亲的粗野，以学会在羞怯与粗暴中找到平衡点，学会与人在互动中建立自信和安全感，这在与异性交往时尤其重要。

到游乐场看看，听听父母怎样跟孩子说话，你便会很清楚地知道。是谁在鼓励孩子爬高一点，荡高一点，骑快一点，抛远一点？父亲占绝大部分。谁跟孩子说，不要跑太快，不要爬太高，不要太累？多半都是母亲。千篇一律的是：老爸把孩子推到极限，而母亲总是左担心右担心。父亲总是鼓励孩子尽量冒险，但通常不太考虑后果；母亲的担忧在无形中削弱了孩子的冒险精神，孩子变得缺乏自信与独立能力不够。但如果把父母两者的教育方式融在一起，孩子不仅有勇气往外探索，同时也会慎重考虑自身安全，在自信中带着冒险精神，这是一个心理健全人格所需要的，也是孩子成长过程中需要学习的。

三、管教孩子方式有异

父亲管教孩子的基本概念建立在公正、公平和责任上，所以父亲定很多规矩，他们发布命令并要求孩子严格执行，教导孩子对与错，让孩子明白其行为带来的后果。母亲注重人际关系，她们强调对人同情、心存怜悯、多关怀和协助别人，因此母亲不是很愿意惩罚孩子，母亲的管教通常都倾向于纸上谈兵。譬如说，孩子把房间弄得一团糟，妈妈只会说："看你，把房间弄成这个样子，气死人了。"然后呢？没有下文。父亲从来不跟你啰唆，孩子没有遵守规矩，马上执行家法，所以父亲通常一句话就能马上起到管教效果。父母亲的两种管教方式刚好相辅相成，只有母亲的爱，但缺乏父亲的严厉，孩子易放纵；但只有父亲的凶，而没有母亲的爱，孩子变得战战兢兢。母亲无形中在父亲的严谨律法里给予孩子温暖与同情，让孩子在犯错时还能心存希望，两者缺一不可，但合起来却有互补的功能，使父母的管教严厉中带有慈爱。

四、不同方式教育孩子面对未来

父母亲教育孩子进入未来社会和世界的心态也非常不同。母亲担心外面的世界会伤害自己的孩子，所以目光所及，周围尽是危险事物，闪电、打雷、意外、疾病、陌生人、猫狗、蛇虫鼠蚁等，叫孩子处处防备，尽量远离这些不安全的东西；父亲却不怎么理会这些事情，他们只是想到怎样教育孩子面对外面的世界，学习一技之长对付外头的恶霸，懂得如何与异性相处，怎样为参加演讲比赛做准备，训练自己参加球类选拔赛等。父亲帮助孩子认识到，某种行为与态度会带来相关的后果与代价。譬如父亲会跟孩子说："如果你们对人不友善，其他孩子不会跟你们玩在一起。""如果你们成绩欠佳，将来不能上大学。"所以，父亲一心是要教育孩子进入现实的世界，而母亲则是要孩子懂得保护自己不受世界的伤害，这两种方法对孩子都有帮助，也都是需要的。

五、父亲对孩子性别的肯定

对女儿而言，父亲是其生命中出现的第一位男性，如果有父亲积极参与她的生活，她便不会对男人的胡子感到好奇，想要故意摸一把；也不会急于渴望被男人牵一下，抱一下，亲一下。如果能够从父亲那里得到正面的肯定，她便能建立安全感和自信心，不会那么容易成为男人性剥削的对象。她们也可以从父亲那里看到男人对待女人的礼仪，知道哪种行为合宜，哪种行为不恰当。进入青少年期后，她们比较容易与男生建立健康的友谊关系，成年之后与男士的关系也较健全。不过，并不是每一个父亲都对女儿有正面的影响，只有那些能够从父亲身上感到爱和关怀的女生，才会获得这种正面影响。过去十几年，无论在世界何处，未成年少女怀孕带来了许多社会问题，社会学家把问题归咎于父亲在家庭中没有扮演好应有的角色。

男孩方面，如果成长过程中有父亲在，他们比较不会有暴力倾向，因为他们男性刚毅的一面已经被肯定，不需要以暴力的形式来显示自己是一个男人，同时他们能够从父亲那里学会怎样把他们的男子气概往正面方向发展。因为父亲可以帮助他们明白怎样才是一个真正的男子汉，不论是在社交上还是在与异性交往上，一个男人如何做才是应有的合宜行为。

社会学家指出，近年青少年男孩暴力事件猛增的主要原因乃是孩子在成长中缺乏父亲的陪伴，他们的男子气概没有被肯定，误以为暴力、发怒象征着男性的刚毅。

总的来说，父母亲在教养儿女的过程中都有举足轻重的作用，刚好成为教育孩子的互补要素。母亲千万别轻看父亲对孩子的影响力，父亲也不要嫌母亲过于婆婆妈妈，父母双方要认可对方不同的教育方法，不要批评论断对方，而应当以感恩的心接受。父亲的角色更是极为重要，过去男主外女主内的观念需要修正。父亲在家中多参与孩子教育的工作，有百利而无一害，不仅可以增加孩子的自信心，鼓舞孩子更上一层楼，还可以帮助孩子抑制负面情绪。女儿因为父亲的积极参与而不过分渴求其他男性的肯定，建立安全感和自信心；儿子也会通过父亲的教育明白男性刚毅的一面并不需要以暴力、发怒等行为来展现。父亲管教孩子的功效，从某些方面来看远胜于母亲。从夫妻关系来看，父亲积极参与教育孩子可减轻母亲的家庭负担，无形间还能拉近夫妻关系，夫妻的甜蜜关系也带给孩子安全感，这岂不是一幅美丽的图画？

建议父母亲平常与孩子有一对一个人相处的时间。父亲偶尔带女儿出去散步，去公园走走，到麦当劳聊天；对待儿子，父母则可以以球类活动来增进关系，暑假还可以考虑一家人到郊外露营等。

是父母也是夫妻

孩子的降临对夫妻来说是一件很兴奋的事情，也可能是夫妇多年的期盼，所以一般人会花很多时间和精力准备孩子的来临。比如换一套较大的房子，装修儿童房，添置家具，购置婴儿用品，参加教养儿女的课程等。但绝少夫妻会想到，孩子的来临会完全改变他们的生活方式。社会学家研究发现，夫妻向父母的转换是对夫妻关系最大的考验。很多夫妻满以为孩子来临会拉近夫妻关系，但往往这只是一厢情愿的想法。尤其是如果夫妻关系本身已经出现危机，孩子来临所带来的压力和困难，更会令夫妻关系雪上加霜，甚至会成为离婚的导火线。

一、准备工作

孩子的来临会改变夫妻本来的起居、饮食等生活习惯，家务做不完，睡眠不足，亲密时间减少等问题纷至沓来。所以在孩子尚未来临前，夫妻二人先要认真处理两个人之间的关系，建立良好的沟通渠道，对金钱财务处理和教育孩子的方法等问题尽量达成共识，讨论如何分工合作。譬如说，婴儿半夜醒来谁负责起来照顾，谁为孩子洗澡、换尿片等。

二、每天几分钟问安

婚姻专家葛特曼（John Gottman）指出，夫妻话语中的藐视、批评、冷战，都是使婚姻关系恶化的毒素，易使婚姻以离婚收场。所以夫妻之间需要以欣赏、感激的话语互动，如果发觉心中开始对配偶有不满，应以坦诚的态度沟通处理。想要有好的夫妻关系，要多用爱的言语，这包括口头语言与肢体语言，如一个拥抱，一个亲吻。尽管心情不好，简单说一句"今天过得怎样？""今天工作好吗？"，总比闷声不讲话来得好。

另外，许多人认为金钱是造成婚姻危机的最大因素。但根据婚姻专家哈利（Willard Harley）的研究，金钱并不是造成婚姻问题的主要原因，夫妻关系破裂才是主要原因。一旦婚姻出现裂痕，如何使用金钱便成为攻击对方的武器，一方责怪另一方乱花钱，另一方于是滥用金钱来报复。挽救的方法就是夫妻要坦诚沟通，重修夫妻关系，必要时请求外界的帮助。

三、享受二人世界

孩子来临的确会带来很多欢乐，夫妻角色变成了父母角色。享受天伦之乐之余，夫妻往往容易忘记一件事情，那就是虽然做父母的要尽到教育孩子的责任，但不要忘记，父母也是夫妻，孩子长大成人后会离开父母自力更生，夫妻关系才是一辈子的事情。因此，夫妇在尽父母责任的同时，不要舍本逐末，还应尽量寻找二人世界的机会；婴儿看顾是必须的，但也应找机会安排一些夫妻二人都有兴趣的活动或娱乐，偶尔来一次烛光晚餐、共浴、看电影、公园散步、到海边过一个有情调的周末等。不要等有时间才进行，要把享受二人世界作为夫妻生活的首要任务。

一个别出心裁的太太，把孩子安顿好之后，在星期五下班前闷声不响到先生办公室，开车载先生到海边过了一个非常浪漫的周末，给了先生一个很大的惊喜。所以在繁忙的工作和家庭生活中，也不要忘记给夫妻之间的亲密关系充电。

四、个人单独外出时间

尽管孩子来临以前，夫妻也不见得每天都在一起做一样的事情，丈夫有他打球的球伴，太太也有自己知心的朋友。所以偶尔给对方有个人单独外出的时间，太太自己去逛街或探访朋友，先生则去钓鱼、看书等，尽量在呆板的生活中寻找个人的生活情趣。

五、尝试用新方法解决困难

孩子来临后可能出现一些意想不到的困难，也许孩子在吃睡方面有问题，或者罹患慢性疾病、行为个性反常等，这会对夫妻造成不同程度的困扰。此时要切忌在言语上怪罪某一方，因为孩子是两个人的事情，面对因孩子出现所遇到的困难，夫妻需要共同努力尝试用不同的方法解决，必要时可以寻求专业人士的帮助。美国著名华人医生叶陈淑淑有一个患自闭症的儿子，夫妇两人并没有因儿子患病而关系恶化，其经历反而成为许多类似家庭的激励。

六、夫妻同心合力教养孩子

孩子来自母亲的身体，母亲与孩子的关系并不是父亲能够全然体会和明白的。令人遗憾的是，有些母亲尽管与孩子之间的有形脐带已经剪断，但无形的脐带似乎还在。母亲仍然常常抓着孩子不肯放手，认为教育孩子、管教孩子是她们个人的责任，把丈夫的意见当作耳边风，认为先生碍手碍脚，甚至诸多批评论断，最后导致丈夫放手不管；等到丈夫真正变成教养孩子的局外人时，又开始埋怨先生不肯帮忙，先生无异成了"猪八戒照镜子——里外不是人"，本来已经紧张的夫妻关系更是雪上加霜。专家建议，妻子不要在家庭事务上过于追求完美，应当鼓励先生多参与教养孩子的工作，并且心怀感激，多与先生讨论有关教育和管教孩子的事情，切忌对先生横加论断和批评。男女管教孩子的方式本来就不同，各有利弊，两者的作用相辅相成，所以在教育孩子方面，要尽量与先生一起合作。

七、夫妻恩爱是给孩子最好的礼物

这是一位美国牧师个人的经历。有一位父亲在参加教会牧师教养儿女的讲座时提到，他5岁的女儿最近几个月常被噩梦惊醒，半夜到父母卧房坚持要与父母同睡，不管父母好说歹说，她总是不肯自己一个人独睡。他们看过几个儿童心理专家，试过许多不同的方法，却没有什么效果。牧师建议他们夫妻每天花15分钟在孩子面前表现亲密，保证药到病除。这个父亲笑着说，这实在太不科学了，他从来没有听过有这样一招，甚至说，如果真行得通，他就把上衣脱掉（美国式的幽默）。牧师对他说，反正这不是什么困难的事情，何妨一试。两个星期之后，他回到课堂上，一句话也不说，静悄悄地就把上衣脱下来了。

这个实例告诉我们，孩子的安全感是从观察父母日常生活中的互动而来。一个常吵闹的家庭，无法让孩子有归属感和安全感，孩子在年幼时没有独立的能力，一旦到了青少年时期，能够自力更生，就巴不得早点离开这个既没有爱也没有温情的家。怪不得很多教育家都认为，夫妻彼此相爱就是给孩子最好的礼物。

结论

父母总是希望给自己的孩子最好的，请最好的老师教孩子钢琴、小提琴、溜冰、网球等，为孩子准备学费进入最好的大学，但常常忘记最好的礼物就是让孩子看到父母的恩爱关系。同时，孩子的来临为夫妻关系带来很大的挑战，家庭压力、工作压力、经济压力等，很容易激化夫妇之间的矛盾。

为人父母的责任，让两个人忘记他们不仅是父母，也是夫妻。孩子总有一天会离家，但夫妻是要相处一辈子的，所以除了尽量完成父母的责任，也不要忘记花时间努力经营两个人的关系，维持良好的沟通，享受二人世界，否则家庭一旦进入空巢期，靠孩子维持的夫妻关系极易土崩瓦解。

另外，男人通常容易受到世俗的影响，往往把工作、赚钱、社交、娱乐放在家庭和教育孩子之上，总以为教育孩子只是母亲的责任。但事实上教育孩子绝对不是母亲一个人的工作，父亲的积极参与不但能减轻母亲在家里的重担，同时会给孩子带来非常正面的影响。没错，父母管教孩子的方式不同，但却能在孩子的教养问题上产生相辅相成的作用。

◎ 问题讨论

1. 作为丈夫，哪些方面你认为你做得不错？哪些方面需要加强？当妻子的，你又如何？

_____

_____

2. 在教育孩子方面，你们夫妻最大的争执是什么？

_____

_____

3. 这一章讲到父亲与孩子的互动，包括沟通、管教与孩子玩耍等。哪一方面你认为你过去做得不错，哪一方面你需要改进？

_____

_____

4. 母亲通常跟孩子的关系比较亲密，这一章有哪一点或哪些点你认为自己需要改进？

_____

_____

5. 你认为怎样做可以帮助你们的夫妻关系变得更亲密？

_____

_____

5 情商

1991年11月，爱荷华大学校园里发生了一起轰动整个美国华人社会的刑事案件。一位从中国某知名大学推荐来美国深造的留学生刚拿到物理系博士学位，便杀了5个人。他枪杀了1个同学、3位教授和该校的副校长，最后吞枪自尽，结束了自己不到30岁的生命。他的名字叫卢刚。

卢刚走上杀人绝路的原因之一，是学校审核委员会把当年的博士论文最高奖学金给了另外一位中国同学而没有给他。他因为没有得到渴望获得的论文奖，最后竟然采取了"宁为玉碎，不为瓦全"的双输方法，让5条生命陪着他一同走上黄泉路。

2004年，马加爵事件轰动中国。当事人是云南大学的学生，因为与4位同学玩牌起争执，情绪失控之下把4位同学打死，逃亡不到1个月被抓，3个月后被判死刑，结束了年仅23岁的生命。

马加爵的小学老师对他的评价是"思维开阔、敏捷"；高中老师的评价是"纪律差"；大学同学对他的看法是"给人一种阴沉沉的感觉""太怪，翻脸骂人，甚少与人往来，容易与他人发生争执"。马加爵案的主审检察官也说："马加爵很聪明，智商很高，但情商非常低。这样的人不知道如何与别人打交道。"

卢刚和马加爵都算是聪明人，他们可以攻克许多人无法解决的科学难题，但在与人相处上却是完全失败的，丝毫不能克制自己。换句话说，他们在聪明才智方面虽然也许能称作天才般的"巨人"，但在情绪掌控和处理人际关系方面却是如同"侏儒"。

智商与情商

过去几年，科学证明，人的情绪掌控在日常生活中扮演着非常重要的角色。很多研究指出，情绪的掌控比一个人的智商还要重要，一个人将来在社会上立足，事业是否成功，往往不在于他的智商有多高，而在于他的情商有多高。所谓情商（Emotional Quotient）主要是指人在情绪、意志、耐受挫折等方面的品质，包括掌控自己情绪的能力，对别人情绪的察觉能力和对自己情绪的了解能力等。哈佛大学教授丹尼尔·戈尔曼（Daniel Goleman）的《情商》（*Emotional Intelligence*）一书出版之后掀起了情商风潮。过去世人认为智商决定将来事业成败的说法在一夕间被推翻，公司与机构在招聘的时候，不再盲目着眼于应征者学业上的成就，而更看重他们的情商。换句话说，一个只会埋头苦干的独行侠，远不如一个能够在团队中与他人配搭合作的人更受器重。

"情绪"是我们个人的心理状态，其内涵相当复杂，一般我们平常谈到的喜、怒、哀、乐、惧、恨、恶、欲等，都属于人的情绪。当一个人受到外界刺激时，心里自然会产生各种不同的反应，如果反应不当或过度，很有可能使自己和别人受到伤害。简单来说，情商就是个人对自己情绪的掌控能力，可以大致分成五个重点：

1. 具有察觉自己情绪的能力

这表示能够了解自己的感觉，知道自己的情绪，也能恰当地表达自己的感受。

2. 具有控制自己内在冲动的能力

意指不易受人影响引发激动情绪，知道如何避免负面情绪爆发，不会乱发脾气，并且了解内在情绪的不稳定将导致错误的决定或不好的结果。

3. 具有激发自己追求心中既定目标的能力

这就是擅用自己情感的力量，虽然遇到挫折，仍能够保持清晰的头脑，借稳定情绪克服难题，达成理想的目标。

4. 具有认知他人情绪的能力

可以设身处地为别人着想，擅用观察别人情绪的能力。

5. 具有运用人际关系技巧的能力

擅长使用人际关系技巧，有能力与人建立良好的人际关系，并能与人合作，实现双赢。

如何培养孩子的情商

情商既然如此重要，又应如何培养呢？科学家认为个人智商在母胎中几乎已经定型，出生之后能够改变或者提升的空间非常有限度，但情商却不一样。一般学者都相信情商是先天性的，但后天也有相当大的影响力，尤其在孩子发育时，父母扮演着非常重要的角色。

家庭就是孩子学习的启蒙学校，在孩子成长的环境里，他们怎样从与家人的互动中学习表达个人的喜怒哀乐，又怎样应对家人有起有伏的情绪，是孩子情商训练的关键。孩子从家庭中学习到的情绪控制与表达技巧会延伸到与其他小朋友的互动，与老师、同学的互动，与同事和朋友的互动中。所以，在孩子的整个成长过程中，父母扮演着相当重要的角色。

根据丹尼尔·戈尔曼和其他学者的研究，一个高情商的人应该拥有以下五种特质：知道怎样纾解个人的负面情绪，甘愿延缓个人欲求，懂得自律而不冲动，能够明察别人的情绪，并以平常心面对人生的成败得失。让我们一一来讨论这五个重点，并探讨为人父母的，又该如何一步一步帮助孩子在这五个范畴中提升他们的情感智商。

一、教导孩子如何纾解负面情绪

有人称这是情绪管理训练，而训练的指导者当然就是孩子的父母。这是说，父母就像运动场上的教练，教给孩子一些方法去面对人生的成败得失。孩子欢喜快乐时父母当然高兴；但孩子在困境中显露出愤怒、忧愁、惧怕等负面情绪时，父母不但不会感到局促不安，反而能有效地帮助孩子纾解这些情绪，并且教导孩子寻找处理方法。换句话说，对孩子的负面情绪父母不应视而不见，也不应禁止孩子抒发情绪。作为父母，一方面要接纳孩子的各种情绪，另一方面也要把握这些机会教育孩子。因为孩子日后必定会遇到类似的情况，这时候的教育就是为他们的情商发展打好稳定的根基。教育合宜也会让父母与孩子的关系变得更亲密。

女儿六七岁的时候，有天我到学校接她放学，发现她眼睛红红的，心情很沉重，不像平常那么开朗，细问下知道她那天被老师处罚过。原来当天她没留心上课，一直跟旁边同学讲个不停，老师多次劝告无效，于是发红牌警告，并且要带回条给父母签字。那是她上学以来的第一遭，心中自然很难过。我这个父亲该怎么办？还好我那时正在念辅导学，了解何谓同理心。我把她抱起来，跟她说："你过去都是很听话的孩子，今天因为课堂讲话被老师处罚，你心里很难过。"她点点头，眼泪控制不住，接着我又说："你在这么多同学面前被老师责备，心中非常不舒服，是不是？"她哭得更伤心。待她哭过一两分钟，我再问她："你觉得以后应该怎样做？"她说："以后在课堂不随便讲话。"她伏在我身上几分钟，然后上车回家。到家后，她又跟以前一样蹦蹦跳跳的了。

还记得第3章讲到如何跟孩子沟通么，那就是情绪管理训练的第一步。正如我前面提过的，许多中国父母并不知道该怎样面对孩子的负面情绪，更别说去疏导孩子的情感了。遇到孩子闹情绪、发脾气，父母往往感到手足无措。此时，父母处理的方式一般有下面三种：

1. 忽略孩子

他们忽略孩子的负面情绪，对其视而不见，或者把它简单化。

"胆小鬼，有什么好怕的。"

"不要哭啦，要哭就一个人哭吧！"

2. 揶揄孩子

他们揶揄孩子的负面情绪，甚至恐吓、嘲笑或者惩罚他们。

"不要再哭，不然就好好揍你一顿。"

"不要像长不大的孩子，你已经5岁了！"

"发什么脾气，上课讲话被老师罚是活该。"

3. 放纵孩子

他们接受孩子的感受，也表示出对孩子的同情，但没有对孩子的行为定规矩或者划界限。

"不要再哭了，等一下我带你去麦当劳。"

"不要生气了，我买一个新的芭比给你，好不好？"

父母必须用真诚的心来探索孩子的内心世界，而且需要较高的敏感度，然后以同情心来纾解孩子内在的负面情绪。重要的是父母与孩子的互动必须建立在彼此尊重的基础上，不要认为孩子只是孩子，什么都不懂，或者认为天下无不是的父母，对孩子说话只晓得以上欺下，以大胜小。

当父母对孩子说，"你有什么好生气的""不要在这里装蒜，假装可怜"，这无形中会让孩子产生不信任父母的感觉。当父母说"没有这么一回事，不可以生气"，孩子不会因为父母这样说而不生气，也不会因这样而怒气全消。父母不需要全盘接受孩子的行为，但却不可以否定孩子内心的感觉。父母可以定规矩，不允许孩子有某些行为的出现，但不可以否定孩子的感受。

例如孩子早上非常不愿意到保姆家去。第一种父母会对孩子说："不要总是长不大，你又不是第一次出门。"然后母亲可能用不同方法分散孩子注意力，或用糖果贿赂他。第二种父母可能狂骂孩子一顿说："我们家是不会容忍你这种捣蛋行为的，再不好好合作，我就好好揍你一顿。"第三种父母采取温和方式，他们理解孩子的难过和怒气，不想责备孩子，又不想贿赂或惩罚他们，但确实不能让孩子留在家里，那怎么办？最多跟孩子再玩10分钟，然后讨价还价，孩子只好心不甘情不愿出门。

面对类似上面的情形，表达同理心是第一步。父母要先认同孩子的感受，让他知道爸爸妈妈是理解他的，之后，等孩子心情平复，再跟孩子讨论解决问题的方法。比如当孩子因为心爱的铅笔盒遗失，他从学校哭着回家，爸妈可以先安慰他说："如果我心爱的东西不见了，我也会大哭，但是你在伤心之余，有没有认真去找呢？"借由类似事件，孩子便知道人可以有情绪，但是如果让情绪凌驾于理智之上，那么什么事情也解决不了。父母以同理心安慰孩子并加上一些建议，等孩子下次又掉了东西，孩子也许还会笑着说："教室应该有失物招领区，下次上课我再去找。"当然，爸妈也要以身作则，如果父母在家里也常常情绪失控，孩子从父母身上看不到什么好榜样，那么父母怎样说都只是纸上谈兵，于事无补。

回到前面讲到的要送孩子到保姆家，但孩子却不愿意出门的例子，母亲有什么办法能改变孩子的态度呢？同样要先从同理心开始，然后才进入主题，寻找解决办法。让我们看看下面这位母亲是怎样做孩子的情绪导师的：

　　妈妈："小华，差不多该出门了，我们到薇蓉阿姨家去。"

　　小华："我不要出去，我不要到薇蓉阿姨家去。"（并且开始发脾气，摔东西）

　　妈妈："为什么你不想出去？"

　　小华："我想留在家里跟你在一起。"

　　妈妈："是吗？你可以告诉我你心中的感觉，但摔东西是不对的行为。"

　　小华："我很想留在家。"

　　妈妈："妈妈知道你很难过，有时候我也想留在家里，坐在沙发上舒舒服服地跟你在一起。但你要知道，我今天要到学校上课，我九点钟以前必须赶到。"

　　小华："那很不公平啊！"

　　妈妈："小华，到妈妈这里来。对不起，要你这么早就出门，如果你爸爸这个星期不出差，你就可以待在家里了。"

　　小华："就是嘛。"

　　妈妈："你觉得很难过是吗？"

　　小华："是的！"

妈妈：（让孩子哭一下）"你想到有什么事情可以做？我中午以后就没课了，你下午也不用去薇蓉阿姨家，我们可以留在家里，或者到麦当劳去吃你喜欢的冰淇淋，你觉得怎样？"

小华："我们可以到公园荡秋千。"

妈妈："好啊，还有什么？"

小华："爸爸回来，我们可以去吃披萨。"

妈妈："那你要先问过爸爸。"

小华："好！"

妈妈："我们先去薇蓉阿姨家。"

小华："好！"

　　这方法看起来是转移了孩子的注意力，叫孩子不用想到出门的事情，不过重点是，妈妈认同孩子的感受，给予他同情，让他说出内心的委屈和难过，甚至允许他用哭来舒缓心情。同时妈妈没有责备他、威胁他，这是对孩子的尊重。不过母亲也定了规矩，她让孩子知道，摔东西、骂人这些行为是不允许的。

　　这位妈妈不仅认同孩子当时的感受，愿意多花时间来处理他内心复杂的情绪，也对孩子说出她自己将要上课迟到的难处，孩子虽然年纪太小不能完全理解，但仍可感受到妈妈的难处。一旦他体会到妈妈的困难，他就会接受彼此内心的不悦；不过更重要的是最后一环，妈妈让孩子看到一线曙光，可以适当弥补这种无奈，就是下午之后他们可以有一起同乐的时光。人生有时会遇到一些让人很气馁的事情，郊游碰到下雨，赶时间却堵车，当事情不如己意时，闹情绪于事无补，一方面要懂得克制自己的情绪，另一方面也要找出调适的方法。这位母亲正是这样训练她孩子的。

我们可以把上述引导孩子情绪的例子简化成六个步骤：

（1）了解孩子当时的情绪。

（2）认同他们的感受。

（3）以同理心聆听他们内心的话。

（4）帮助孩子找出表达心中感受的适当字眼或字句。

（5）定规矩。

（6）找出策略或方法来纾解。

研究发现，以上述方式处理孩子的情绪，孩子身心两方面会比较健康，学业上会比较有成就，容易结交朋友，少有抓狂和暴力的行为。一般来说，这些孩子也少有负面情绪，容易快乐，换句话说，他们的情商比较高。虽然孩子在面对困难的时候，仍然会出现伤心、难过、忧虑、痛苦、惧怕和发怒等情绪，但他们不会让情绪失控，做出不当的行为，同时他们也可以找到方法抒发自己的情绪，很快从灰心难过中脱离出来，朝着充满希望的方向继续前进。

二、刻意延缓孩子的欲求

20世纪60年代著名的心理学家沃尔特·米歇尔（Walter Mischel）在斯坦福大学的校园做过一项有名的长期追踪测验"棉花糖测验"，目的是要证明掌控冲动与延缓孩子的欲求，对一个人的学业、情感和社交都有很大的影响。研究人员找来一群4～8岁的孩子，轮流到一个小房间去。她们给孩子一颗糖果，并告诉孩子可以选择马上吃掉那颗糖果，但如果孩子选择等20分钟后再吃，就可以得到更多的糖果。结果当研究人员离开房间后，有些孩子马上吃掉糖果，有些孩子则想尽办法不被放在眼前的诱人糖果吸引，等到研究人员回来。实验并非就此结束，心理学家追踪这个案例二十多年。这项研究的追踪调查发现，那些愿意等20分钟才吃糖的孩子，长大之后，学业上比较有成就，事业也比较成功。心理学家认为，这些孩子有很好的自我约束能力，比较能够控制自己的欲望，不因眼前的诱惑放纵自己，因此他们在学业和事业上的成就远超过那些马上要满足口欲的孩子。

所以，父母提升孩子情商的第二个重点就是训练孩子有等待的耐心，可以刻意延缓孩子的欲求。要知道今天的家庭，孩子通常只有一两个，双亲外出工作的比比皆是，孩子很容易成为众星捧月的宝贝，他们有什么需求，父母都会马上满足。孩子因为需求立刻得到满足，久而久之，便把一切视为理所当然，没有培养出他们的耐性，而自控能力也变弱。因此父母不妨偶尔刻意延缓孩子的欲求，训练他们学习等待，培养他们的耐性和毅力。怎样做呢？

从宝宝开始，父母不要马上满足孩子的要求。孩子想喝水，这个要求是可以马上满足的，但有时候妈妈可以告诉孩子："水有点烫，妈妈吹一下，一会儿就好。"让孩子等几分钟，这绝对不会带给孩子伤害，但又可以让孩子知道什么是等待。孩子长大些，他喜欢吃甜饼干，每天可以允许他吃一片，吃过之后，要等明天才有，这可以帮助他学习自律，也能延缓他的欲求，这既不伤害孩子，也能培养他们的耐性。

孩子稍长，想要某一个玩具，而父母觉得这个玩具是合适的，不一定要马上买给他们，可以等减价，或者等他们过生日、过年过节的时候才买。如果孩子有零用钱，甚至可以考虑只帮他们付部分费用，其余让孩子自己出钱。这样做可以锻炼孩子的耐性，让他们克制自己的欲望，同时也让他们做出部分牺牲之后才能够获得，这样他们才会更珍惜所得到的东西。

父母延缓孩子的需求必须灵活运用。一方面要考虑孩子的年龄和成熟度，另一方面也要考虑孩子的健康和情绪状况。年龄小的，延缓时间不宜太长，如果孩子因年龄太小根本不能顺从父母的安排，情况可能适得其反，孩子可能变得脾气暴躁。若延缓应用适当，可以锻炼孩子的耐性和自律能力；当用得过火时，就会失去它应有的效果。另外，如果孩子身体欠佳，情绪不稳定，延缓的方法最好等孩子身心恢复健康之后再考虑使用。

三、培养自律

也许你听过刘渟的故事。2006年，18岁的他以理科685分考进北京大学元培学院，但因痴迷网络游戏，最终被北大退学，不得已返回母校重庆八中就读高二下学期。用一年半的时间重新准备大学考试后，他幸运地在2008年以理科680分考进清华大学信息学院电子信息专业。

刘渟能够两次考进中国一流的重点大学，证明他的智商非常不错，但谈到自我约束的能力，他还需要更严峻的考验，也许一次教训能够帮助他变得更成熟。

其实我们常听到类似的故事，孩子在读大学以前，在家里是个乖乖娃，一旦离开家到外面念书，就完全变成另外一个人。在没有任何约束之下放纵自己，一旦遇到压力，有人沉迷毒品，有人酗酒，有人沉迷网络，有人纵情欲海。究竟是什么原因导致一个本来很乖巧的孩子一下子失控呢？因为父母从来没有培养孩子的自律性。这些孩子从小缺乏自律的能力，不知道如何妥善管理自己，不清楚自己该做什么事，不该做什么事，一旦进入五光十色的环境，就容易放纵自己。

提升孩子情商的第三个重点，就是培养孩子的自律能力。孩子小的时候，制订家规限制孩子看电视、玩游戏、用计算机、吃东西等。稍长，规定睡觉时间并训练他们用闹钟叫起床，读书作息也应有规律。当孩子逐渐懂事后，就与孩子一起定日程表，告诉孩子当天该做的事，如阅读、玩耍、看电视、上网、吃饭、散步等，让孩子来规划当天的行程。父母把相当的自主权交给孩子，这样可以增强孩子的自控能力。也许刚开始时孩子可能无法掌握大局，父母可以从旁协助与鼓励，如果孩子无法完成预定目标，父母应与孩子商讨，找出问题并着手改善。

据说台湾棒球好手王建民从小就喜爱棒球不喜欢读书，父亲知道他爱棒球也晓得他有天分，于是鼓励他说："既然你喜欢打棒球远胜于读书，你就打棒球吧！但是要打好棒球，除了持续练习，还需要精确计算投球的幅度，这需要从书本上学习。此外想在棒球界有所成就，你可能需要到外国去深造，所以你需要下点功夫把英文基础打好。"这番话给了这位日后成为"台湾之光"的王建民一片曙光，他在年轻时便非常自律，平常除了用心练球，也花时间在其他方面用功学习，终于在美国打出了成绩。

谷歌创办人谢尔盖·布林（Sergey Brin）与拉里·佩奇（Larry

Page），曾经被记者问到："你们的成功是父母教育的功劳，还是学校的功劳？"他们异口同声说，是他们念的小学蒙特梭利学校。在那样的环境中，他们学会了"自己的事，自己负责，自己解决"，这就是对孩子自律的培育。

今天的华人家庭对孩子的自律训练较少，在父母心目中，只要孩子把书读好，把钢琴弹好、小提琴拉好就行，如果在运动上有出色表现就更好。做家务？很多父母从来不对他们这方面有所要求，更遑论对他们有系统的训练。结果很多孩子进了大学之后，不要说煮一顿像样的饭菜，连炒一个蛋，弄一碗方便面也有困难。我女儿读高中时，她的一位刚进大学的堂姐从宿舍的洗衣房打电话向她求助，询问如何使用洗衣机，后来才知道她从小到大从都没有用过这些家用电器。

父母要教导孩子自律，必须从小就开始训练孩子做家务。当孩子四五岁开始懂事时，父母可以吩咐他们把要洗的衣服放在洗衣机里，洗过之后，请他们帮忙挂起来，之后如果他们能做到，也让他们把衣服叠好。同样，饭前可以吩咐他们把碗盘筷子摆放好，甚至训练他们饭后收拾洗碗。到了青少年时期，可训练他们做饭菜，先从一些简单的食物开始，由简入繁地训练他们，家里任何家务都可以让他们试试。

我曾经碰到过几个十五六岁的青少年孩子，连牛羊也会宰杀，原来他们家里是开农场的，几个孩子能文能武，都是父母从小一手训练的结果。父母不需要担心孩子不肯做家务，或不听父母吩咐做事，其实孩子小的时候，都抱着一份好奇心积极参与，往往只是父母有时候觉得孩子越帮越忙，不让他们参与而已，久而久之，当父母希望孩子帮忙做事的时候，他们就变得不那么合作了。父母也不需要过分担心孩子做得不够好，害怕他们弄坏或打破东西，因为这是训练过程中必须经历的，没有人一生出来什么都懂，熟就能生巧，多做几次就可以了，打破东西就当作是交学费。最重要的是要让孩子在日常生活中有机会参与，一方面学会谋生技能，另一方面训练和管理自己，这对日后成长有莫大的益处。

四、察言观色，知道别人的喜怒哀乐

很多人认为，分辨一个人的喜怒哀乐是简单容易的事情，但丹尼尔·戈尔曼的研究结果却并非如此。因为不少人从小过着封闭的生活，不太常与外界接触，这些人就不太擅长察看别人的"脸色"。校园里很多"恶霸"就是因为不会"察言观色"，比较容易与人产生摩擦。

哈佛大学很多年前曾进行过一项简单的实验，把人们各种不同表情的照片放在参与者面前，请他们辨识照片上人的情绪，到底是喜、怒、哀、乐，还是其他。二十年之后，研究学者追踪这些参与者，发现那些能够辨识人脸色的人，无论在工作还是事业上的成就，都远超过那些不会识别的人。

辨别人的脸色的能力并不是与生俱来的，而是需要一些特殊训练。要提升孩子的情商，其中重要的一步就是训练他们察言观色，了解别人的喜怒哀乐。

这里提供两个方法，可帮助孩子早一步发现并处理自己的情绪，也能帮助他们精确读取别人的情绪。

1. 用家庭游戏方式做训练

第一步，脸部喜怒哀乐练习。爸妈与孩子面对面坐下，练习脸部喜怒哀乐的表情。爸妈当演员，做出不同的表情，让孩子说出那是种什么情绪，如果有错，爸妈更正。然后转换角色，由爸妈说出各种不同的情绪，孩子就做相应的表情。要记住，情绪属于个人主观感受，所以游戏过程中尽量减少批评或指导，并尽可能引导孩子用各种不同部位表达情绪。

第二步，用身体做表情。爸妈指定用身体其他部位做表情，比方用"手"做出"乐"的表情。手指在打拍子，这表示什么？手在发抖又是什么含义？双手不停摩擦呢？也可以用"脚"做出不同表情。跷起二郎腿是什么意思？两脚紧紧靠拢又怎样？一家人可以轮流想出其他不同情绪的表达方法。

第三步，猜猜我在说什么？由孩子自己决定用某个部位做某个表情，接着让爸妈模拟并猜一猜，身体到底表达了什么。比方用背部弓起象征生气，手托住下巴表示在沉思等。学习用身体表达、宣泄情绪的同时，也能帮助孩子觉察自我情绪。这些都可以成为家里玩耍和训练的游戏。

第四步，画出表情。如果孩子会用笔绘画，可以请他们用绘画来表达不同的表情。这个方法比较简单和实用。

2. 人物图片阅读

到图书馆借一些与人物有关的书本，请孩子猜一猜，到底他们当时的表情代表着什么情绪。

父母不妨把这些察看别人脸色的训练看作是一种亲子游戏，一方面借着互动跟孩子建立亲密关系，增加与孩子交谈的话题；另一方面借着这些游戏，也可以训练孩子懂得怎样察看别人的喜怒哀乐，知道如何避重就轻和做适当的回应。这对孩子日后与人交往会有莫大的好处，可使他们容易与人建立良好关系，帮助他们增加人脉资源，这在无形中就提高了他们的情商。

五、面对人生的成与败

近年来，每逢7至9月，一些高中生因为考试失利，未能考上心中理想大学而选择自寻短见，结束自己年轻的生命，类似的新闻令人触目惊心。

今天的孩子，有为考试不理想而自杀的，有因跟同学吵架自寻短见的，也有因爱人移情别恋而跳楼的，怪不得他们被称为"草莓一族"，因为他们是如此脆弱，禁不起打击，稍微一点风吹雨打就受不了。为什么会这样？学者普遍认为，这是因为这一代孩子在成长过程中，缺乏心理素质的培养，正因为缺少这些适当的训练，当他们遇到人生成败的关卡时就不知道如何应付，一旦遇到挫折或事情不如己意时人就变得情绪化，加上多米诺骨牌效应和传媒的推波助澜，最后走上一条不归路。归根结底，这是个人情商过低的结果。

然而，父母应该如何辅导孩子面对成败和得失呢？我们分三个步骤来看这个问题。

1. 父母必须肯定孩子并无条件接纳他们

中国父母养育孩子，多少抱着望子成龙、望女成凤的心态，但很多父母完全不知道也不理会到底孩子的天分和爱好在哪里。父母只管按照自己的心意让孩子满足自己未曾达成的愿望，一旦发现孩子并没有达到父母的期盼，就会出现"爱之深、恨之切"的结果。如果父母抱着这种心态养育孩子，那就无法教育孩子面对人生的成败得失。以棒球投手王建民为例。他自己也承认，那时候能让孩子放弃学业而专攻运动的父亲根本是凤毛麟角，但他父亲教育孩子的原则是，只要孩子不学坏，他会按着孩子的兴趣全力支持。正是这位父亲的肯定和无条件接纳，才为王建民铺上了成功的道路。要知道，在王建民成名以前，他所面临的挑战和挫败，必须要有庞大的支持力量作后盾，这个无形的力量就是他父亲无条件的接纳和肯定。所以，在教育孩子学习面对成败得失时，父母对孩子的无条件接纳是关键。当然，按照孩子的天赋来培养也是非常重要的。

2. 切勿责备孩子的失败

记得我念小学时，因为英文考试没有得到满分，被英文老师用木尺打手掌，每缺10分打一下，我只考到70分，所以挨了三大板。成绩单拿回家，尽管没有挨打，但也是被父亲骂了个狗血淋头。虽然这已经是几十年前的事情，但我现在仍然记忆犹新。中国传统教育认为没有达到标准，就表示孩子懒惰未尽全力，结果不是挨打就是挨骂。但这种教育方式往往会对孩子造成严重的心理伤害，要知道，能力不足与未尽全力是两码事。"失败就该受罚"这种教育方法会造成孩子内心不平和怨恨，而且孩子一旦因偶尔失败而认定自己是一个失败者，就会让他们的自信心受到莫大的打击，日后他们可能会因为怕失败放弃追求理想，或者只去追寻一些简单的目标，结果可能是一生都一事无成。

父母需要明白失败背后的意义，不要当孩子遭遇失败就马上责备孩子。父母可以惩罚孩子的懒惰、不负责任、逃避、依赖等不良行为，但不应该惩罚孩子的失败。要知道失败的因素很多，不能一概而论，上天给每个人的天赋不同，有人擅长艺术，有人擅长文学，不一而足，父母怎能要求孩子在每个科目上都出类拔萃，每个学期都名列前茅？父母自己也当过学生，自己不见得是文武双全，凭什么一定要求孩子每一次考试都是满分，运动项目样样皆行？所以父母必须摒弃"失败就该受罚"这个要不得的观念。

3. 协助孩子面对失败

最后，要怎样面对孩子的失败呢？我们以孩子参加篮球比赛为例。当孩子打完一场球赛或参加其他比赛回来，父母应让他们自问自答两个问题：第一，先鼓舞自己。那就是在心中默默告诉自己，我为自己能够参与比赛而感到欣慰。因为不是每个人都有参与比赛的机会，所以这是对孩子好的自我鼓舞；第二，在这个比赛过程中，有哪三样事情他们认为自己做得非常好，有哪两样他们认为需要改进。很明显，讲三样好事是增加孩子的信心，让孩子自我激励；但孩子不可因此而自满，他们也要列出两个需要改进的地方，这是希望孩子不要故步自封，要有一颗求上进的心。同样的原则也可以应用在其他地方，不管是在学业上还是体育运动上，父母都可以如此训练他们。

有时候，孩子已经尽了全力，但成绩还是不理想，应该怎样做呢？必要时，父母可以考虑寻求外来的资源来帮助孩子。譬如说，请数学补习老师，或聘请资深的网球教练等，这也要考虑到孩子的兴趣重点和家庭经济能力。不过最重要的是，父母要从孩子年幼时就培养他们对各事物保持平衡的心态，日后不管他们遇到怎样的挫折或者打击，都能够用正面的态度来面对，也能够在错误中求进步，这便是每一个成熟的人应该拥有的心态。

不过受挫的孩子除了感到沮丧外，也可能害怕父母因此生气而不再疼爱他。所以父母应该做的事，还包括让孩子说出自己的感受，甚至一起相拥而泣，让孩子知道你也很难过，接着跟孩子一起找出失败的原因，然后协助他们对症下药。

结论

无可否认，今天教育孩子的挑战和难度远超越上一个年代。上个年代的父母，也许担心孩子读书不认真，现在父母担心的是孩子压力太大而自寻短见；以前父母担心孩子在学校捣蛋，学校老师要见家长，现在担心孩子滥交、吸毒、乱搞男女关系；以前父母怕孩子结交狐群狗党到别人后院捣蛋，现在担心孩子搞上帮派，甚至在校园杀人或者被杀。今天的父母不单是把孩子喂饱，给他们好的教育就是尽责了，还要注意培养孩子的基本生存技巧，帮助他们做有智慧的选择，不因同侪压力而委曲求全或放纵私欲，还要教导孩子懂得自律，免除物质、性欲的引诱。

怎样帮助孩子走过这段既艰难又充满各种试探的道路？为孩子提供一个美满的家是一个重要条件，提升孩子的情商更是不可忽略。孩子的情商与他们天生的本性有直接的关系，但后天的影响也是一个很重要的因素。孩子与父母的互动关系可源于婴儿时期，他们这段时期的成长经历对他们日后有深远的影响。初生婴儿处于被动状态，他们睁着眼睛来看父母如何与他们互动，如何响应他们的需求。当孩子面对焦虑、害怕、恐惧、不安的时候，父母的响应就奠定了日后他们处理这些负面情绪的基础。

孩子稍长，遇到困难、挫折、不开心的时候，父母适当帮助孩子纾解和管理他们的情绪，有效引导他们化解问题并且找到出路，这也锻炼了他们日后如何去面对困难的能力。同样，在处理人际关系上，通过与父母和家人互动，他们学到如何辨别别人的脸色，如何有效地与人建立关系，增加他们的人脉资源，这对他们日后工作和生活有莫大的好处。

最后要提到的，也是最重要的一点，就是父母在家里必须以身作则。父母本身缺乏自律，暴饮暴食，体重超标，整天看电视，还上网到深夜，孩子都看在眼里。这时，不管父母再怎样教导孩子自律，帮助孩子提高情商等，绝对徒劳无功。

很多年前在美国广播公司（ABC）的一档电视节目中，记者访问那些被学校赶出校门的青少年，在谈到他们为何沦落到这种光景时，尽管孩子没有直接说这是父母教育造成的结果，但被访问的每个孩子都很坦白地说，他们的父母是伪君子，因为讲的是一套，做的又是一套。孩子的眼睛明亮得很，不要把他们当作傻瓜，父母的一举一动孩子都看在眼中。要培育孩子有更高的情商，必须从父母自身开始，懂得如何纾解复杂情绪，克制冲动，懂得自律，只有父母做到这点，才能够看到孩子在这方面的变化和成长。

◎ 问题讨论

1. 你认为你的孩子情商如何？哪一方面很不错（情绪掌控、延缓欲求、自律、明察脸色、面对失败）？哪一方面需要加强？

_____

_____

2. 今天很多父母对孩子有求必应，不太拒绝孩子的要求，你认为他们有什么错误心态？你是否也是其中之一？

_____

_____

3. 你是怎样处理孩子的负面情绪的？身为父母你又怎样纾解你自己的情绪？

_____

_____

4. 你过去如何帮助孩子面对失败？这一章给你怎样的启发？

_____

_____

6 管教

2009年9月29日《香港日报》报道，台湾一名17岁青年因不满父亲有外遇，加上父亲长期以来的严格管教，于是怀恨在心，在某个凌晨伙同朋友斩杀正在熟睡的父亲，将他左手掌和右手肘骨斩断。案发后警方将两人逮捕，青年坦承杀父后内心得到解脱，毫无悔意。

同一天香港也发生了一起亲子纠纷案件，据《香港明报》报道，一名不满8岁的男童，其母认为儿子做功课态度欠认真，以打手心一下作为惩罚。不料男童竟报警举报母亲，警员闻讯恐有虐儿案件发生，立即赶往现场调查，由于无人受伤，调查后将此案列为"争执"处理，没有拘捕任何人。

另外一则仍是发生在该月的事件。隔着太平洋的美国新墨西哥州，一名10岁男童疑因不满父亲管教严格，以来复枪射击父亲头部致其死亡。警方考虑以"一级谋杀"的罪名将这个未成年的孩童定罪。

同一个月内，三件亲子之间的家庭纠纷事件，分别发生在三个不同地方，有报警，有伤人，也有杀人的，而凶手居然都是父母亲手养大的孩子，这等悲剧在过去几乎是闻所未闻。

不能否认的是，现今时代父母所面临的挑战，远比过去来得艰巨。想想看，四五十年前，学校的"问题学生"顶多只是嚼嚼口香糖，上课讲话，不专心听课，在课堂上乱丢东西，男女同学斗嘴，比较严重的可能是男生打架闹事。现在父母面对的孩子问题是青少年未婚怀孕、校园枪杀、搞帮派、吸毒酗酒、沉迷网络。父母无法想象自己居然会被孩子告上公堂，甚至发生弑亲这类大逆不道的社会案件。比较起来，上一个年代的亲子问题实在是"鸡毛蒜皮"。

为什么这些事情接连不断发生？社会学家一致认为是父母对孩子的管教出现了问题，不是管得太严，就是疏忽管教；再加上传媒、网络各类不良信息的传播，孩子有样学样，于是产生这种多米诺骨牌效应。

父母在管教孩子时，既不可对孩子管教太严，亦不能完全放任不管。父母对孩子管教太严，无的放矢，把个人不合理的期盼强加到孩子身上，自然让孩子生气；父母的另一个极端是对孩子放任放纵，明知道孩子做错却不当一回事，孩子开始也许很向往这种自由，但等懂事之后，发现自己犯错但父母却不闻不问时，他们反而会对父母心怀憎恨。

根据心理学家分析，幼童的安全感主要基于两个要素：第一，他们需要一个能够为他们提供无条件的爱和接纳的对象；第二，孩子需要一个比他们更有智慧和能力的对象，协助其自我控制，并激励他们迈向一个更崇高的目标。意思是说，孩子一方面期盼完全接纳和爱他们的父母；但另一方面，如果有犯错，他们希望父母能够指教。然而不幸的是，管教孩子过与不及的极端方式违反了这两个重要原则，并且容易引发孩子日后心理和行为上的问题。

管教

这一章我们将深入探讨父母应该怎样以恰当的方式管教他们的孩子，既不放纵，也不过于严厉。

让我们先了解什么是管教。我们大概可以把孩子的管教分成三个主要项目：培养孩子思想成熟（maturity），训练他们学习对人、事、物要承担责任（responsibility），并帮助他们学会自我约束（self-discipline）。

在管教的过程中，父母和孩子虽然是亲子关系，但同时存在着老师与学生的关系。父母通过言传、身教让孩子明白道理，灌输他们正确的人生观和价值观，在日常生活中训练他们，培养他们仁爱、喜乐、和平、忍耐、良善、信实、温柔、节制等品格，训练他们成为一个负责任、能够自律的成熟的人，帮助他们拟定正确的人生目标。

那么在养育孩子的过程中，管教（discipline）包括什么内容？管教包括训练（training）、悟性培养（mind nurturing）和品格陶冶（character establishment）。

一、训练

父母对孩子的训练方法包含父母对孩子的言传（verbal instruction）；父母本身做好榜样（modeling）；给予孩子生活和

人生准则上的指引（guidance）；孩子年幼不懂事，父母需要循循善诱教导（teaching）；在不同的领域中，父母提供孩子学习的机会，帮助孩子增长见闻（provide learning）；最后一点，就是对着屡教不改的叛逆孩子，父母可能需要考虑对他们施行适当的处罚（punishment）。

二、悟性培育

孩子的悟性培育包括对周围事物观察能力的培养。我们的生活周遭有一些看似平凡的事物，但细心观察之后往往可以发现它们大有文章。例如，一个苹果砸到牛顿的头上，牛顿因而领会了地心引力；伽利略观察教堂钟摆，便发现了钟摆原理，这些都是细心观察和逻辑思维的结果。

悟性培育也包含判断能力的训练，对事情的对错如何做出判断，并依据判断做出正确的抉择。

逻辑思维训练也是悟性培育的一种。一个年轻人常听妈妈鼓励他要早起的话："早起的鸟儿有虫吃。"有一天他突然对母亲说："早起的虫儿会被鸟吃。"母亲哑口无言，但却称赞孩子的悟性了得。父母可以在孩子小的时候，花时间跟孩子玩耍，教他们分辨颜色、形状。孩子稍大一点时，父母可通过堆积木、玩拼图、棋类游戏等，按部就班地训练孩子的观察、逻辑思维分析、判断、综合分析，以及最终的独立思考能力。在孩子的成长过程中，如果没有父母提供这些训练，花时间循循诱导，只靠着孩子自己摸索，悟性不会那么容易积累。

三、品格陶冶

管教还包括品格的陶冶，涵盖了诸如爱心、尊重、诚实、自律、勇气、诚信、贞洁、心平气和、自信等美德。相信每个父母都希望在孩子身上看到这些美德，但是没有一个孩子一出生便拥有这些特质。唯有通过管教，不论是父母的言传身教，还是各种有目的的训练，才能在孩子进入社会之前使他们拥有良好的品格，成为一个自律、人见人爱、肯负责任、对社会有贡献的人。

总而言之，父母对孩子的管教方法就是父母通过日常生活的点点滴滴，以言传身教灌输孩子正确的人生观和价值观，培养孩子的悟性，陶冶他们的品格，指引他们走向正确的人生道路。借着培养成熟的内在品质，让他们拥有良好的品德，爱人如己，尊重自己也尊重别人，守法，有公德心；同时培养个人的责任感，对自己、国家、社会、工作负责任；进而让孩子学会自我约束，不在娱乐上放纵自己，知道什么该做，什么不该做。

两种不当管教方式

一般来说，最常见的管教儿女的不当方法，有直升机型和教官型两种，这也是导致孩子以后容易滋生问题的教育方法。

一、直升机型管教

直升机的特点是常常在人的头顶上盘旋，随时随地等待别人的差遣与吩咐做事。直升机型的父母也是这样，不停地在孩子的头顶上飞来飞去：孩子书包忘记带，没关系，老爸赶快回家帮忙拿；孩子午餐不会弄，没关系，老妈可以代劳；孩子学校功课做不出来，老爸可以帮忙解决……直升机型的父母随叫随到，完全做好保护救命的工作。这种类型的父母什么都担心，怕孩子受伤，怕孩子饿坏，怕孩子吃不好，怕这个，怕那个。尤其是当前少子化的社会更让父母把孩子宠成天之骄子，什么都以孩子为第一位。孩子要这个，父母马上双手奉上；孩子要吃什么，就给什么；孩子不要什么，也顺着他；起床时间迁就孩子，睡觉时间迁就孩子。孩子成了温室里的花朵，禁不起风吹雨打。

记得我在读书时，听说过一位来自纽约的同学，开学才一个月就得了思乡病。因为过于想家，他每星期五中午下课后，便立即赶飞机飞回纽约看家人，3天后的周一早上，再飞回学校上课，每个星期都是如此。虽然他学业成绩尚可，但学校教授和同学还是担心他是否能够完成两年的学业，果然，才过了一个学期他就退学了。后来才知道，到学校来进修是他第一次离开父母到外地生活，他是家里的老幺，长年都受到父母和兄姐的庇荫，是温室中的花朵。如果连到外求学都有困难，他日后如何独立生活？这不能不说是父母教育的失败。

二、教官型管教

另一种是教官型的教养方式。有当兵经验的人都领教过教官的命令，教官说一就是一，一个命令一个动作，不能回嘴，更不可讨价还价。教官式的父母也是一样，父母说什么孩子就做什么，父母叫他们跳他们就跳，不能回嘴，只能问："爸爸，我要跳多高？"孩子要进什么学校，将来念什么专业，甚至交朋友，选择结婚对象，都需要父母同意。更严格一点的，若孩子稍有不从，父母就会对其吼叫、打骂、体罚。这种教育方式，在孩子小的时候也许还有点效果，一旦孩子在能力和体力上不在父母的掌控范围内，尤其是进入青春期后，便成为随时会爆炸的炸弹。前面提到的孩子弑亲的案件就是活生生的例子。尽管这是极端案件，但若父母使用教官式的教育方式，肯定会严重破坏两代人之间的关系。

而且，教官式的教育方法往往会导致两种极端的反应：一种是孩子产生自卑感，没有信心，很怕事，总觉得自己做得不够好，这是心理辅导者最常看到的现象；另外一种情况是孩子极端叛逆，当他们没有力气跟你对抗的时候，就用不合作的态度跟你斗。小孩子最常用的方法就是唱反调。例如吃饭时，你叫他吃，他偏不吃，就算你又打又骂，他也能只是把饭含在嘴里却不吞下去，你能奈他如何？你叫他讲话，他就偏偏不讲。你越要他做一件事情，他就偏偏不做；你叫他不要做，他反而偏要做。

威信型父母的教育方式

直升机型和教官型管教孩子的方式，都是典型的极端的教育手段，但却相当常见。还有一类父母是"威信型父母"。威信型的父母不仅对孩子有合理的期盼，同时更让孩子感受到父母的爱与支持。家庭研究学者普遍认为，这种管教孩子的方法最有功效，这种家庭教育出来的孩子，与在其他管教方式下成长的孩子相比，有很高的自我价值、自信心和社交能力，无论在学业上还是工作上，都能够自律并积极上进。

那么，威信型父母的教育方式是怎样的呢?

一、正面强化与鼓励

1. 正面强化

有些父母看到孩子有良好的行为时，很少给予正面的肯定和称赞；但是当孩子有不良行为出现时，却用吼叫、责骂等负面方式纠正。所谓"正面强化"，便是指当孩子表现优秀的时候，父母给予积极正面的肯定，从而淡化孩子那些不良的行为。当孩子感受到父母的肯定、爱与喜悦时，他们就愿意努力做得更好。譬如说，7岁的哥哥常常跟弟弟争玩具，负面的教育方法就是不断斥责他，但如果某天看到他与弟弟玩得很融洽，父母正面地称赞他是一个好哥哥，那就是强化他的行为，他会尽量不跟弟弟吵架。

2. 鼓励

鼓励也是强化孩子好行为的方法，"鼓励"可以帮助孩子建立信心，鼓舞自我。我女儿高中时为了应付物理期中考试，跟同学一起熬夜到凌晨2点，没想到考试成绩仍然不理想，心情忧闷。我知她已尽力，便安慰她：爸爸妈妈是看她的努力而不是结果，爸爸妈妈知道她已尽力，她便可以问心无愧，何况这只是一次考试而已，期末考试还有机会。由于我的鼓励，她低落的心情得以恢复过来，在期末考试时超常发挥，完美收场。

每个人都需要鼓励，我们大人尚且如此，孩子更是一样。

3. 奖赏激励

有时以物质奖赏激励孩子是有效果的。道理很简单，我们每天上班，如果公司没有支付相应的报酬，有多少人还愿意去工作？孩子也一样，年幼时训练他们养成良好的生活习惯，为他们准备一张行为表现图表，一个星期一张。譬如如果孩子主动早晚刷牙、起床后整理床铺、吃饭前洗手等，就在每一个好行为下面贴上一颗小星星。等小星星累积到了某一个数目，就给他们一些小奖品，或者带他们去吃冰淇淋等。这是培养孩子养成良好行为习惯的一个方法。等这些好行为已经成为习惯，可以针对其他需要修正的行为，以奖赏激励改进。

二、惩罚与纠正

当然，正面鼓励孩子的方式并不能保证孩子绝对不会犯错。孩子的有些不良行为需要父母用其他方式帮助改正过来，包括惩罚、订立规矩和承担后果等。

那么孩子犯错屡教不改时，父母应该怎样处理？处理的方法有哪些？在还没有讲到惩罚的方式以前，我们先要分清楚孩子的哪些行为应该受到处罚，哪些行为不应该受到处罚。惩罚孩子也需要原则，无缘无故的惩罚会挑起孩子的怒气，也是不公正的。

惩罚有三个原则：第一，父母必须与孩子建立良好的关系，然后才运用惩罚；第二，惩罚孩子要分清楚孩子犯错的行为是属于幼稚行为还是愚蠢行为；第三，惩罚程度必须与犯错程度一致。

1. 先与孩子建立良好的关系

父母想要达到惩罚孩子的目的，首先你要问自己以下问题：你与孩子平日的互动好吗？你跟孩子一起玩吗？孩子上床前，你会讲故事给他们听吗？你平常有没有聆听孩子诉说心声？如果这些你都没有做到，你就根本没有权力去管教或处罚孩子。

你也许会说，我是他们的父母，我当然有权力去管教惩罚他们。没错，父母是有权利去管教惩罚孩子，但没有良好亲子关系的管教往往缺乏效果。达拉斯的韩君时教授（Howord G. Hendricks）说得好："孩子最不愿意做的，就是叫心疼他们的父母失望。"如果父母与孩子之间存在着良好关系，孩子感受到来自父母的爱和关怀，他们便不希望做一些令父母失望难过的事情。在此背景下，当孩子因犯错而受到父母的管教时，他们尽管心里不舒服，也会理解这些惩罚是针对他们的不良行为的，比较容易改正。

父母千万要牢记的一项管教基本原则就是：管教应针对品格行为，而不是技能、才干和天赋。例如，孩子小时候考试成绩不合父母要求，参加钢琴、小提琴、下棋比赛没有得奖，这些绝对不是惩罚孩子的理由。孩子如果在某方面表现不佳，父母应该尝试找出问题。如果家庭经济条件允许，父母可以考虑聘请专业人士或者补习老师来帮助孩子。一定要记住，惩罚只是针对品格而非才能。

2. 幼稚行为和愚蠢行为

记得早年到美国念书时，我第一次被一个美国家庭邀请共度感恩节。这家美国人很好客，除了他们已长大的儿子、媳妇与年幼的孙子们，还邀请了我们几个留学生。开饭前，我和几个七八岁的孩子玩耍，其中一个孩子不小心打翻了牛奶。我在想这个孩子会被责骂吧，然而他们处理问题的方法却让我这个来自东方的留学生感到惊讶不已。这对夫妇先问孩子还好吧，是否被吓到，然后把打翻的牛奶清理干净。过了一会儿，孩子便开开心心地跟其他孩子玩在一起。这件事迄今依然让我印象深刻，因为同样的事情若发生在中国某些家庭，孩子绝对不会那么轻易过关。

这就是我要强调的"幼稚行为"（childish behavior）。当孩子无心犯错，如不小心打破东西，或者年幼不谨慎做错事，不应该成为被父母惩罚的理由。然而，如果父母给孩子一杯牛奶，但他坚持要喝汽水，并且在怒气中故意把牛奶打翻，那么这不是幼稚行为，而是愚蠢行为（foolish behavior）。孩子明知故犯，不服从父母合理的管教，对人不尊重，或是有欺骗、欺诈、叛逆、意图作恶等行为时，父母必须执行家法，好好惩罚他们。碰到这种情况，如果父母不马上处理他们这种明知故犯的行为，日后可能祸患无穷，孩子会变得无法无天。

我的女儿大约在10岁时，因为行为不检遭到我与太太的惩罚，按照事前规定，她一个星期不可用电脑上网。她坚持了5天，但最后偷偷违规上网，被我逮到，处罚不得上网再延长一个星期。结果到了第6天，她又偷偷违规，结果前后总共3个星期不能上网，这次的处分给她留下了非常深刻的印象。叛逆、不服管教、欺骗、意图作恶等行为必须严厉对待，这并不是针对孩子个人，而是纠正他们不良行为的必要手段。

3. 惩罚手段要与犯错程度一致

尽管孩子有愚蠢行为，但我们都知道，犯错程度有轻重之分，惩罚的程度也必须按犯错程度决定。孩子在怒气中用球棒故意把花瓶打破和在生气时讲难听的话，程度上是有不同的。讲到骂人，对妹妹说"笨蛋"和对妈妈说"笨蛋"，两者也有差别；3岁犯错去打人和6岁犯同样的错去伤害人，程度显然不一样。所以，在惩罚孩子的时候，需要考虑孩子的年龄、犯错的状况、孩子过去整体的表现、犯错的频率等。因为惩罚孩子是针对孩子所犯的过错施加适当的处罚，重点是帮助孩子明确是非善恶的概念。惩罚如果失控，孩子感到父母有失公允，反而会让他们心怀怨恨，这就失去了惩罚孩子的意义。

有一点值得父母留意，如果孩子对父母不尊重，那属于愚蠢行为，应从小让孩子清楚地知道，这是绝对不允许的。通常孩子愈小，改正也愈容易。一旦孩子养成对父母瞪眼、把父母的话当作耳边风等不礼貌的行为习惯后，父母要改正他们的恶习就需要花相当大的力气。如果孩子到了相当难管教的年龄，那么父母需要额外花时间与孩子建立关系。一定要记得一件事情，父母与孩子关系越密切，管教效果越佳。

父母有时候可能因忙于生计忽略了与孩子相处。一旦孩子出现愚蠢行为，父母需要冷静思考，是否与孩子的相处时间太少，不妨带孩子一同游玩或外出就餐等，认真地与他们建立良好关系并适度沟通，把父母对孩子的要求和期盼解释给他们听。之后，当孩子行为上出现偏差时，父母马上纠正或者施行惩罚，这样总比父母运用强硬手段处理要好。

三、惩罚方法

一旦认定孩子有愚蠢行为出现，屡经警告却效果不彰，父母可依照实际情况、孩子的年龄和犯错的严重程度来执行家法。下面提供几种处罚孩子的方法。

1. 口头责备

口头责备是惩罚孩子最轻微的方式。当孩子没有犯什么严重的过错，譬如在家里墙壁上涂鸦，或者玩电插座，也许是属于初犯或偶有触犯，父母可以口头警告或者责备，说："墙壁不是用来写字的，要写字，可以写在纸上。""玩电插座很危险，你可以玩你的变形金刚。"对孩子进行口头责备时，要注意保护孩子的心灵，不要长篇大论，或者口出恶言伤害孩子的自尊。

2. 罚站或罚坐

经过几次警告和提醒，如果孩子没有认真聆听，这时候就需要把处罚提升到"罚站""罚坐"。你可以对孩子说："我已经告诉过你不可以玩插座，由于你仍然这样做，所以我要你站在角落3分钟。"或者罚他们坐在椅子上5分钟才可以下来。运用这种处罚方式需要考虑孩子的年龄，对五六岁的孩子来说，四五分钟的处罚时间还算合理，但对三四岁的孩子，却有些过长。

3. 隔离

隔离就是暂时让孩子与其他人分开，如吩咐孩子到他自己的房间去，或者单独一个人到后院去，目的是让孩子有一段自我反省的时间，让孩子知道父母不喜欢他们的这种行为。隔离时间的长短可按孩子的年龄来决定。

不过，有些父母发现罚站、隔离这些处罚方法对孩子效果不佳，原因主要在于：

（1）行为与惩罚没有挂钩。譬如说，孩子昨天犯错，当时父母没有处罚，事后父母想起来才来处罚，但孩子早已经忘记了自己所犯的错。所以处罚必须实时进行。

（2）犯错与惩罚不相称。譬如说，孩子说脏话、打人，被罚站、隔离几分钟了事，但却因为没刷牙不能看电视一个星期，这便是犯错与处罚程度不相称。有时候父母按自己的心情来惩罚孩子，心情好就网开一面，心情不好就罚得比较严厉，这种处罚也会失去效果。

（3）父母公开羞辱孩子。在公众场合惩罚孩子（餐馆或购物中心等），让孩子感到无法下台，这会让孩子生气，失去惩罚的效果。

（4）在孩子朋友面前处罚。譬如家里请客气氛热闹得很，孩子却出现无法控制的行为，父母若当着其他小朋友的面惩罚孩子，会让孩子感到难堪，这样的管教往往适得其反。

（5）父母唠叨或训话太多。孩子一面受罚，一面还要听父母的唠叨，这会让他们受不了。当孩子已经知错时，父母就不需要长篇大论地训话。

在处罚孩子时，可能会遇到他们假装呕吐、找借口上厕所等，很多父母因此网开一面，于是有处罚也等于是没有。最好的方法是等孩子上完厕所再进行，或者等他呕吐好了之后再算时间。重点是要让孩子知道，惩罚是一定赖不掉的。

4. 剥夺特权

孩子平常拥有看电视或者晚上听故事的特权，因为他们行为不佳，当天便失去这些权利。"因为你画花墙壁，所以今天晚上你不可以吃冰淇淋"，"今天你上课迟到，所以下课回家之后不能看电视"，这就是特权的剥夺。

5. 罚责

孩子出现叛逆行为，屡次劝告无效，态度恶劣，而上述各种处罚方式都缺乏效果时，父母也许得考虑动用家法，进行责罚。世界各国都有保护儿童的律法，中国也有《未成年人保护法》，父母千万不要错手伤害孩子，甚至最后触犯律法而失去父母的监护权。

父母切忌在盛怒之下责罚孩子，因为这容易失控，造成孩子身心受到严重伤害。在媒体上，我们常看到有些父母责罚孩子失控，尽管父母后悔莫及，但已带来严重伤害。责罚的重点是让孩子体会到犯错而承受这种惩罚，用伤害孩子的方式让他们日后不要再犯实在不值得。父母对孩子处罚过后必须记得安抚孩子的情绪，并且以爱来结束，目的是要孩子知道，父母的处罚仅是针对他们的错误行为。

经过责罚之后，孩子犯错减少，这就是父母管教成功的表现。责罚适合4至6岁的孩子，过了6岁，"承担后果"的管教方式就比较实际和有效果（后面会解释何谓承担后果）。

不管怎样，坊间常听到很多父母完全否定责罚，有几点值得在这里讨论。为什么有很多人坚持反对责罚？原因也许是有人童年时受到过父母严厉的责罚，这些负面的经历造成他们身心严重受伤，因此非常痛恨责罚孩子；也有人把对孩子责罚与暴力、殴打、毒打画上等号，因为他们看到有些父母把自己的怒气发泄在孩子身上，致使孩子受伤；还有一种状况是父母两人都是上班族，根本没时间与孩子相处，内心深处的愧疚感让他们舍不得惩罚孩子，所以更不可能责罚孩子。

如果父母真正了解责罚的意义，并采取恰当的方法，这对管教孩子是有一定好处的。不过需要强调的是，责罚是特别针对孩子的叛逆行为的，而且只适合4～6岁的孩子，之后就需要考虑使用其他更有效果的方法了。

四、分三级处理愚蠢行为

综上所述，父母处罚孩子应该是针对他们的愚蠢行为，而不是幼稚行为。而愚蠢行为也有轻重之分，因此要按照孩子犯错的程度来施行。愚蠢行为有三种等级。

第一级，孩子初犯，或只是偶然犯错，或过错是属于轻微的。譬如说，孩子画花墙壁、骑完脚踏车没放好、玩电插座等，这种情况父母适合用口头警告。

第二级，孩子重复犯错，先前警告无效，父母对孩子除警告外还需要加以惩罚。这个时候就可考虑使用罚坐、罚站、隔离、轻微打手掌的方法。

最后是第三级，孩子有叛逆行为或者侵犯性行为，父母多次警告无效，这种情况下的惩罚方法包括剥夺权力、要求赔偿损失、责罚等。

五、不当惩罚

我们常会听到父母在惩罚孩子时，强调这些都是为了孩子好，但我们发现常有父母因觉得孩子不争气而处罚孩子。譬如说，因孩子钢琴没有弹好失去得奖的机会或者孩子没有完成父母的梦想而对孩子施行处罚。这些惩罚的动机和理由站不住脚。也有父母在外面工作遇到挫折，经济负担太重，这时孩子出现幼稚行为便成为父母惩罚孩子的导火线。这种教育孩子的方法容易弄巧成拙，增加孩子对父母的仇恨。婴儿因生病而哭闹不停，缺乏耐性的父母在这种情况下容易动手伤害孩子，这也是非常要不得的惩罚方式。

父母管教孩子的目的是改变孩子内在的思想，如果惩罚孩子只是让孩子在父母面前装好，背地里仍为非作歹，这种惩罚非但没有改变孩子的内在，更没有达到惩罚孩子的目的。惩罚应该让孩子变好，如果孩子行为态度始终没有变好，这就表示你的惩罚是失败的，管教方法也是失败的。

承担后果

孩子到了懂事年龄（五六岁）之后，"承担后果"的管教方法则更为适用。教育学家认为这是能帮助孩子学习独立负责的方式之一。

父母该如何使用这个方法呢？当孩子出现不负责任、说谎、叛逆、不礼貌、粗暴等行为时，父母应首先提出警告，让孩子知道这是不被接纳的行为。之后父母对孩子拟定规矩，如有同样行为再次出现，后果自行负责，当然父母要把后果在事前说清楚。

一个教育学者曾经讲过他家里的故事。那时他的孩子只有4岁，某天父亲起床，看见孩子的睡衣丢在睡房与客厅走廊中间，而儿子正在客厅非常着迷地看他喜爱的电视节目。父亲本来非常生气，想要好好训儿子一顿，但马上想到，过去这些责骂方法没有显著的效果，而且对孩子生气只会让孩子对他产生恐惧感，使得他与孩子之间产生隔阂。

　　突然他灵光一现，来到孩子面前，先把电视关掉，平心静气地对孩子说："我们要在这座房子里建立一个有意义的家庭规则。"4岁的儿子哪里会晓得这个老爸说什么鬼话，但老爸的话却抓住了孩子的注意力。然后他说："从明天开始，如果你选择把睡衣放在衣柜里，那表示你选择当天要看电视；如果你选择不把你的睡衣放在衣柜里面，那表示你选择当天不看电视。"儿子似懂非懂地点点头。

　　第二天早上，父亲走出睡房，看到孩子的睡衣又在走廊当中，而儿子也在看他的电视节目。突然间，儿子好像想起头一天的约定，马上冲到父亲面前一手把睡衣捡起来。正要走回自己睡房的时候，父亲拉住儿子的手，对他说："我知道你在做什么，但是你要知道，在你选择不把睡衣放在衣柜里的那一刻，你就已经选择当天不看电视了。"儿子听到父亲的话，大喊大叫，好像到了世界末日一样，但父亲没有改变他的决定，当天没让儿子看电视。隔天早上，父亲起来，正在看电视的儿子听到父亲起床的声音，又想到此前的约定，马上冲到走廊，看到父亲站在他的睡衣前面，他也站在他的睡衣前面，两个人双目盯着那件睡衣约有10秒钟，父亲差点笑出来。儿子终于开口："我知道！当我选择不把睡衣放在衣柜里，那一刻，我就已经选择当天不看电视。不过，我明天一定会记得。"的确，从隔天开始，儿子再没有忘记把睡衣放在衣橱里面。

"承担后果"的教育方法可以应用在任何年龄的孩子身上（当然五六岁以上最佳）。我也曾经使用这个方法在我家女儿身上。女儿七八岁时，我太太为了叫她准时起床、穿好衣服、弄早餐等，搞得鸡飞狗跳，我告诉太太，你应该不曾看到过交通警察在公路旁边，拿着一个棍子，大声骂那些开车超速的人："你们这些不要命的家伙！限速写着60英里，你们竟然开八九十英里，你们这样下去，是不是赶着去向阎罗王报到！"警察根本无须生气，更不必大吼大叫，驾驶人远远看到警车一红一蓝的灯在闪，就得乖乖把车子停下来，警察只需问一句："麻烦让我看看你的驾照。"为什么？因为政府已经制定了开车的规矩。

为什么父母们常常为了孩子起床、睡觉、收玩具等琐事整天闹个不停，因为他们没有把规矩定好，不然就是定好了，也没有好好地执行，最后把自己搞得七窍生烟。

所以我告诉太太，让我来处理女儿上学起床的事。我告诉女儿："你已经长大了，明天要穿什么衣服你自己选择，记得睡觉以前把明天要穿的衣服选好放在床边，我们为你预备一个闹钟，你自己拨闹钟时间，你选择几点起来都可以，但是要记住，如果你晚起床，你可以选择吃早餐或不吃早餐，但到学校迟到是你自己负责，而且当天回家不能看你想看的电视。"接着那个星期，她要么没时间吃早餐，不然就是到学校迟到，电视节目就更不用说。其中有一天，女儿还没起床，我估计她铁定会迟到，考虑是否要叫醒她。最后，我"狠心"故意不叫醒她。过了20分钟，她从床上惊醒，喊道："你为什么不叫我起来！"我说："你忘记我说过什么吗？"从那时开始，她不但开始自己起床，还开始自己准备早餐，弄午餐，洗碗，洗衣服，挂衣服，煮饭等。

一个母亲刚从幼儿园把4岁的儿子接回家，儿子埋怨母亲接他太晚，一路上说个不停，一下说以后再也不要去幼儿园，一下说她不是好妈妈，说了许多极负面和不尊重的话。母亲并没有跟他强辩。到家之后，孩子到房间把书包放好，就跑到厨房准备吃平常母亲为他准备的牛奶饼干，但让他感到惊讶的是，他没有看到牛奶饼干。他觉得奇怪，跑去问母亲牛奶饼干在哪里，母亲趁机教训他："妈妈不喜欢你今天所讲的话，所以今天没有准备牛奶饼干。"儿子想了一下，然后很乖巧地到母亲面前说："对不起，我下次再也不这样了。"母亲摸摸他的头说："知错就好，下次记得。"然后抱他一下。很自然，你大概猜得到，儿子再问："那么我的牛奶饼干呢？"母亲这样回答道："我已经告诉你今天没有牛奶饼干。"然后转头去做别的事情，于是那天孩子没有吃到牛奶饼干。你想想看，明天这个孩子会再有同样的态度吗？绝对不会。另外一个母亲也有类似的经历。她为孩子举办庆生会，请了很多小朋友到他们家，但8岁的儿子因为与其他孩子争玩具而出手打人，母亲二话不说，便对孩子说庆生会到此结束，请所有小朋友回家。儿子压根儿没有想到母亲会这样做，他吸取了一个宝贵的教训。

我常常使用"承担后果"原则协助那些寻求帮助的父母，效果都非常好，当中也有几个细节需要特别注意。一个父亲为了处罚孩子偷别人的东西，决定一年不给孩子买礼物，并且说一年不跟孩子讲话。这明显不是一个很明智的处罚孩子的方法，这位父亲应该记住以下几点：

· 惩罚孩子必须合理，一年没有礼物这个惩罚过于严厉。
· 一年不跟孩子讲话，这是父母在传达自己负面情绪。第一，父母根本不可能做得到；第二，处罚的目的是要纠正孩子的行为，不是针对孩子个人。不要让孩子觉得父母的爱带有条件。我们每个人都会犯错，孩子也是一样，孩子知错后，父母应该以爱来结束管教，不要让孩子有被拒绝的感觉。
· 父母的做法要贯彻始终，讲出来一定做得到，做不到就不要讲。不然父母在孩子心中的信用程度会大打折扣。

结论

今天，电视、报纸、网络所报道的不少信息令人担忧，孩子叛逆，青少年无法无天，吸毒、酗酒、乱搞性关系，归根结底，在于孩子从小缺乏适当的管教。现在很多父母生活过于忙碌，管教孩子要不就是过于严厉，要不就是过于放纵，让孩子自生自灭。除非这些父母重新看重管教，承担起他们应负的管教孩子之责，否则，这些家庭的毒瘤将一代一代传下去，一旦家庭瓦解，整个社会也会受到不良影响。

◎问题讨论

1. 你管教孩子最大的困难是什么？

_____

_____

2. 过去你父母是怎样管教你的，这对你日后成为父母有什么影响？

_____

_____

3. 直升机型父母、教官型父母和威信型父母，你是哪一种类型？

_____

_____

4. 你通常怎样管教你的孩子？你认为效果如何？

_____

_____

5. 这一章给你最大的挑战是什么？

_____

_____

7 偏食

你是否在家用餐都像上战场一样，每顿饭要对孩子威逼利诱，才能让他们吞一口饭、吃一口菜？

你是否因为孩子吃饭的问题，常常要预备好几顿？

你是否常到快餐店买炸薯条、炸鸡块、汉堡当晚餐，因为你知道孩子只吃这些东西？

你是否经常担心孩子太瘦，害怕他营养不良，生怕他会生病？

你是否很盼望全家人能够安静地坐在饭桌前，共享一顿美好的晚餐？

你是否常常为了孩子吃什么而跟配偶意见相左？

你的孩子是否"凡绿不吃"（"绿"是指蔬菜水果）？

你的孩子是否每次一坐在饭桌旁就愁眉苦脸，泪眼汪汪，一会儿说这里不舒服，一会儿说那里痛？

在教养儿女的过程中，有关孩子饮食的问题通常是父母感到最头痛的问题之一。当孩子没有按照父母的心意吃东西的时候，父母会很焦虑，忧虑为什么孩子总是吃那么一点点，总是那么瘦。为了孩子肯开金口进食，父母各种软硬兼施。一些挑食的孩子还会宣称"绿色免谈"，蔬菜水果不肯碰，油炸食品却狼吞虎咽。父母迫不得已，只好给孩子准备那些油腻不健康的食物。也有孩子不吃正餐，偏吃零食，父母只好以汽水、蛋糕当作孩子的晚餐，孩子的体重又变成了另外一个问题。

孩子的饮食也容易成为夫妻吵架的导火线，父母易将孩子偏食的问题归咎于对方放纵孩子，或教育方法不当。当孩子看到父母在饭桌上唇枪舌剑，他们会做出何种反应？借口说这里痛，那里不舒服，因为唯有这样，父母才会暂时停火。本来用餐时间应该是全家享受天伦之乐的时刻，却因为孩子偏食的问题沦为大战之时。

事实上，孩子的不良饮食习惯不是与生俱来的。孩子的某些性格的确是天生的，但不能否认，大部分孩子偏食的坏习惯可以说是父母一手造成的。不过，在这里我告诉你一个好消息，如果你的孩子尚未养成这种根深蒂固的偏食习惯，这一章将会帮助你提前建立预防策略；倘若你的孩子已经养成偏食的习惯，也不用过于担心，只要你把握以下几个重要原则，不到3个星期便可把孩子挑食的坏习惯改正过来。不过，本章仅讨论幼童出现的一般性偏食问题，至于孩子有某种特殊慢性疾病，或对某些食物有严重的过敏，以及孩子进入青少年期后患上暴食症或厌食症等问题，得寻求专家的帮助，进行特殊的治疗，不在本章讨论的范围内。

父母的错误理念

对于孩子的偏食习惯，首先要纠正父母的一些错误理念。很多父母认为孩子吃得好是父母的责任，而且在心中早已经拟定了一个孩子饮食的标准，孩子在饮食上要均衡，吃的量要大、质要好。很不幸的是，很多时候父母心中孩子饮食的标准可能与现实情况有很大的距离，而当孩子没有按照父母心目中的标准进食，父母就会想尽办法以求打开孩子的金口，最终造成孩子偏食的反效果。这里列出父母几个最常见的错误观念。

一、担心孩子营养不良，吃不够会饿死

也许父母受到电视上非洲落后国家孩子营养不良的报道影响，当看到自己的孩子不肯正常吃饭，连肋骨也露出来的时候，就联想到非洲那些瘦得仅剩皮包骨的孩子。非洲落后国家孩子营养不良的情况较普遍，但一般现代国家很少有，因为孩子可以从不同的渠道得到营养补充。在北美，孩子饿死的情况非常少见，偶然听到有些心理不正常的父母，因为偏重某种饮食习惯才会造成孩子发育不良、营养不足的问题，但这绝少发生在一般正常家庭的孩子身上。

二、担心若不好好喂孩子吃饭，他们就不懂得进食

曾经有儿科医生做过一个实验，把一些含有不同营养成分的食物放在一批6个月大的婴儿面前，让他们随意挑选，这些食物有淀粉类的面包、富含铁质的蛋黄、富含蛋白质的奶酪等。结果孩子们

都会选择适合自己需要，特别是含有孩子身体缺乏的那些营养元素的食物。

实验证明，孩子能从所提供的各种食物中（除去零食以外）获取其所需营养，孩子的饮食能达到均衡。因此，父母无须对孩子的饮食过于紧张，也许孩子开始猛吃某一类的食物，其他只是随意吃一点点，但经过一段时间，他们的饮食会逐渐变得均衡，孩子一般不会出现营养不良的问题。父母看到孩子没有按照他们的吩咐吃东西，以为孩子一定会出现问题，这种"见树不见林"的判断模式容易造成对孩子饮食认识的偏差，不但带给自己压力，也带给孩子压力。

三、担心孩子以后长不高

人的个子高矮部分上受食物影响，但遗传基因是主要决定因素，这是稍微有点科学知识的人都知道的事实。父母根本不需要因为孩子不肯进食而杞人忧天，担心以后孩子长不高。你可看看周遭的亲戚朋友，他们孩子年幼时是否都是个子小小的，一旦到了青春期，便突然抽高。如果你的家族成员都是正常人，你的孩子也会按时发育，你是如此，你孩子也是如此，不必过分担心。

四、担心他们生病

如果带孩子看过儿科医生，证明孩子没有营养不良，那么父母便没有理由担心孩子因为偏食而生病。当然，有些孩子对某些食物会出现过敏反应，最简单的方法就是把这些食物从日常菜单中去除。不过，如果孩子有偏食习惯，全麦、蔬菜、水果等食物不肯吃，整天只吃甜食或油炸类食物，那么孩子便有出现便秘的可能，这一章的重点，就是改变孩子的偏食习惯。

五、父母弄巧成拙，反而造成孩子偏食

孩子可能出现偏食的坏习惯，因为他们天生喜好吃甜的食物，对油腻食物也比较有欲望，而且天生不太喜欢尝试新的食物，不过这些都会随着年龄的改变而改变。不能否认的事实是，有些孩子进入成人期后仍然会有偏食的习惯。不过父母最好不要把吃的事情变成大阵仗，强迫孩子就范，这种做法往往弄巧成拙，孩子反而会因为这样变得叛逆，有时候甚至导致他们拒绝进食。有心理学家认为，近年来青少年出现的厌食症问题，也许跟父母强迫孩子进食有关。

另外，如果父母夸大挑食问题的严重性，会无形中将孩子塑造成偏食的主角。一旦他们因此成为街头巷尾的有名人物，例如大家都知道这个孩子是"凡绿不碰"，这就如同在他身上戴了一个徽章，让他感到与众不同。于是孩子常常为了面子，不拆自己的招牌，只好一直不吃蔬菜水果，孩子便成了一辈子的偏食者。

什么是孩子的正常饮食行为？

通常为人父母者最大的问题就是对孩子有不切实际的盼望。我们总希望给孩子最好的，但很多时候我们认为对孩子好的东西不见得是好的。譬如说，大人每天要吃三顿才够，所以，父母期盼孩子每天也一定要吃三顿，而且每一顿的分量要足。但是父母往往不知

道，孩子的饮食特点跟成人有很大区别。如果父母明白这点，他们会很快改变对孩子的要求。

一、幼童的成长情况

孩子第一年的成长是惊人的，可能出生时才3公斤，一年之后，他们的体重就已经达到9公斤。你以为他一直都会这样吗，不是的。1岁之后，他们会变瘦，意思是说，他们肥嘟嘟的肉肉会逐渐消失，他们的身体不再需要太多的能量，所以2~5岁孩子的食量并不会很大。

二、婴儿天生爱吃甜食，不爱吃酸的食物

除了甜和酸以外，其他味道都是日后被"训练"出来的，母乳是孩子的第一种食物，它是甜的。如果父母不断把某种食物放在孩子面前，这种食物也许有一天会成为他们的所爱，不过他们始终还是喜欢甜食。

三、孩子对新食物有抗拒心理

也许孩子对很多事物感到好奇，但他们会排斥未曾见过的食物，因为这不是他们习以为常的食物。这不是说父母不要给他们尝试新的食物，而是说你必须有心理准备，降低你的期盼。科学家发现，把孩子未曾尝试的食物不断放在孩子面前，开始时他们会拒绝，但最终他们还是会尝试。但父母如果把新的食物放在孩子面前，试过一两次后孩子仍不吃，于是就认定孩子不会吃而放弃，这样会造成孩子出现偏食的情况。父母不需要勉强孩子，但

必须持之以恒，开始给他们少量的新鲜食物。如果他们不吃青豆，不需要强迫他们，就让他们吃他们所喜欢的食物也无妨。如果没有合他们胃口的，不需要特别为他们额外加菜，孩子绝对不会饿死，也不会营养不良。这顿饭他们不吃，就让他们空着肚子等下一顿，即使是12个小时之后。有可能父母们要把青豆放在孩子面前20次以上，他们才会尝一口，也许还会把它吐出来，但是最终你会赢得胜利。

四、幼童每天只吃一到两餐

如果你期盼孩子每天好好吃三顿饭食，你往往会失望。儿科医生都知道，通常孩子愿意早餐吃得很丰富，午餐吃一点点，晚餐可能什么都不吃，这绝对不是问题。因此，父母千万不要用大人的习惯强迫孩子进食。

五、幼童到了晚上有时会食欲减退

我们都希望孩子吃得好，但晚上看到他们不肯进食，父母总觉得很气馁，尤其是上班的父母，出去一整天，看不到他们吃东西，晚上回来也是如此。父母应该想通一件事情，孩子到了晚上可能不想吃东西，有可能是玩了一整天太累，根本没有胃口，不觉得饿，又或者有别的原因。反正孩子有一两个晚上不想吃东西，绝对不是问题，孩子不会饿死或者营养不良。每个人的情况都不一样，肚子饿就吃东西，这是自然的生理反应，孩子也是一样。

家庭用餐的规矩

当父母有上述孩子饮食方面的一些错误理念，在教育孩子的模式上又出现偏差时，孩子不仅会出现偏食的行为，父母与孩子之间的亲子关系也会受到破坏。第6章讲到两种管教孩子的错误模式，很不幸，很多父母有意无意中也套用这些管教方法在孩子的饮食上面。第一种极端方法就是放任式，随孩子吃什么喝什么，没有时间限制，按孩子自己的心意决定。父母为孩子提供各种食物，高热量的饮料、汽水、果汁随他们喝。这种父母好像厨房的大厨，随时准备接受孩子点菜，容许孩子把汽水、饼干当饭吃；或者只要孩子肯吃饭，甚至让孩子在饭桌周围骑脚踏车都没问题。另外一个极端是教官式。这类父母强迫孩子进食，饭菜一大盘放在孩子面前，牛奶、果汁一大杯，饭菜没吃完，果汁没喝光，绝对不可以离开饭桌。这种强迫孩子进食的方法让用餐变得气氛紧张，吃饭不再是享受，而变成了折磨。孩子无力与父母直接对抗，只好用其他旁门左道来抵抗。如饭前呕吐、拉肚子便是孩子最常用来对抗父母的方法。

显然，上面这两种极端模式根本没办法达到让孩子自由进食的效果：放任式让孩子出现挑食，无节制进食高盐高糖的食物，容易造成孩子的健康问题，如超重、糖尿病、高血压；放任式让孩子无节制进食不妥，父母霸道地强迫孩子进食也不是好方法，不仅会破坏父母与孩子之间的亲子关系，而且会让孩子从小失去对饮食的兴趣，严重的甚至会患上厌食症。

父母应该以何种方法处理孩子的饮食问题？什么方法最合适

呢？以下将提到两个重要的家庭用餐原则，一是为父母而订的，一是为孩子所设的。

一、给父母的规矩

1. 用餐时或用餐前绝不谈有关孩子吃的问题

在饭桌上绝对不提有关孩子吃的问题，父母绝不可以威逼利诱孩子。任何有关饭桌的规矩，只在别的时间讨论。但即使是谈论饭桌规矩，也不是对孩子训话，而是讨论健康饮食有什么好处。所以不要说："你为什么连一口都不试？"也不要指桑骂槐："隔壁小明挑食不吃花椰菜，怪不得老生病。"更不要谈让人倒胃口的事情。

2. 享受用餐时间

不用吃饭时间来谈家庭问题、学校功课的困扰、工作的烦恼，随意谈谈公司的人事变迁无可厚非，但如果话题会让人感到伤心难过，失去用餐的胃口，就要尽量避免。饭桌上有很多话题可以聊，何必讲一些叫人扫兴的事情，如果找不到什么话题，可以问孩子今天过得怎样等。

3. 用餐时间限定在30分钟之内

如果孩子真的要吃东西，通常20分钟就足够，如果孩子将碗里的食物吃得干干净净，或者没有胃口吃东西，父母没有必要强迫孩子坐在饭桌旁超过20分钟。用餐时间是全家享受在一起的时间，吃或不吃并非大不了的事情。对于偏食的孩子，如果他说已经吃完或者不想吃，不用强迫他们留下来。

4. 这里不是餐馆

如果你饭菜已经煮好了，不要因为孩子不吃而额外准备一些他们偏好的食物，记住你家不是餐馆。很多母亲不太容易坚持这个规矩，例如孩子不喜欢吃花椰菜炒牛肉，就帮他弄一个花生酱三明治。如果你那么做，就准备自找麻烦吧，因为你正在塑造一个偏食的孩子。

5. 给孩子分量合适的食物

给孩子准备每天的食物，父母需要一点智慧。譬如说，孩子不喜欢吃蔬菜、豆类食物，你不要一下子给他们太多，也不要勉强孩子。如果硬性规定孩子把碗里所有的饭菜吃光，否则就不可以吃甜点，这种规定对孩子不公平，而且可能会产生反效果。怎样做比较合适呢？孩子喜欢吃的食物，分量适中地放在他们的碗里，同时少量地放些他们不喜欢的食物。孩子尽管不喜欢那些食物，但因为分量不多，极有可能会将那些食物与他们喜欢的食物一同吃掉。

6. 父母以身作则

不管小孩子或者大人，我们不仅是听其言，更要观其行。孩子总是会模仿父母的行为，如果父母抽烟，孩子大部分都会抽烟；如果父母挑食，很难避免孩子不偏食。所以父母要以身作则，这不是说，你自己必须拼命吃蔬菜、豆类。但是，如果你孩子已经知道什么菜你绝对不会碰，那么孩子已经摸清楚你的底牌，你必定会有一个偏食的孩子。你对那种食物的抗拒，无形中加强了他偏食的倾向，你给了他足够理由连试一口也免了。

父母本身也要有好的零食规矩，零食应该是健康的食物，所谓健康零食不包括又甜又咸的炸薯片、甜甜圈、糖果等，而是新鲜蔬菜和水果。不能否认，有很多父母自己本身没有很好的饮食习惯，要求孩子做你也做不到的事，这是不公平的。如果父母本身有吃零食的坏习惯，想吃什么就吃什么，你很难要求孩子遵守饮食规矩。父母是成人，为了给孩子一个好榜样，这种牺牲是值得的。

二、为孩子定规矩

1. 在饭桌上吃喝

定这个规矩有两个原因：一是防止孩子吃过量零食和饮料，因为这会造成孩子不吃正餐；二是让用餐成为一家人和乐共融的时间。你总不想看到家里每个人拿着碗盘，到自己房间一边吃一边玩电脑吧。

对于只有一两岁的幼儿，需要把他们安放在婴儿高脚椅上。这不是让父母强迫孩子进食，而是因为这个年龄的孩子通常不安于坐，要他们静坐5分钟简直不可能，而且他们听不进大人的吩咐。父母可以考虑用装有安全扣带的椅子，免得孩子从椅子里翻出来产生不必要的危险。孩子吃与不吃不是最主要的问题，如果过了10分钟确定他们不吃或者已经吃饱，便可以让他们从婴儿高脚椅上下来。

2. 限制饮料

新鲜蔬菜瓜果榨出的果菜汁是最好的饮料，要用杯子喝饮料，而且是在饭桌上。美国儿科研究所建议，1～6岁的儿童每天饮用百分之百纯果汁的量，应控制在4到6盎司（约110～170毫升），7～18岁为8到12盎司（约230～340毫升）。另外，孩子开始喝纯果汁的时间不能太早，不能早于6个月。

3. 每天只有两种零食

儿童零食的定义为"非正餐时间食用的各种少量的食物或者饮料（不包括水）"，并分为"可经常食用""适当食用""限制食用"三个推荐级别。

可经常食用的零食为低脂、低盐、低糖类零食。谷类零食有煮玉米、无糖或低糖燕麦片、全麦饼干等，坚果类零食花生米、核桃仁、瓜子、大杏仁、松子、榛果等都是可经常食用的零食。

适当食用的零食为中等量的脂肪、盐、糖类零食。肉类、蛋类零食如牛肉干、松花蛋、火腿、热狗等属于"适当食用"零食。因为这些零食含有大量的食用油、盐、糖、酱油、味精等调味品，过量或长期食用会对人体造成伤害。薯类零食如薯球、地瓜干等则因为添加了盐或糖成为"适当食用"的零食，而不是经常食用零食。

限制食用的零食为高糖、高盐、高脂肪类零食。糖果类零食如棉花糖、牛奶糖、糖豆、软糖、水果糖及话梅糖，肉蛋类零食如炸鸡块、炸鸡翅，谷类零食如添加膨化剂的食品、巧克力派、奶油夹心饼干、方便面、奶油蛋糕，因含有高脂肪、盐及糖，属于"限制食用"零食。经腌制的水果因为已经失去营养，只能纳入"限制食用"的行列，如水果罐头、果脯、枣脯。

对偏食的孩子，可在特定时间规定他们吃两种有营养的零食，蔬菜水果是其中一种可以选择的零食，上面提到的"适当食用"零食是另外一种。零食时间有限定，早餐到午餐之间允许小吃一次，中餐到晚餐另外一次，而且规定每天只可以吃一类"可经常食用"零食，免得孩子每顿只吃"可经常食用"零食而不肯吃蔬菜水果。父母还需要留意的是，要限定孩子的食量，免得孩子因为零食过量不吃正餐。

4. 不强留孩子吃完饭后仍待在餐桌旁

除了一两岁孩子须限定在饭桌旁以外，其他年龄的孩子，吃饱后不用强求他们留在饭桌旁。如果孩子超过3岁，可以教导他们饭后退席时打招呼。如果你是按照上文做的，把用餐时间经营成家人共享的时间，尽管孩子已经吃饱，他们还是愿意留在饭桌旁继续与家人聊天的。

除非有特别的原因，孩子吃饭应该一气呵成，避免孩子边吃饭边玩耍，且应规定一旦从饭桌下来就表示他们已经吃饱了，不允许他们回到饭桌上。但这个规矩是有例外的，比如常有孩子中途要上厕所，因为根据医学常识，孩子不是故意捣蛋、找麻烦，而是因为食物进了肚子后，可能出现的肠胃自然反应。有时候吃饭中途父母要带孩子上厕所是无法避免的。

5. 饭桌的规矩

孩子有时候会边吃饭边玩耍，如果这些行为成为其他用餐者的困扰，可以惩罚孩子到自己房间去，直等到用餐时间结束。最后让孩子明白，这不是针对他们吃的问题，而是因为他们的行为给他人带来困扰。

父母定这些饭桌规矩的目的是让家庭有愉快的用餐时间。所以如果孩子没有胃口吃任何东西，不管吃与不吃，他们仍可以跟家人欢聚一堂，或者他们自行退席做自己的事情。但如果他们有骚扰别人的行为，让别人无法安心进食，是不能接纳的，应将其送到房间作短暂隔离作为惩罚。

6. "贿赂"无济于事

你可能尝试用"贿赂"的方法来收买偏食的孩子，尤其是看到孩子连续十几次不吃蔬菜水果后。有些稍微懂得心理学方法的人甚至建议你用一些正面强化的方法，贴一张图表在冰箱上，当孩子把整碗菜吃完就可以得到一颗星等方法。这类行为训练方法用在收拾玩具、洗脸、刷牙等方面可能有效，但对孩子的偏食却不一定不管用。因为"贿赂"的模式也许短时间会让孩子吃一两口花椰菜，但长久来说，起不了很大的作用。有时候甚至会引起反作用，一旦没有奖赏，孩子连碰也不碰。

三、父母要坚持原则

尽管父母为孩子拟定了用餐规矩，但父母得心里有数，孩子绝对不会那么安分地遵守规定。因为孩子虽然对食物没有什么冒险探索的开荒精神，但却常常勇于挑战所有的规矩，他们会试探父母是否认真执行所定的规矩，所以父母要随时迎接孩子的挑战。下面几个挑战是父母可能会遇到的：

- 父母已经规定孩子在吃零食时间只可以喝固定分量的饮料（一个小杯子的容量）。当孩子问你要第二杯果汁时，你可以说："你已经喝过果汁，如果你真的口渴，你可以喝水。"如果孩子不买账，还是死缠烂打，你可以说："如果你再问一次，我就送你回房间。"如果他真的这样做，父母便要执行隔离的处罚。
- 早上8点钟，他刚吃完早餐，又要求吃零食。你可以说："点心时间是10点钟，是在看动画片的时候，如果你再这样，我只好送你到房间去。"一旦他这样做，你就得执行你所说的话。
- 晚餐时间，孩子说他不想再吃，你说，如果吃饱可以下桌去玩。但他下来之后却要求你去抱他，你可以跟他说："等我吃完饭，然后跟你讲故事。如果你再呱呱叫，你就到房间去，直等到我吃完饭为止。"一旦他喊叫，就要执行你所说的处罚。

有关饭桌的规矩和礼仪等事情，最好不要在用餐的时候讨论，应该找一个安静的时间跟孩子先礼后兵，不要把这个问题弄得非常严重。同时，父母的行动比讲什么话都有效果，稍微警告一次，一旦违规就严格执行，没有什么第二次机会，也不需要对孩子吼叫、威胁、责骂。现在讲起来好像很容易，但等出现状况的时候就没那么简单了，不过如果父母按计划进行，试过一两次激烈的碰撞之后，很快一家人就可以享用美好的用餐时间。

四、有关孩子隔离

要让隔离达到最好的效果，就需要让孩子留在房间一段时间，并且把门关上。这对一些孩子不成问题，但有些孩子会故意把门打开。最好的处理方法就是加上一道锁，父母不必担心孩子惊慌，你只是让孩子知道你是认真的。孩子要留在房间多久？一般来说，1岁1分钟。什么时候开始计算？当孩子在房间不出声才开始，然后设闹钟，等时钟响了，他们就可以出来。有时候孩子会在房间大吵大闹，你可以把他送到房间之后对他说："妈妈出去后，直到你安静下来，才开始计算时间。"倘若孩子在房间问问题，父母不需要回答，直等到他安静后才开始计算时间。父母要记住，越是平心静气处理效果越好。孩子处罚过后出房间，父母张开双臂欢迎他们，亲他们一个，抱他们一下，表示父母已经原谅他们，也不需要讲什么教训话再旧事重提。

结论

孩子偏食往往是父母教育方法出现偏差所造成的结果。不过，父母不宜过于看重孩子饮食问题，孩子的品格培养远比吃的问题来得重要，如果父母本末倒置，过于看重吃的问题，饭桌无异成了孩子与父母的斗牛场。

父母必须视野开阔，不必为了孩子一两餐不肯进食而愁眉苦脸，也不要因为孩子不肯跟父母合作而大动肝火。父母最好把吃的问题抛开，只需拟定孩子的用餐规矩，健康零食按时定量供应，正餐有鱼有肉有菜，孩子吃与不吃，随君选择，绝不额外加菜，也绝不威逼利诱，尽量营造家庭用餐的愉快气氛。如果父母能够坚持用餐规矩，也许短时间看不到什么效果，但是只要持之以恒，不出一个月，便能矫正孩子的偏食习惯。

◎ 问题讨论

1. 你过去是否为孩子吃的问题而头疼？你通常怎样处理?

_____

_____

2. 你孩子有偏食的习惯吗？哪些是你常担心的问题?

_____

_____

3. 在孩子吃的方面，你有过什么成功或失败的经历?

_____

_____

4. 这一章对你最大的挑战是什么?

_____

_____

8 性教育

性教育是一个非常敏感的话题，是父母必须要跟孩子讨论的课题，但同时却也是父母最避讳与孩子触及的话题。"性"这件事情，几乎在任何一个社会民族中都被列为禁忌，东方文化是如此，西方文化也不例外，绝大部分父母一想到要跟孩子谈"性"，便会退避三舍。

尽管父母千方百计逃避，不跟孩子讨论性的事情，但打从孩子稍微懂事起，便得经常面对孩子各式各样与性有关的问题：

      "我从哪里来？"

      "妈妈，你为什么下面会流血？你会死掉吗？"

      "女人为什么会大肚子？我也会大肚子吗？"

      "为什么弟弟小便的方式跟我不一样？"

而父母的回应呢？假装没有听到，闪烁其词，或者转移话题：

"你是从马路上捡回来的。"

　　"孩子不应该问这些问题。"

　　"等你长大之后，就会知道。"

　　"老师以后会教你。"

　　"……这个吗……啊呀……赶快去跟哥哥玩。"

　　甚至有些尴尬的父母，干脆直接痛骂孩子一顿：

　　"你以后绝对不可以问这些问题！"

　　"是谁教你问这种问题的？"

　　记得小时候，有小孩不知道从哪里找到一个四方小包，拆开之后，拉出一个长的塑料袋，把它吹大之后当气球玩，最后被父母狂骂，懂事之后才知道那是保险套。到了青春期，男生谈到深更半夜偷偷洗内衣裤这等尴尬事情，甚至怀疑自己是不是有问题，日后才了解这是梦遗，是男生发育的自然现象。当然也听过女生第一次来月经的情况，有的感到非常尴尬，还有的以为自己死期将至。也有男生到了发育期，偷偷传阅《花花公子》杂志，被老师逮个正着，甚至还要求家长到学校谈话。若我们能在孩子小的时候即给予他们适当、正确的性教育，一定可以帮助他们成长到青少年时轻松度过那段尴尬和青涩的岁月。

"性"是礼物

"性"其实是自然送给人类的一件礼物，自然赐给人类性欲并且奠定与性有关的规则，目的是要人们珍惜和享受这份礼物。但可惜的是，"性"常被误解、误用，甚至是滥用，导致很多人一触及性教育，就偏向负面地联想到性泛滥、性病、色情、未婚怀孕、堕胎等事。

于是父母对孩子千叮万嘱，让孩子不要乱搞男女关系，目的不外是要保护他们，盼望孩子不要因为过早的性行为而延误终生。父母的这种想法并非完全错误，但这种性教育的目的和方向却流于狭隘，太过负面而且不够全面。父母应教导孩子从正面的角度来看待"性"这件事情。没错，不负责任或不正当的性行为会带来身心的伤害，但性教育不是单单保护孩子不要受到伤害，或要求他们不要触犯法律，性教育的另一个重要目的是让孩子进入成年以后，能够过上理性、健康，并且满足、快乐的两性生活，日后在婚姻上，通过互爱、互信来尽情享受自然给予他们的这份礼物。

父母错误的心态

尽管父母都知道性教育的重要性，但很多父母总是避而不谈，能拖就拖，孩子不问最好，如果问到，只是蜻蜓点水，一两句话带过，根本不当一回事，不然就转移话题。当孩子无意碰到或者遇上了，父母若感觉事态严重，就用责备、打骂的方法来处理。说来既荒谬又讽刺，因为绝大部分父母都很看重孩子的成长，希望孩子学业名列前茅，有良好的品格，才艺出众，唯独对孩子的性教育避而远之，不愿意与孩子沟通，这实在是本末倒置。父母为什么会有这种矛盾的心态与做法？下面归纳出几个可能的原因。

一、父母认为性是不可告人的事

很多父母认为性是大人的事，孩子年龄尚幼，他们不懂也无法明白其中的"深奥"，何必浪费时间跟他们谈。也有父母在成长过程中，受到自己父母或学校老师的影响，认为性是肮脏、丢脸的事情，可以偷偷地做，但不能明白地讲，在孩子面前尽量只字不提。但奇妙的是，父母越是不讲不提，孩子越是好奇，他们总会找到渠道得到一鳞半爪的知识。例如同学朋友间互相传递，网络上消息你来我往，直到被父母无意在床底下找到证据，或在电脑硬盘上突然发现。不过，被逮一次之后，下一次他们会寻找更隐秘的方式躲避父母的视听。除非父母不再把"性"的议题看作是家庭禁忌，以开放和正确的态度跟孩子讨论，同时给予适当的教育，否则父母禁得越厉害，孩子越好奇，后遗症也越严重。

二、父母以"船到桥头自然直"作借口

我曾经无意间与一位父亲提到有关对孩子性教育的事，没想到他的反应出奇激动。他认为这根本是小题大做，孩子长大自然会知道，他说他和太太都是过来人，父母从来没有跟他谈过什么性教育，两个人都过得好好的，甚至说，他以前也跟几个男生偷偷传递过《花花公子》等色情杂志，偶尔周末到同学家偷看"小电影"，但从没听过有同学做过越轨的事情。其实不只是他这样认为，有很

多父母也是抱着同样的心态，反正"船到桥头自然直"，以前都这样走过，孩子将来也一样。但今天的网络时代情况却完全不同，以前社会风气保守，孩子不常有机会接触有关色情的东西，自从网络问世，就算孩子不出家门，色情也会如同洪水猛兽般随时登堂入室。所以有许多父母会在孩子电脑中找到来历不明的色情图片；也有青少年在网上认识异性朋友，第一次约会见面就找地方进行性行为。父母对孩子的所作所为完全不知情，等到孩子怀孕、老师约家长、警察找上门时才如梦初醒。糟糕的是，有些父母遇到这种问题时，不但不会自我检讨，反而会怪罪孩子不成熟，做出丢人现眼的事情。

三、孩子知道得越多，问题越多

很多父母担心孩子对性知识知道得越多，就越想偷尝禁果，其实正是父母这方面的顾虑成为性教育最大的阻碍。这种狭隘思想多半源于对性教育缺乏了解，一想到性，立刻联想到"性滥交""未婚先孕""性病"等负面字眼。性教育是帮助孩子明白男女两性的基本生理结构、生命的诞生和生产过程，说得更深远一点，性教育其实就是全人教育，范围包括一个人在成长过程中将会出现什么不同的现象，男女两性的身心差异和变化，人际关系上的互动与沟通，这些知识将会奠定日后他们交友、恋爱、对婚姻的认识的基础。孩子对性知识了解得越多，他们越能做出明智的决定，过上更健康和快乐的生活。

四、认为孩子不喜欢与父母讨论性的问题

一个个性很单纯的父亲，有两个女儿。某天他听完有关孩子性教育的专题课程，隔天就买了一套性教育的书籍回家，依样画葫芦跟两个刚进入青春期的女儿谈性教育，结果两个女儿掉头就走。因此，他认为孩子根本不愿意跟父母谈性的事情。这正反映出许多父母的心声，认为孩子压根儿不想与他们谈性。

事实上，这位父亲显然热心有余而智慧不足，女儿已经到了尴尬年龄，当然对这类话题敏感，何况父亲的男人身份让女儿难以启齿。我们必须了解的是，性教育不应当等到孩子懂事才开始，孩子从小在日常生活中，就渴望从父母身上找到与自己有关的知识。"我从哪里来？""男女为什么不一样？"，父母正好顺着这些问题进行性教育。但因为父母回答时表情怪异，或者支支吾吾，甚至孩子有时候被父母无缘无故训一顿，孩子自然对性话题敬而远之，于是父母就立论认为孩子不喜欢跟父母谈性的事情。

五、父母不知道如何谈起

很多父母认为，谈性教育需要很多性知识，而他们自己本身没有受过专业训练，不知道该从何说起。其实，孩子需要的是父母秉持一颗开放的心，而非畏首畏尾的态度，随时传授日常生活的知识，必要时到图书馆找一些图文并茂的生理书籍。当然父母最好事前有适当的准备，以平常心随机回答孩子的问题。孩子并不希望父母都是性教育专家，他们要的是父母愿意和他们讨论性问题，可以让他们毫无顾忌地提出自己的疑问与困惑，而不会被父母嘲笑、斥责或拒绝。当孩子提出问题时，如果父母能够坦然

自若地回答，家庭性教育就已经成功了一半。偶尔遇到不熟悉的性知识内容，父母可带孩子到图书馆或书店寻找相关信息，跟孩子一起研究。如此一来既可增进亲子关系，也让孩子对"性"有更深入的了解。

六、把性教育的责任推给学校

许多父母认为学校是传道、授业、解惑的地方，所以孩子的性教育最好由老师启蒙。老师受过专门训练，他们教育孩子的方法会更有效，于是父母干脆把这个"烫手山芋"丢给学校。可惜的是，很多学校并没有把性教育当成教育孩子的必要课程，学校这种课程通常都是一两节课便敷衍了事，这些片断知识不可能给孩子足够的教育。

有些相对开放的学校只教育孩子如何避孕或防止性病，并没有提供正确的道德观念，国外有些学校甚至在课程结束之后，发放保险套给学生，这无异于鼓励孩子去尝试。相信绝大部分父母不会接受这种性教育方法。所以，与其把这门重要的教育工作交给外人，倒不如自己亲自教导孩子。

孩子缺乏性教育的结果

父母最担心当孩子进入青春期后乱搞男女关系。有儿子的人，担心他"搞出人命"；有女儿的，则害怕她大着肚子回来。这种担心当然能够理解，但这类现象同时也说明了这些家庭缺乏对性教育的认知。不过正如先前所述，家庭性教育不是单为防止孩子怀孕，从更深一层来看，缺乏性教育所带来的严重后果，其实远超过父母所担心的。

一、父母与孩子沟通渠道阻塞

人都有通病，越是禁得严，就越好奇，小孩子对性也是这样。父母越不让他们知道，他们越要想办法一窥究竟。不论是通过网络、杂志、小说，还是通过同学或好友，好于此道的大有人在。说实在的，青少年进入青春期，身体受荷尔蒙影响，对性更是跃跃欲试。但往往越是缺乏父母正确的引导，父母担心的事情就越可能出现。

其实，性教育能够把父母与孩子的关系拉得更近。想想看，那么私密的事父母跟孩子都可畅所欲言，那么还有什么话不能说？相反，如果父母把性看作禁忌，孩子问到时，父母吞吞吐吐，欲言又止，或者破口大骂，日后孩子对性有任何疑问，或在外遇到什么事，他们绝对不会回来跟父母讨论，无形中父母把他们与孩子沟通的管道阻塞了。

二、过早的性经验带来后遗症

曾听过一个故事，有个在学校名列前茅，高中毕业就被名校录取的青年，他的志愿是要当一名外科医生。入大学前的暑假，闲来无事就在家附近的快餐店打工赚零用钱，没想到因工作上的接触，爱上了一起打工的女孩，等父母知道的时候，对方已经珠胎暗结。父母提出各种不同的建议，堕胎、给别人领养，但青年坚持他要做一个负责任的男人，最后决定休学，成家立业。父母内心百感交集，虽然高兴儿子是一个有责任感的人，但更忧虑孩子不明朗的前途。这便是孩子因过早有性经验带来后遗症的真实写照，本来很有前途的青年，因此失去了求取更高学位的机会。

社会学家研究发现，孩子过早有性刺激经验，容易导致他们上瘾，如同吸毒一般，久了之后，会寻找更高层次的刺激，于是日后可能出现性虐待、偷窥、自我暴露，甚至强暴等违法行为。年轻人过早有性行为，就会终日沉迷，无心求学，迫不得已只好提早投入职场。缺乏良好教育和自律精神，自然容易染上不良嗜好，如吸毒、酗酒、赌博等，也有因为过早怀孕而提前成家立业的，但因为缺乏良好学历，只能做低收入的工作，新生的孩子也因此失去接受良好教育环境的机会，形成恶性循环。

三、落入色情陷阱

太早有性经验会对女孩子产生心理上的负面冲击。受到传统观念的影响，女孩子一旦婚前失去贞洁，心理容易失去平衡，出现"破鞋"的心理。而且男女性关系本身也很复杂，女生一旦感到自己已经失身，可能不在乎与其他男生进行性行为，而性关系又容易与金钱和权势挂钩，于是逼不得已落入复杂和不良的社会环境中。

日本非常出名的成人电影女星饭岛爱就是典型的例子。她本来是一个纯真的女孩，因为不喜欢念书，跟父母关系不好，少女时代错爱一个流氓，被始乱终弃之后，自认已经是"破鞋"，索性抛开自己的底线，开始当月入数十万的成人电影女郎。后来她病逝于家中，一周后才被发现。

四、不尊重女性，物化女性

稍微观察大型的购物中心或大街小巷，无论汽车、化妆品还是手机等商业广告，总是以性感女郎作广告号召。女性无形中被商品化，让女人以身体作为赚钱的工具，而传递出一个非常错误的信息：女性不再是一个人，她们只是一个商品而已。如此贬低女性的地位，如何让女性被人重视和尊重？难怪会有女性愿意从事色情行业，成为男人的猎物。

五、错误的道德标准，混淆性与爱

电影、电视的很多剧情带来错误的信息。比如男女两人认识不到一天就到旅馆发生性关系，隔天各奔东西，再次碰面形同陌路。很多名人私生活可以用一塌糊涂来形容，换性伴侣如换衣服那么随意。这些名人，他们都是社会年轻人的偶像，是少年人模仿的对象，他们胡作非为的生活方式无形中把年轻人的道德标准推到谷底，年轻人有样学样，性不需要讲什么爱，也不需要对别人负责，只要你我喜欢，什么都可以做。当父母没有尽到教育孩子的责任时，就只好任凭一些不良传媒来做错误的教导工作，最后受害的不单单是孩子一个人，整个家庭、社会、国家都要承担恶果。

六、歪曲事实，认为凶猛残暴才有男人气

最近几十年，不少电影完全走极端，尤其是一些以暴力、色情作号召的影片，让观众误以为凶恶残暴才有男人气。今天的社会暴力和性泛滥，一方面是拜这些暴力电影和网络上屡禁不止的色情片所致，但究其根本原因，却是家庭缺乏对孩子的正确性教育所致。

全人教育

"性"是自然所赐的礼物，但这个礼物必须在符合社会规范的情况下享用。从客观角度来讲，一个人想要尽情享用这一礼物，必须在关系上（relational）、情感上（emotional）、社交上（social）、肉体上（physical）具备一定的条件。

关系上，要求一男一女是夫妻关系，不是普通朋友、街头遇到的陌生人，没有亲属姻亲关系，而且夫妻要终生彼此忠诚；情感上，夫妻能够互诉心声，彼此尊重，彼此扶持，有福同享有难同当；社交上，双方在文化上能够彼此认同和接纳，两个人有共同的兴趣、爱好、生活习惯和信仰，如果话不投机，两个人很难生活在一起；最后才是肉体上。具备上述三个层面的关系，两个人才能够在肉体上达到水乳交融的亲密关系，享受"性"这个珍贵的礼物。

怎样才能明白和享受"性"这一礼物，那就是我们要谈的性教育，也就是所谓的全人教育。因为，把性看作是男女之间的性行为，把性教育看作是青春期或生理的教育，都是非常狭隘的看法，完整的性教育应该包括下面五个层面：

·性生理（认识性器官、生育发育、性反应、生殖等）

·性心理（性欲、性别取向、恋爱及心理状况）

·性病理（性病、性异常行为、性功能障碍）

·性伦理（性别角色、两性交往）

·性法理（性侵害、性骚扰、家庭暴力）

所以，全面的性教育是一个广泛的全人教育，而性教育最好是从孩子出生开始，帮助他们在生理、心理和社会各方面有全面的认知，培养正确的道德价值观念，对自己和别人有更多的了解，充分认清自己的性别角色，明了如何做伴侣，以及在与父母和朋友的互动关系中懂得如何付出关怀、爱，懂得尊重别人，做一个负责任的人。

下面我们来谈谈怎样有效地对孩子谈以上全人教育。

一、性生理

1. 认识性器官

性生理教育的第一步，是让孩子对男女生殖器官有较全面的了解。男性有阴茎、阴囊、睾丸、包皮、精液、精子、输精管、精囊、尿道、前列腺，女性有阴唇、阴核、阴道、处女膜、子宫、输卵管、卵巢、卵子、乳房。

这些生理知识可以从生理常识的书本中找到，借助书本父母可帮助孩子了解男性女性生理构造的不同。当然孩子越小，父母讲解越轻松容易，尤其当孩子问我从哪里来时便是教育孩子的最好时机，孩子会比较专心留意。也许孩子听的时候似懂非懂，但这不是大问题，这只是一个开始，可以让孩子感到这不是一个很稀奇神秘的事情，是可以谈论的。父母还需要明白，性教育不是一次讲完，孩子问过之后，过一两年也许还会问同样的问题，父母届时的讲解也是一样，但孩子理解的程度会不同。

孩子年幼时，他们对身体会感兴趣，眼睛、肚脐、乳房、肛门，甚至大小便等，所以，当母亲帮幼儿洗澡的时候，可以告诉他们，这是眼睛、鼻子、嘴巴……这个叫阴茎，是用来小便的，女生跟男生不一样……父母以平常心把生殖器官当作身体的一部分来谈，从小开始谈论，日后就容易得多。

年纪大一点的孩子可能稍微懂一些事情，孩子有意无意抚摸自己的性器官时，母亲可以这样说：

"这地方很重要！以后生孩子需要它的！"

"为什么，生小孩不是女人的事吗？"

"没错，小孩是从妈妈肚子里生出来，但一个婴儿的成长是需要爸爸的贡献的。妈妈每一个月排一个卵子，这个卵子需要来自爸爸的精子，卵子与精子结合才有婴儿的形成。"

"原来是这样！"

2. 生理发育——月经

女孩子到了发育期，月经如期而至，母亲应及时帮助孩子了解有关月经的卫生常识。年幼的孩子看到母亲月经来临流血，正是向孩子解释有关月经知识的好机会，尽量用孩子能够明白的方法对孩子讲解。

"妈妈为什么流血？"

"这是月经，凡是女人都有的，每个月流一次。这是自然对女人的设计。"

"为什么流血？"

"这是自然的设计。这些血本来留在子宫用来滋养婴儿的，但如果妈妈没有怀孕，这些就用不着，所以就排出来了。"

"女人，'月'当'月'快乐"，这是一个很有创意的广告。当家人一起观看电视节目，出现卫生巾或护垫广告时，也是给孩子进行性教育的时刻。父母可以向孩子解释什么是卫生巾、护垫，是给谁用的，目的是什么。

有父母在孩子月经来临那天，特别为孩子庆祝，祝贺她进入少女时期。有心的父母会为女儿定做一条金项链，挂在孩子身上作纪念，金项链是庆祝这特别的一天，也同时提醒女儿不要沾污自己的身体，以便为将来的婚姻和丈夫保存自己的贞洁。

有个6岁的女儿帮父母叠衣服时感到好奇，就拿起母亲的胸罩放在自己的胸前。父母可以正面对孩子说："女生到了青春期，乳房就开始发育，将来做母亲，用来哺育婴儿。"

当孩子进入青春期后，身体开始会发生变化，譬如体毛出现在下体和腋下、女性的胸部发育、男性的变声、肌肉骨骼的生长等。父母可以适时为孩子解释，帮助他们做好心理准备，让他们知道这是自然的过程，是为他们将来进入成年期做准备。

男孩子到了青春期的梦遗，乃是在睡梦中性器官勃起，然后有射精的行为。这是正常的现象，每一个男孩都会有这种情况，父母不妨告诉孩子，如果出现，不需要感到难为情。

3. 性反应

不管男性女性，受到性的刺激会产生反应。男性的反应包括勃起、射精及梦遗等现象；女性阴道会出现分泌物。例如，小男孩告诉爸爸：

"今天我在回家路上看到有女生不穿衣服的图画，我的'小弟弟'突然出现变化，我好怕。"

父母可以正面对孩子说：

"这是正常的事情，男孩子到了一定年龄，容易受到外在的刺激，性器官会有勃起的现象。勃起分为反射性和性刺激。反射性勃起，是指没有经过大脑只有局部刺激就会使阴茎充血而勃起，譬如说，走动时受到裤子摩擦就会有这现象；性幻想勃起，是性刺激大脑使阴茎产生反应之后才出现的，看见一个很有吸引力的女孩或性感画面时，会感到兴奋，这是性刺激下的正常生理反应。男孩子容易受色情片的影响而导致上瘾，不但不健康，而且影响生活和人际关系，所以，最好避免看这类影片，无意看到性感画面，也要转移注意力，或做别的事情。"

4. 生殖

这是每一个孩子都会问的问题，不要左闪右避，支支吾吾，到图书馆找一本基本的生理书，系统地跟孩子解释有关受孕的过程、怀孕的意义、胎儿的发育与生产的事情。千万别用传统欺骗孩子的方法，用"石头里蹦出来""路上捡回来"这种负面的说法搪塞。

孩子如果年幼，问到人从哪里来，可以用一些孩子能够明白的字句向他们解释：

> "当女生长大成人，她会嫁给一个爱她的男人，而这个男人就给她一颗爱的种子，这颗种子进入她的身体和她自身的另一颗种子结合。结合的种子受到滋养，就成为一个胎儿，那就是妈妈肚子内的婴儿。"

台湾有人在火车站发送保险套，有些美国高中讲完一两堂性教育课程也会发放保险套给学生，父母可以趁这些机会给孩子作适当的教育，借着生理课本让孩子知道生育是怎么一回事，有哪几种通用的避孕方法，更重要的是要同时灌输正确的性观念。

二、性心理

孩子进入青春期，他们会面临情绪上、心理上和社交行为上各方面的改变，父母应尽早帮助他们学习如何理性地表达情绪、认识及学习处理压力。

1. 性欲

八九岁的孩子对异性还会出现揶揄、对抗、对骂的互动情况，但到了青春期这种排斥的情况就有了180度的大转变，异性相吸是正常现象。男生容易受到外界的刺激而产生性的冲动，男生可能因受到视觉和听觉刺激而立即产生反应。此时父母要帮助孩子明白性与爱的不同，男人不见得需要爱而有性；但女生通常需要先感受到来自异性的爱才愿意投入。一般来说，女性比较容易自我抑制，也比较保守，而且女性通常会考虑到未婚怀孕的后果，担心自己是否成为男人性发泄的工具。

性与爱是有分别的，健康的性应先有爱。当家庭成员们一起观赏电影或电视节目时，看到一些男女亲热的镜头，这也是对孩子作性教育的机会，可以说：

"这些行为是不对的，男生和女生结婚之后才可以这样做。"

朋友来家作客，大人在客厅聊天，两个三四岁的孩子不见了，后来在卧房看到他们两个，一男一女脱光衣服躺在床上。如果出现这种局面，父母不必大惊小怪，可以和颜悦色地对他们说：

"你们可能在电视上看过有人这样睡觉，但这是不对的，因为男生女生的生殖器官都是个人隐私，不能随便暴露。你们以后不要这样做。"

也可以附带说明：

"只有结婚之后成为夫妻的男生女生才可以有这种亲

密关系。"

2. 性别取向

父母应该从小就给予孩子性别的肯定，不单从言语对话上，更要从跟孩子的互动中。家中有男孩的，尽量多给他们一些机会玩男生的玩具，让他们多与其他男孩子玩在一起。父亲与儿子的互动可以肯定和塑造男生的性向；女生就与其他女孩子多玩家家酒、洋娃娃等游戏。

父母与孩子的互动非常重要。我曾听过一位父亲的故事，他有两个孩子，姐姐7岁，弟弟4岁，夫妻非常恩爱。一天儿子对他说，他希望当一个女生。这位父亲感到很诧异，不清楚儿子为什么有这种想法。他没有责备，而是冷静地问儿子什么原因。后来才知道，夫妇两人花太多时间在姐姐身上，让儿子心生嫉妒。两人后来改变与孩子的互动模式。过了两年后，父亲再问儿子是否要当女生，他笑着说，还是当男生好。

尽管这只是一个小例子，但可以看出父母与孩子的互动可以影响孩子的性别取向。

3. 恋爱

电影《音乐之声》（ *The Sound of Music* ）中有一幕讲到16岁女孩与17岁男孩相爱，有很多甜蜜、矛盾、患得患失的心情，这都是在恋爱过程中会遇到的情况，父母可以借助电视、电影中类似的情节与孩子一起讨论。到了对异性渴慕的年龄，与异性彼此相爱是一种很甜蜜的感觉，有时候甚至到了茶饭不思、朝思暮想的地步，但真正的爱是需要通过时间考验的，爱不是占有，而是付出。

年轻人思想不够成熟，容易被对方的外表和才华所吸引，总是把最好的一面让对方看到，把自己不好的一面隐藏起来。父母都是过来人，真正的爱是需要男女有良好的沟通，一方面懂得欣赏对方的优点，另一方面也愿意接纳对方的不足，当面对困难时双方也明白如何处理。然而，年轻人往往不够成熟，所以"两小无猜"式的爱情通常禁不起时间的考验。因此，约会恋爱适合在大学以后。同时婚姻需要有经济基础，大学毕业之后找到工作再讨论婚嫁是最佳的选择。

父母可以在看完电影之后或家人闲谈时跟孩子讨论这些话题。我女儿念高中时，我就曾经跟她谈过这些，尽管她很多同学都有"青苹果之恋"（puppy love）的经历，但她看到这些同学大部分是以痛苦收场，就坚持不那么早谈恋爱了。

4. 心理状况

男女到了一定年龄，异性相吸是很自然的。但男女心理有很大的差异。

一般来说，男性比较理性，女性则较感性。她们看重人际关系，注重感受，一旦在爱情上付出，很容易一头栽进去而不太考虑后果。男生则通常多方考虑才愿意付出感情，结婚之后也往往把事业、朋友、兴趣排在婚姻之前。

三、性病理

1. 性病

父母可以教导孩子不当性行为容易造成疾病，正如人吃了不干净的东西会肚子痛等，性滥交也可能会使人患上性病，譬如淋病、艾滋病、梅毒。有人甚至因此身体受到伤害，无法生育，甚至死亡。父母必须让孩子知道滥交会导致这些不好的后果。

2. 性异常行为

父母可以以媒体、新闻的报道为例对孩子解释某些人的反常行为，如偷看或偷拍别人换衣服、专门偷别人内衣，让孩子有警觉心，懂得保护自己。其他反常行为还包括恋物癖、恋童癖、异装癖、露阴癖、偷窥癖、性骚扰、性虐待、受虐狂、性暴力等。

孩子年幼时会出现与同伴互相观看性器官的行为，或者用手触摸，甚至会玩些模仿医生听诊或掀裙子等性游戏，这些都需要父母的教育和提醒。

> "不可以随意触摸别人的身体，也不可以随意让别人触摸你的身体。"

如果发现小孩子玩这种触摸的游戏，父母可以这样对他们说：

> "医生检查身体是可以的，但你们不是医生，这种做法是不对的，下次不要这样做。"

"在公众场所摸自己的私处是不对的行为。"

　　"性器官是私密的地方，是不能允许别人触碰的。"

　　有个五六岁的男孩子在学校看到穿裙子的女生感到好奇，忍不住掀开别人裙子玩而引起风波，学校要求见家长。所以父母要告诉孩子，男生要尊重女生，不可以掀开别人的裙子；女生也要懂得保护自己，如果有人偷窥，做出不雅的事情，要通知老师和父母。

　　"掀开别人的裙子是不对的，那是对人不尊重。"

　　"偷看别人换衣服也是不可以的，这是不礼貌，也是不正确的行为。"

3. 性功能障碍

　　有些人因身体某方面出现障碍，失去一些功能，不能过正常的性生活，可能需要医生的帮助或者药物的协助。如果孩子看到"万艾可"的广告牌子，父母可以顺势给他们解释：

　　"人年老的时候，会出现机能的衰退，譬如视力减退等，男人到了一定年龄之后，也会出现生理功能的衰退，万艾可是帮助他们处理障碍的药物。"

　　一般人对性事的反应是正面的，但是有人在成长过程中受过侵犯和伤害，他们可能对性不是那么有兴趣，这种情况下，他们就需要接受心理治疗。也有人从小被灌输性是污秽肮脏的事情，因此带着负面的思想，无法享受性的乐趣，他们也需要进行心理治疗。

四、性伦理

1. 性别角色

一般来说，男女在家庭中扮演的角色不同，传统是男人在外打拼，负责赚钱养活妻儿，保护家庭安危；而女人负责在家照顾孩子。最近几十年，时代开始改变，许多父母亲都在外面工作，两个人同时兼顾教育孩子的工作。不论如何，父母两个人不同的身份和角色，没有所谓的孰轻孰重，只是角色不同、功能不一样而已。

男生通常穿T恤、短裤，爱玩骑马打仗、官兵抓强盗的游戏，参加具有竞争性的运动活动，喜欢打架，留短发，不爱哭，不善于表达情感，喜欢工作。女生则穿裙子和洋装，玩洋娃娃，留长发，用化妆品，她们爱孩子，比较喜欢留在家里照顾孩子。

这些男女的差异，父母可以按孩子年龄来灌输和教育，这会肯定他们本身的性别和他们日后在社会、家庭所扮演的角色。

2. 两性交往

男女应互相尊重，男性不应该对人有粗暴的行为。在与异性相处时，通常男生应为女生开车门、拉椅子，要讲得体的话，不强迫对方做她们不喜欢做的事情。法律上不允许的事，社交上也不可做。男女双方需要学习与异性相处的恰当行为，不骂人，不讲难听的话。

约会注意事项　男女约会尽量避免孤男寡女在房间或隐秘的地方独处，不要看有挑逗性的影片，免得挑起彼此的情欲；注意避开某些有男女公然谈心亲热的地方，这些环境所带来的气氛容易令人迷失。酒和药物会让人失去理性和自制力，容易酿成大错。通常男性比较难以克制视觉的刺激，因此女孩子要注意穿着，不宜穿着低胸、超短、透明的衣裙。言语、态度和行为如果过分亲热也容易挑起情欲，所以不要误发这类挑逗讯息，避免陷自己与对方于悔恨中。若对方刻意挑逗，则要学会拒绝。

两性亲密行为是人的自然需求，当年轻人在身心尚未做好准备前发生亲密性行为，短暂的鱼水之欢会带来严重后果。很多人由于没有考虑到这些而自误终身，有人罹患重症，有人未婚怀孕，给年轻人心理上造成的伤害往往大于生理上的伤害。

纾解情绪和压力　人有时候很渴望爱情，耐不住寂寞、烦躁，尤其当人遇到挫折困难的时候，很想找人倾诉。在这种情况下，人会出现暂时放纵自己的想法。因此平常要教导孩子懂得调适自己的情绪和压力，随时注意自己的情绪是否有波动，适时寻求帮助，才不会做出终生后悔的事情。

上面所提到有关约会的常识和男女交往须知，父母应该相当熟悉，但对正在成长中的年轻孩子来说，这些知识如同外语一般，可以说是一窍不通。如果没有父母在旁边的循循善诱，日后他们在恋爱中很容易受到伤害，所以父母最好趁孩子尚未跟异性接触就做好他们的导师，适当讲解和教导，让孩子成为一个心理、心智上成熟的人。

五、性法理

1. 性侵害

任何人都不能强迫对方做他们不喜欢做的事情，性侵犯就是强迫对方进行性行为，这是犯罪。无论孩子是男是女，他们都应该懂得这些基本法律。父母可以告诉孩子：

"不能威胁别人、强迫别人脱衣服，或做别人不喜欢做的事情。"

"别人也不能要求你做你不喜欢的事情。如果有这些事情发生，你一定要告诉警察或者父母。"

"不可以故意碰撞别人的身体，或摸别人的胸部或性器官，这是对人不尊重，也是法律禁止的行为。"

"粗言秽语，骂人的话是不可以讲的，那是不尊重人的行为。"

2. 性骚扰

男女之间要懂得彼此尊重，每个人都有自己的权利，男女生不可以跟对方讲带有色情、让人感到非常不舒服的话，法律上称此为性骚扰。

另外，以"性""性器官"开玩笑，会让别人感到不舒服，这是要避免的。

3. 家庭暴力

家庭中夫妻要彼此尊重，不能打人、摔东西、出口伤人，不允许伤害对方。任何暴力行为都是法律禁止的，不同意见可以通过沟通来处理。

我们看到，性教育不单单是避免孩子怀孕、防止得性病那么简单，严格来说，家庭性教育其实就是全人的教育，目的是教育孩子成为一个更健康的人。对性教育，我们可以归纳出下面几个重点。

第一，性教育是要帮助孩子了解男女性别的差异，好让他们日后在与异性交往过程中，一方面知道如何以礼相待；另一方面减少交往中所产生的焦虑和不安。

第二，性教育也让孩子知道，在成长过程中，男女在生理上、心理上和情绪上都会出现变化。

第三，性教育为孩子提供与性有关的"滥用和误用"知识，目的是教育他们懂得保护自己，免受生理和心理方面的伤害。

第四，性教育是帮助孩子知道，日后他们该如何扮演自己的角色，并且承担这个角色该承担的责任。恋爱中情侣各有不同的角色，结婚成家之后，父母亲各有不同的角色，而角色不同责任也不一样。

第五，也是最重要的一点，性教育最终是要培养孩子正确的人生观、价值观和道德观，父母期盼孩子日后能够参考这些知识做出最有智慧的抉择。

按年龄教育

行文至此，相信父母现在对性教育已有一个比较全面的了解和体会。不过，要向孩子全面讲解"性"，并非一朝一夕可以完成。幸运的是，孩子从出生到长大离家，前后大概长达十八年，父母有充裕的时间给予孩子适当的性教育。而且孩子年龄不同，父母跟孩子讲解的重点也不一样。为了更有效地帮助父母，以下用孩子年龄来分段强调父母应给予的教育重点。当中的性教育方法前文已经提及，只是孩子年龄不同，重点稍微不一样，父母可以按着孩子年龄来推行。

一、婴幼儿（0～3岁）

在0～3岁时，孩子可能出现触摸自己的性器官的行为，对身体好奇，自我探索，这是正常的事情，父母可以肯定和支持，并且给予适当的教育。对性器官不需要用奇怪的名字或代名词（"小鸡鸡""小雀雀"等），可直接告诉孩子，男生的叫"阴茎"，英文叫"penis"；女生叫"阴户"，英文是"vagina"。这是很重要的身体部分，是属于私人的地方，英文叫"private part"，是不允许别人碰或摸的，包括爸爸妈妈、叔叔、哥哥等，如果有人这样做，你要告诉爸爸妈妈。孩子如果深入再问，"我从哪里来？"等问题，可以到图书馆找些有关生理的书跟孩子解释，或碰到有孕妇，就地取材，会是很好的实物教材。

孩子有时会无意做一些不合适的动作或行为，这时不要取笑他们，反而应给予适当的教育，让他们明确知道不可以这么做。比如有些孩子在公众场合摸自己的性器官，不需过于紧张，而应让孩子知道，这是隐私的事情，不可以在众人面前做，但也不是鼓励孩子偷偷去做。如果孩子触摸产生兴奋感，也可以给予适当的教育："这是很重要的地方，自己要好好保护。"如果常有这种行为，试着用别的东西转移他的注意力。也有孩子会在公众场合摸妈妈的乳房，父母不要骂孩子"坏蛋"，要趁机对他们进行教育："我们要别人尊重我们，不可以让人随意触摸你的身体，你也要尊重别人，不可以随意触摸别人的身体，尤其是隐私的地方。"

二、学龄前和幼儿园（4～5岁）

孩子到了四五岁上学，与其他孩子接触的机会增加了。这时期的孩子，有些还是会借着玩弄性器官探索身体。父母需理解性教育不是一次就能完成，不同年龄阶段需要重复讲解，孩子不同年龄领受程度也不同。人从哪里来？怀孕、胎儿、生产过程等事情，可以据实际情况给孩子再解释。

孩子可能学到一些不好的行为，或者讲一些与性有关的不适宜的话语，父母应该马上制止，告诉他们："你可能在别处或电视听到有人讲这些话，他们可能很生气但不知道怎样表达情绪才讲这些话，这是不好的，以后不要再讲。"如果再出现，就要按家规处罚。

孩子在这个年龄段，父母带孩子去动物园看到动物交配，或者到博物馆参观人体展览时，这些都是给孩子进行性教育的好机会。在电视或者电影上看到有不合适的亲热镜头，甚至性行为等，也可以进行适当的教育："这种行为只有结婚的人才能够做，婚姻以外的这些行为是不允许的。"

与孩子多交流，晚上为孩子讲故事，有图画的故事书更棒。听听孩子的心声，花时间跟孩子游戏，睡前亲孩子一个，给他们一个拥抱，不妨多在孩子面前有夫妻亲热的时刻，给孩子营造家庭安全感。

三、学龄阶段（6～8岁）

到了6岁至8岁的时候，孩子开始注意仪容，父母要注意他们的穿着是否得体，身体是否干净，教育他们上厕所完毕的卫生常识。这个年龄的孩子可能对婴儿来自何处感到好奇，父母应当不厌其烦地详加解释。孩子也开始发展同性之间的活动，父母应给予正面的肯定，这也是建立自我形象的开始。可以考虑邀请同性同年龄的朋友到家里过夜。多用鼓励的话，若孩子讲中伤、侮辱别人的话，需要进行恰当的处罚。

这个时候的孩子对很多东西感到好奇，尤其是与性有关的问题，孩子会比以前感到更有兴趣，不要刻意逃避孩子的问题，如果不知道怎样回答，可尝试寻求网络、书本和专家的帮忙。孩子有不良行为必须马上处理。例如有对父母不尊重的态度或者话语，要马上制止。不要放纵孩子沉迷于电视、电脑、游戏机，教导他们懂得节制、适可而止。让孩子参加更多户外活动，孩子就不会关注这些事情。注意孩子的饮食，高糖、高脂肪的食物容易造成体重过重，日后要减肥就会有困难（请参阅第7章）。

电视上看到卫生巾的广告，正是开展性教育的良机；看到避孕套的广告，孩子有时候很好奇，不妨按照孩子的年龄给予适当的解释。有时候孩子没有问到，父母也可以主动挑起话题。

四、青少年前期（9~11岁）

孩子快进入青春期，无论在身体上、心理上、情感上都会有巨大的改变。女生初潮随时来临，母亲最好为孩子做好准备工作，教导女儿如何使用卫生巾，以及卫生常识，心态上要对孩子予以肯定。甚至可以赠送礼物庆祝她迈向新的人生里程碑，勉励她保守贞洁。父亲可以给儿子讲解梦遗是怎么一回事，不要过于强调有关手淫的事情。心理学家詹姆士·杜布森（James Dobson）讲，他在青少年时期，他的父亲事前告诉他，不需要为手淫的事情过于责备自己。他父亲并不是鼓励他有这种行为，只是让他知道男生偶然情不自禁，不需要为此过于介怀，只是顺其自然。不过他也承认，有些父母不见得接纳他的看法。

父母有时候可以带孩子去探访那些未婚的母亲，听听过来人的心酸故事，对孩子会有较大的警醒作用，远胜过父母纸上谈兵。不要对孩子一见钟情的事一笑置之，好好聆听他们的故事，不要特意批评，而要循循善诱，让他们有抒发情绪的机会。同时不妨讲讲自己过来人的经历，告诉孩子自己是怎样走过那段似懂非懂的尴尬岁月的。如果可能的话，为他们找一个大哥哥或大姐姐，与他们谈一谈，会有意想不到的效果。青春期孩子情绪变化比较大，从学校回来时的心情可能跟早上起来时有天壤之别，不要过于责备，敏锐地观察他们的言行，学会多听少训话。

孩子容易面对同侪压力，这个时候最好事先做预防工作，跟孩子讨论（详见第10章和第11章）。另外还要教导孩子怎样做明智的决定，每样事情总有好坏，做决定前，先列出清单，A的选择有什么好处，有什么坏处，B的选择也是如此，经过分析再做决定。如果遇到困难，不妨请教别人，听听过来人的经历。

五、青少年（12～21岁）

此时是孩子从"小孩子"成为"大人"的转变阶段。以前孩子是在球场旁边训练，现在则开始进入球场。青少年面对的挑战是实实在在的，以前父母为他们所做的训练就是为了这个时候让他们能够安然度过，尽可能减少他们受伤的情况。

有时候弟弟看到姐姐胸部发育，一方面好奇，一方面因为兄弟姐妹本来就有争吵的情况，于是有意无意触碰正在发育的姐姐。父母在这方面可以订下一些家规，要求互相尊重，不可以偷窥、触摸别人的身体，更不可以有性的接触等。

孩子体毛开始长出，有些孩子会感到很不好意思。父母可对他们表示正面的肯定，并且多聆听他们内心的感受。

女儿初潮来临，要肯定孩子的成长，勉励她保存贞洁。儿子如果有梦遗，告诉他如何处理。父母不必问太多，他若觉得不好意思也可以不讲。如果裤子太紧，摩擦身体容易导致兴奋，可以建议儿子不要穿紧身的衣服。男生说话声音出现沙哑，家人不要以此开玩笑，要以平常心接受，处之泰然。如果青春痘让孩子非常受不了，可考虑找医生用药物治疗。孩子认为牙齿需要矫正，如果经济上许可，就找牙医作矫正，这会增加孩子自信心，在同辈中更易被接纳。

青少年的隐私也很重要，不要拆孩子的书信，未经允许不要随意到孩子房间，这是对孩子的尊重。

结论

性教育是全人教育，在教育的过程中，父母塑造孩子的品格，提供与性有关的知识只是性教育的一部分。父母还要灌输孩子正确的价值观、世界观、人生观等，目的是使孩子在人生道路上做出正确的抉择，培养孩子的自律精神和责任感。

能够为孩子提供完善性教育的人选，非父母莫属，切忌依赖学校或传媒，没有人能够比父母对孩子有更大的影响力。如果父母不做这件教育孩子的工作，外面纷乱的信息会让孩子感到迷惑和气馁。父母要把握机会对孩子灌输正确、健康、正面的性教育，性教育不单是保护孩子在开始发育的青春期不要犯错，更是为他们成年后享受美好的性奠定基础。孩子越早开始知道关于性的事情，看到父母彼此相爱，他们越加不会被传媒、同侪、文化中的负面信息冲击。

性教育可以说从孩子出生那一刻就可以开始，父母有太多的机会来给予孩子性教育。遇到一个怀孕的母亲、电影中听到污秽的对白、新闻中出现性虐待、影视明星发生外遇、动物园有动物交配等，这些都可以成为良好的机会教育。

父母要尽量向孩子传授正确的价值观、世界观、人生观，以抗衡社会所流传的一些扭曲、荒谬、似是而非的歪理。如同一个人来到外面的世界，我们无法杀尽外头的细菌，我们唯一能够做的是增强自己身体的免疫能力。性教育也是同样的道理，灌输正确的道德观念，可以增加孩子的抵抗能力，使孩子不易屈服同侪压力，且能减少传媒负面信息的影响。

性教育不是一次就够了，不要以为你已经把全部有关性方面的知识都告诉孩子了。孩子在不同年龄有不同的感受，有些事情他们年幼时无法完全理解，稍长时，父母需要重新讲他们才能渐渐理解。

父母与孩子要有亲密关系，不是孩子光在头脑里面明白有关性的事情，重点是他们要从内心深处明白。孩子与父母的亲密关系会让他们明白性爱也许是肉体和情感上的，但真正的爱还包含尊重与关怀。如此一来，当他们到了青少年时期，就不太容易落入性的试探中。

性不是人生中最重要的，人生还应有其他重要的追求。孩子也许会在人生道路上犯错跌倒，这包括在性方面，但从哪里跌倒，就应从哪里站起来。父母对犯错的孩子，应该抱有接纳的心态。

◎ 问题讨论

1. 你小时候曾在性方面出现过尴尬的情况吗？

2. 孩子曾问过哪些这类问题或做了哪些这方面的事情让你感到很不自然？

3. 你过去怎样进行家庭性教育？

4. 推行家庭性教育最困难的是什么？

5. 这一章给你最大的挑战是什么？你学到什么有价值的内容？

9 手足阋墙[1]

　　手足争执问题可以说自古以来就已经存在，人类历史上有许多手足相争的故事。因此，我们可以说手足问题不但具有普遍性，而且还是"正常"事。用一个简单例子来解释，也许你更能体会。假如丈夫某天对自己的太太说："亲爱的太太，告诉你一个好消息，我下星期准备带一个女人回家与我们同住，她比你年轻，很可爱。你心里要有数，我将来可能花时间在她身上比你多，但你不用担心，我还是很爱你的，我们一家人会很快乐，开始你可能不喜欢，但习惯之后就不是什么问题。"相信绝大部分太太不会支持她丈夫这个念头。

　　如果当太太的不会接受家里多一个女人的出现，你怎样期盼一个两岁的孩子，过去整个世界都围绕他转，能心甘情愿去与人分享他父母的爱和关注呢？也许3岁以上的孩子对一个"不速之客"的

1　语出《诗经·小雅·常棣》："兄弟阋于墙，外御其务（侮）。"阋：争吵；墙：门屏。意为兄弟们虽然在家里争吵，但一致抵御外人的欺侮。

弟妹不会感到严重的威胁感，然而两岁以下的孩子，看到父母注意力完全落在这个小家伙身上，难免产生嫉妒和愤怒的情绪。

老大会因为失宠而嫉妒弟弟妹妹，那么晚生的孩子在心态上和行为上会怎样导致手足的不和？排行靠后的孩子，无论在个头上还是能力上都无法与前面的哥哥姐姐相比，当看到哥哥姐姐拥有某方面的特权时，嫉妒和不满油然而生。如果父母缺乏智慧来安抚他们的不满情绪，哥哥姐姐自然成为他们发泄怒气的对象。

兄弟姐妹个性差异也是造成手足不和的一个因素。姐姐爱静，宁愿一个人安静看书，跟一两个好朋友聊天；妹妹外向好动，喜欢搞活动，常跟一大群人跑跑跳跳。个性南辕北辙的两人长久生活在同一个屋顶下，不用是心理学家就能猜测到后果。另外，父母也是一个很重要的因素。一个孩子善解人意，另一个好动反叛，容易造成父母对某一个孩子有偏袒；如果家庭出现重男轻女的情况，更会加重手足争执的问题。

还有一点，正如手指有长短，手足之间也各有所长，无论在学业上，还是课外活动上，像音乐、运动等，都可能出现兄弟姐妹明争暗斗的局面。如果父母缺乏处理手足冲突的技巧，甚至有意无意间将孩子互相比较，那无疑是在他们的争执中火上浇油，加深手足之间的裂痕。

客观看待手足相争

讲了一连串手足之间的相处问题，难道兄弟姐妹之间最后一定是吵吵闹闹的吗？当然不是。其实客观来说，手足之间的摩擦不见得完全是坏事情，换个角度看，这正是培养孩子懂得日后怎样与人和平共处的契机。

只有一个孩子的家庭虽不会有手足争执的情况出现，但不见得是一件好事。独生子女可说是万千宠爱集于一身，父母两个人的爱和注意力都在他一个人身上，孩子总觉得世界是围绕着他旋转，容易产生自我中心、自视过高和对外人敏感度不够等问题，这正是日后建立人际关系的绊脚石。相反，孩子有兄弟姐妹，就可以从家庭成员之间的摩擦中学习到互相忍让、包容、自律等与人相处的技巧。这些都会为他们日后建立良好的人际关系打下基础，这是手足冲突所带来的最大好处。这也与父母如何处理手足之间的冲突有莫大的关系。

要知道，人与人相处，因意见不同、个性相左，冲突在所难免。遇到冲突怎样智慧地处理？怎样与人和平共处？要知道和平共处的技巧不是与生俱来的，而是慢慢训练出来的。家中兄弟姐妹的相处、父母的循循善诱，正是提高人际关系技巧的机会。当然，父母在其中扮演了非常重要的角色。

如果父母能教育孩子恰当地处理冲突，手足之间就并非是竞争的对手，而是合作的伙伴。当哥哥姐姐的应该学会以爱心照顾弱小的弟弟妹妹，而弟弟妹妹应当从父母的教育中懂得怎样尊重哥哥姐姐。手足之间在家庭相处当中，学会包容、接纳、宽恕等基本的与人相处应有的态度和行为，这将在无形中奠定他们日后人际关系的基础，对上知道如何与师长、上司、老板相交，对下懂得维护和关怀下属。

手足相处还让孩子领会到，世界没有绝对的公平，总有人会比你好、比你富有、比你聪明，世界本来就有太多的不公平，这是事实，在家如此，在外面的世界也是如此。晚生的孩子要明白，他们一出生就要不断与前面的哥哥姐姐竞争，很不幸的是，他们无论在体型、能力上都比他们起步晚。人生本来就有很多不公平的事情，也许哥哥在学业上可以出人头地，但如果弟弟努力，他可能在运动或其他技能上也有过人之处。

总的来说，手足相处的确存在冲突与危机，但手足的互动可培养日后与人的相处之道，这完全取决于父母在孩子成长过程中的协调能力。

处理手足冲突

尽管手足相争在所难免，但有智慧的父母有能力把手足冲突的伤害程度减到最低，甚至可以帮助他们学会与人的相处之道。下面几点是父母帮助孩子们减少冲突的方法。

一、新生儿诞生前

夫妇在预备第二个孩子来临时，虽然兴奋感不如第一胎，但还是令人振奋，但对老大来说却是另外一回事，兴奋谈不上，紧张、忧虑能够理解，因为不知道这不速之客会给家庭带来怎样的变化：父母还会跟以前一样待我吗？这正是孩子感到忐忑不安的地方。此时父母可以做如下准备工作。

尽量让老大有参与迎接第二个孩子的来临。带他们去看胎儿超声波图像，摸摸妈妈肚子，体验胎儿跳动的情况，叫他们帮忙安装婴儿床等。有人送婴儿礼物，邀请他们一起来拆礼物，不要让孩子置身事外。

尽量回答老大所问的问题。通常孩子最常问的问题是：婴儿是怎样来的？这也是给孩子进行性教育的最佳时机。反正孩子问到有关弟妹的事情，父母就想办法回答，不要让孩子感到背后有什么不可告人的秘密。有时候父母甚至可以主动告诉他们有关婴儿出生的事情。

可以为老大准备一件T恤，上面印上"哥哥""姐姐"字样，让他们有不同的感觉，也是肯定他们作哥哥姐姐的特殊地位。日后婴儿出生，尽量不要改变哥哥姐姐的日常生活规律，并且让他们参与喂奶、换尿片的工作，让他们积极参与。

母亲准备到医院生产的时候，把准哥哥、准姐姐的照片放在病房里面。婴儿出生后，哥哥、姐姐来访时，看到自己的照片，会自然流露出哥哥、姐姐的神情，他们对出生的婴儿自然会较易接纳而不是排斥。

如果是当准姐姐的，为她准备一个婴儿样子的洋娃娃，让她练习喂奶、换尿片。父母可以从旁指点，花时间与孩子在一起，让她不必因失去父母的爱和注意力而害怕。

如果婴儿与先前的孩子性别相同，可以邀请准哥哥、准姐姐，从他们过去穿过的衣服中挑选出他们认为可以给弟妹穿的衣服，如果需要为婴儿添置新衣物，也让他们一起参与以减少他们内心的嫉妒感。同时到图书馆找有关准备新生儿来临的书籍，有些书本甚至会告诉孩子怎样成为一个好哥哥、好姐姐，这也是给他们的良好读物。

总的来说，尽量减少准哥哥、准姐姐的戒心，让他们无须害怕会失去父母的爱、关怀和注意力，让他们积极迎接弟妹的来临，体会到弟妹的到来是家庭的一件乐事。

二、新生儿诞生之后

哥哥姐姐对弟弟妹妹的嫉妒不见得发生在母亲怀孕或婴儿刚生出之后。当弟妹开始学爬时，父母把所有注意力放在小婴儿身上，加上这小家伙不识抬举，居然跑到哥哥姐姐的地盘上玩他们的玩具，这也是手足冲突的起火点。如果父母没有认同老大失宠的心情，就更易出现火上浇油的情况。

这时候的哥姐，可能出现伤害婴儿的行为或意图，他们也可能出现退化行为，无意识让自己退化到以前婴儿的阶段，不再走路而是爬行，有吃奶嘴、闹脾气、尿床、尿裤子等婴儿行为，有时候变得非常不开心，整天缠着父母，无缘无故大哭等，这正是他们内心对弟妹妒忌的反映。

做父母的不能完全责备老大的这种行为，虽然他们的这些行为可以理解，但不表示他们的做法是被接纳或者允许的。不管怎样，父母的第一步应是先保护弱小的那一个。

父母还有什么需要注意的？当小婴儿回家之后，父母尽量避免在老大面前过分称赞小的。如果可行，多带老大去吃他们喜爱的食物，或是到公园骑脚踏车等，这是纾解家中压力的好方法。如果老大已经快3岁，可以考虑邀请几个小朋友到家与他做伴。经济能力允许，也可考虑请人看顾婴儿，带哥姐到动物园、公园等地方，这会让他们感到自己非常重要，受到了重视。

不管做什么，最重要的是，尽量让老大感觉到他仍然拥有过去父母给他的关注和爱，父母对他的爱还是跟以前一样。

一般父母容易犯的错误是，不但没有给老大"爱的肯定"，很多时候甚至对他有额外的要求。父母想当然认为老大年龄比较大，与婴儿相比也比较成熟，自然要求他在行为上表现要佳、能自律，甚至很多要求明显高于他的实际年龄。在这种情况下，父母不只是对老大不公平，根本就是高估他的能力，容易让他们心生怨恨。

说实在的，家里有两个幼童的父母很为难，因为两个都需要父母的关注和爱，跟只有一个孩子的家庭相比，父母要付出双倍的爱。这个时期的父母，跟只有独生子的时候相比，有相当多的难处。

三、到懂事年龄

1. 学习同理心

正如前面所讲到的例子，如果先生硬带另外一个女人回家，不管有什么冠冕堂皇的理由，妻子绝对不好过。父母若明白此点，对老大突然间的失宠感受就比较能体会。一旦老大出现对弟弟妹妹的嫉妒和憎恨，父母不要马上做出激烈的反应。还记得第2章讲到怎样与孩子沟通吗？第一个与孩子的沟通技巧就是认同孩子的感受，而不是忽略。

请看下面的例子：

哥哥对妈妈说："你整天都在照顾弟弟！"

妈妈回答："哪里有，你忘记我昨天还念书给你听。"

母亲这个回答就没有认同当哥哥的心情。怎样认同孩子的感觉呢？你可以说：

"你不喜欢我花太多时间跟弟弟在一起？"

然后叫孩子过来，抱他一下，亲他一下。

当然如此并没有真正把孩子心中的不满完全去除，但哥哥必须要接受弟弟来到他们家的事实。要知道，世界上的事情绝对不会完全按照我们心中的意愿来演变，父母也不可能每样事情都按照孩子的想法来迁就他们。哥哥对弟弟不满，父母只能尽能力来减轻他们心中的委屈和失落。

请看另外一个认同孩子感受的例子：

姐姐看到妈妈整天抱着妹妹，于是她向母亲抱怨说："把她送回去吧！"

一般母亲的反应是："你不可以这样，她是你妹妹，你要好好爱她。"

你以为这个姐姐会听你这种教训的话吗？绝对不会！

母亲可以讲姐姐心中的想法，说：

"你不想看到她在这里，你希望她在别的地方？"

同样的，想办法来给孩子一些注意力。

有一点要留意的是，绝不是只有失宠的哥哥姐姐才会造成手足之间冲突的问题，孩子渐长，老幺也会有挑剔哥哥姐姐的行为。

10岁的哥哥抱怨5岁的妹妹故意挑衅他，母亲可以说："你认为她这样做是故意激怒你？"而不是单单说："不要理她就是。"

重点是让孩子知道，父母能够明白他们的感受，这可以在无形中把手足之间的冲突减到最轻。

2. 教导沟通技巧

"你在干什么？你要打死她吗？为什么你这样坏？"

一个母亲进厨房拿牛奶，转头看到才3岁的哥哥狠狠把婴儿床上妹妹的脸打了一下，她自然的反应就是大哭一场。

跟孩子沟通的技巧，除了认同孩子的感受，也要让孩子讲出他们的感觉。如果当太太无可奈何地要接受先生带回家的另外一个女人，虽然不能阻止先生这种举动，但至少要让她把心中的委屈倾诉出来。

孩子的情况也一样，隐藏在内心的不满情绪，若没有得到适当的纾解，这股负面的情绪容易成为一颗定时炸弹，周围的人和事物都会因此受到牵连。父母要了解，当人感到受伤时就会生气，人不是理智的动物，而是非常情绪化的，别人眼中认为的不合理，他们总能找出冠冕堂皇的理由。对这种非理性的情况，我们应当怎样应对？否认、忽略，甚至破口大骂，都会无形中在对方的伤口上撒盐，痛上加痛，对方于是使用各种手段来报复。孩子跟大人的情况基本上没有差别。

怎样来处理孩子的负面情绪？光责骂或对孩子说"不可以"是完全不管用的，重点是要给孩子机会讲出他自己心中的感觉。

> 姐姐向母亲抱怨妹妹弄坏她的衣服："你看看，她把我的衣服撕坏了，我也要去撕破她的衣服。"
>
> 妈妈回应："我想你妹妹需要知道你生她的气，但不可以伤害妹妹。你可以跟我说你的感觉，或者把你的感觉写下来，或画在纸上。"

如果查明属实，父母要公平处理，姐姐可以要求赔偿。

这里的重点是让孩子适当表达他们心中的委屈、不平、气馁、挫败的感觉。这不正是日后他们与人相处时所需要的技巧吗？

3. 提供表达怒气的方法

"生气却不要犯罪"，这是一句处理怒气的劝告。生气的原因很多，有些是义理之怒，有些是血气之怒。这句劝告不是说我们不可以生气，只是说在怒气中不要犯罪而已。这个教训对大人是如此，对小孩子也可以套用。但我们常常看到父母教导孩子所用的方法是，"只许州官放火，不许百姓点灯"。用这种方法来教育孩子是行不通的。父母本身需要知道怎样处理个人的怒气，同时也要教导孩子怎样来表达他们内心中的不满。

两弟兄为了玩具争吵不停，其中一个在怒气中出手打人，父母不分青红皂白，将两个人骂一顿，甚至打一顿，或拿哥哥来开刀："打人是非常要不得的行为，弟弟只是拿你的玩具而已。"这都是不妥当的。

适当的处理方法是告诉孩子："打人是不可以的。你可以告诉他，你很生气，但不可以用拳头打人。"

如果这是属于哥哥的玩具，父母可以教导他表达自己的要求："你不可以动我的玩具。"

父母要知道，通常8岁以下的孩子尚未完全懂得怎样与人分享，所以在孩子学习与人分享时要注意方式方法。你可以告诉他们，你不让别人玩你的玩具，那么别人也不会让你玩他们的玩具。

另外一个情况，哥哥骂弟弟到他房间碰他的存钱罐："你偷了我的钱，你是一个贼。"

父母不是骂哥哥说："谁教你说话这么难听？"而是对哥哥说："看来你非常生气，不过我希望你可以用其他更好的方法讲出你的感受，而不是用骂人的话。"

哥哥可以表达他对弟弟的不满："我不要你碰我的存钱罐。"

4. 适时教育

虽然引起手足争执的原因很多，但大都离不开人本身的弱点，包括自私、嫉妒、贪婪等，而且年幼的孩子思想不成熟，绝少会懂得站在别人的立场上或者换个角度来看事物，但这不是说，他们一辈子都是这样。当孩子之间发生冲突时，正是父母给予孩子适当教导的时机。

下面是发生在美国的真实故事。父亲是一位高中老师，两个孩子分别为9岁和4岁，他们一家开车到有4小时车程的外婆家去，才上路不到半小时，两弟兄就在车子后座打了起来。弟弟先告状说"哥哥打我"，而哥哥说是弟弟先用手指头插在他的耳朵里。父母都知道这是老幺的伎俩，他有时候故意用吸管向哥哥喷水，或者有意无意撞到哥哥身上。当哥哥在玩游戏机时，他就乱按上面的按键，直到把哥哥惹火，出手揍他，然后他就尖叫求救，说哥哥欺负他。父母都知道这鬼灵精是他们家里问题的"罪魁祸首"。

父亲怎样做呢？他先把车停下来，然后把两个人分开，老大坐在前排，妈妈坐到后面。很长一段时间，车子都很安静，看来是相安无事。

相信这是一般父母处理孩子冲突的方法，但想深一层，这种方法对孩子有什么好处？孩子到底学到了什么？光把他们这样分开就解决问题了吗？孩子日后怎样学到与人和平共处？孩子怎样才能够学到自律？相信大部分父母都能够体会，光是把孩子分开绝对不能解决长远的问题。应该怎样做呢？最好的办法就是给予两个人适时的教育。

夫妻商讨过后，在接下去的旅程中，他们就按计划来办。母亲对老幺说："你真的希望哥哥打你吗？如果这是你要的，你可以继续找他麻烦，故意弄他，用手指头弄他的耳朵，乱按他的按键。但是，如果你真想和哥哥玩，你就应该换个方式。如果哥哥在看书，你想要参与，你就要好好说：'哥哥你可不可以告诉我，这本书说什么？'如果你想跟哥哥玩，你可以说：'哥哥，我们可以一起玩游戏吗？'"爸爸也找机会对哥哥说："你真的希望弟弟整天用指头弄你的耳朵吗？如果这是你要的，那么你就故意不理他，他就会想尽办法来弄你，一直到你受不了为止。但是，如果你想与弟弟和平共处，你可以用别的方法来对待弟弟。如果他说：'哥哥，可不可以告诉我书里面说什么？'你不妨花点时间告诉他你在看什么。你总不希望弟弟用各种方式来弄你，你知道弟弟多么希望跟你玩。"

夫妇没有想到，他们这样的一番话，却改变了兄弟两个人过去你争我斗的局面，慢慢地，两个人就成为一对关系非常不错的弟兄。

5. 不要比较

前面曾经讲过，父母对孩子有意无意地比较，也会在手足冲突中火上浇油。

"为什么你不像哥哥那么听话？"

"你读书就没有弟弟那么专心！"

"你姐姐选衣服比你有眼光！"

也许父母所讲的是事实，他们还以为这样会鼓励孩子变得更乖、更用功、更听话，但很多时候，这种批评比较的方式往往适得其反，孩子并没有怎样变好，反过来却加深了手足之间的竞争和不和。

父母怎样做才恰当呢？就是对事不对人，不要讲比较的评语。

譬如说，弟弟外出回家迟到，爸爸说："你看现在几点钟？钢琴老师已经等你15分钟了，你哥哥从来不会这样。"

就算爸爸不说，弟弟其实也知道自己不对，爸爸的评语会加深他对哥哥的怨恨。爸爸可以针对迟到的事情说："钢琴老师已经等你15分钟了。"这就已经够了，多说无益。

孩子若顶撞你，不要说："你姐姐从来不会这样跟我说话。"只针对事情而言。

如果说："你姐姐不会像你那样配衣服。"倒不如说："你上衣和裙子颜色配得不错。"

当然，父母要做到对孩子绝对公平是不可能的事情，但是按照每一个孩子的独特性来对待，这是可以做到的。譬如妹妹问："你爱我和姐姐谁比较多？"

合适的回答是："每个人都有独特的地方，世界上只有一个你，这是没有人能够取代的。"

6. 正面强化教育

我曾听过这样一个家庭故事。妈妈到厨房拿东西，转眼看到7岁的哥哥从放满热水的杯子里面拿起一个热汤匙，然后叫5岁的弟弟过来，把这个又热又烫的汤匙放在弟弟的脖子上。弟弟自然是大喊大叫，哥哥于是马上冲到自己的房间去了。妈妈立刻为弟弟敷伤，之后她让自己到房间冷静一下，想想怎样来处理捣蛋的大儿子。你可以想象母亲当时的心情，为什么会有这种恶毒的儿子，她实在想不通。

突然老大跑进来，站在那里，一句话都没有说。妈妈冲口而出："那是最要不得的行为，你做的就像你舅舅当年所做的一样。小时候，他把我的脚指甲拔掉，叫我痛不欲生。"儿子问："为什么他这样做？"妈妈说："因为小孩子不懂事，喜欢搞新玩意儿，就做出这些疯狂的事情来。"

值得一提的是，这位母亲并没有说大儿子是恶毒的，是邪恶的，如果她用负面的话来责骂这个儿子，反而给他贴上一个无可救药的坏人的标签。

过了一个星期，妈妈又一次受到了考验，老大跑到弟弟后面故意取笑弟弟。妈妈拉他到一边说："你知道吗，你是绝对有能力做一个疼爱弟弟的哥哥的。好好对待他吧。"自此之后，这个儿子不再那么捣蛋了，这应该是他母亲正面强化教育的结果。

吉诺博士（Dr. Ginott）曾经这样说："Treating your children not as they are, but as you hope they would become." 意思是："不要按照孩子的行为来对待他们，而是用你希望孩子要有的行为对待他们。"

譬如说，弟弟妹妹到父亲那里告状："哥哥说，如果我们不让他跟我们玩，他要把东西打坏。"父亲可以对儿子说："你是知道怎样善待别人的。你可以用一个友善的方法告诉他们，你希望跟他们一起玩。"

这种正面强化教育，远胜于一直责备。

7. 不要针对侵犯者

通常我们处理手足冲突事件，大多数时候会采用"侵犯者中心"的模式，父母们总是先责备打人的孩子，责骂他们有多坏、很不乖等。但这种把焦点放在孩子错误行为上的做法，通常会引来犯错孩子的防卫心理和恼羞成怒的抗拒行为。在这种情况下，倒不如采用"受害者中心"的处理模式，父母暂且不去责难孩子的错误行为，把重点放在受害孩子身上，强调被人咬一定好痛，弄好的玩具被推倒一定会伤心等。父母借着强化受伤孩子的难过来冲淡犯错孩子的防御心理，并引起他的同情。其实很多孩子都会为自己所犯的错误感到后悔，父母尽量不要过于强调他们的不当行为，而应给他们自我反省的时间，让他们有表示懊悔的机会，这也是给孩子一个认错改过的台阶，这远比急着处罚孩子的错误来得重要。

妈妈吩咐9岁的哥哥看着2岁的妹妹，在玩耍中，不知什么原因，妹妹咬了哥哥一口，妈妈跑过来看，然后对儿子说："你怎么搞的，把妹妹交给你却变成这个样子，以后不用你看妹妹了。"母亲这种处理方法就会导致不良后果。

妈妈应该这样对儿子说："让我看看，啊！全红了，一定很痛，是不是？"用同理心安慰他，然后说："不可以咬人，你妹妹需要学习怎样问人拿东西，尽管生气，也不可以咬人。过来，我用一些药帮你敷一下。"这就把事情淡化了，而且2岁妹妹根本搞不清楚这是怎么一回事，反而9岁的哥哥能够从母亲那里得到同情和安慰。

关于打架，来看下面这个在家里最常出现的情况。

两兄弟为争玩具而打架，爸爸出面干预。

爸爸："你们两个别再打了！告诉我，是谁先搞鬼？"

哥哥："都是他！"

弟弟："不是我，是他先！"

爸爸："你们实在很丢脸，为了一个小玩具打个你死我活。"

哥哥："都是他的错，是我先玩的！"

弟弟："都是他的错，他不让我玩！"

爸爸："我不管谁对谁错，反正你们现在不可以玩！"

哥哥："为什么你不听我的解释！"

弟弟："你应该听我的理由！"

结果呢？两弟兄不欢而散，家庭出现低气压。再来看一个比较好的处理方法。

爸爸："看来你们两个都很生气！"

哥哥："我在搭我的动物园，他跑来抢我的老虎！"

弟弟："我也可以搭动物园！"

爸爸："所以，你想搭一个动物园，而你也想搭一个动物园！"

哥哥、弟弟同声说："就是这样！"

爸爸："看来不是一件容易处理的事情，两个人想做同样的事！"

哥哥、弟弟："是！"

爸爸："我相信，如果你们两个动点脑筋，一定可以想出一个公平的方法！你们慢慢想想看，我去书房看看书。"

哥哥："你知道，是我先做这个的。"

弟弟："我只是想帮你而已！"

哥哥："我不要你帮忙！"

弟弟："我可以玩这个斑马吗？"

哥哥："不可以拿斑马，你可以拿这头牛。"

弟弟："我需要几块木头做栏杆！"

哥哥："你实在很麻烦，好啦！你可以拿3块木头！"

弟弟："我已经做好了！我可以看你怎样做吗？"

哥哥："可以，但不可以讲话。"

在手足争执中，聪明的父母最好不要干预他们的争吵，因为在大部分情况下，没有一方是绝对对或者错，父母站在哪一边都没有好处，也不能解决问题，哥哥有他的理由，弟弟也有他的苦衷，只要没有出现伤害人、打人的行为，最好让他们自行处理。

一对姐弟到母亲面前要求帮助他们解决纠纷，母亲很郑重地对他们说："你们希望我帮你们解决，还是你们自行解决？你们决定。"结果呢？两个人想了想，最后选择自行解决。原因很简单，母亲一旦插手，绝对没有什么好结果。

重点是教导孩子自行找出一个双赢的办法，不只是为自己着想，同时也考虑别人的利益和好处，这有利于将来他们与人相处时也能兼顾别人的需要。

以创意处理手足争执

父母可以用一点创意来化解手足之间的冲突。好几年前，美国热播一部家庭连续剧《天才老爹》，主角是黑人电视剧红星比尔·科斯比（Bill Cosby）。故事围绕他们一家七口所发生的趣事展开。5个孩子的家庭，你可以想象手足的问题实在不少，不过这个天才老爹的确有处理家庭手足冲突的一套本领，这里讲讲剧中的几个创意处罚方式来作参考。

剧中的两姐妹常常为了鸡毛蒜皮的事情搞到鸡犬不宁，最后老爹发火，惩罚两个人一起住地下室。地下室除了两张床，什么都没有，没有电视，没有收音机，没有电脑，三餐按时到厨房来吃，其他时间都得待在地下室。整整面对面生活两天之后，两个人只好乖乖就范，再也不敢在老爹面前撒野。

一次姐姐没有尽到照顾妹妹的责任，妹妹与邻居小孩把厨房搞得天翻地覆，最后姐妹两人都受到处罚，负责把厨房清理干净。因此，把有争执的手足放在一起共同来完成一件事情也是可以考虑的处罚方法。

弟兄两个人为了鸡毛蒜皮的事争吵不休，那时刚好是冬季，于是父亲处罚他们两个人到后院去解决，等事情谈妥之后才能进屋子。你能想象两个人在冰天雪地下能坚持多久呢？如果想加点笑料，可以要求他们在后院彼此大喊"我爱你"，这也是一个很有创意的处理冲突的方法。

或者用静坐惩罚，让两个人安静地坐在厨房的椅子上，时间没有限制，但如果双方没有达成协议，任何一方都不能离开厨房。这个处罚的方式是要双方学习互相迁就、互相接纳，明白一个人犯错，就是两个人同时受罚。事后也可以多加一个条件，要彼此拥抱之后才可以离开，或者互相大声呼喊"我爱你"作结束。

既然他们觉得对方那么讨厌，就让他们彼此不相来往一两天。这种方法的好处是，彼此不见面两天，可让不满的怒气冲淡，其次，双方因为有一段时间看不到对方，反而会有思念的感觉，会更加珍惜对方的存在。

如果想要做预防的工作，可以利用家庭聚餐的时候来鼓励家庭成员每个人讲出其他手足的3个优点等。

如果兄弟两人分别到父母面前互相告状，通常都是各说各话，在这种情况下，父母可以要求他们回去，两个人联合写出一个新的版本，是彼此都认定的事实，父母看完之后再考虑怎样处理。不过，父母请放心，这样任何问题他们都会自行处理，根本不用父母再插手。

结论

手足相争难以避免，原因很多，可能是父母对孩子偏袒，或有意无意把孩子互相比较。但手足相处也并非完全没有可取之处，兄弟姐妹可以通过家人的互动学会自律和关怀。当哥哥姐姐的，学会怎样爱护弟弟妹妹；家里做弟弟妹妹的，也学习怎样尊重哥哥姐姐。

正如前面所说的，手足间在摩擦和冲突中，彼此学会关心他人，懂得互相迁就，学会包容、接纳、宽恕，无形中帮助他们迈向个人成熟的道路，并且学会日后与人建立关系的技巧。当然，这种成熟的心智和行为并不是自然发生的事情，而是需要父母在家中协调，并且对孩子施行正确的教育。父母如果能够在家中扮演恰当的角色，及时对孩子给予适当的教导，那么家里每个成员都可以享受上天所赐予的天伦之乐。

◎ 问题讨论

1. 如果你家里不止一个孩子，兄弟姐妹之间最常出现的争执是什么？

_____

_____

2. 你对孩子是否有偏爱？为什么？

_____

_____

3. 你成长过程中，跟谁（兄弟姐妹）最要好？跟谁最合不来？

_____

_____

4. 这一章有哪几处给你的帮助最大？

_____

_____

_____

10 电子产品

一个周末的早上，14岁的小明刚起床，衣服未换就打开电脑，匆匆刷牙洗脸，脸还没有擦干，便坐在计算机面前。两个小时过后，他感到肚子饿，才依依不舍地离开座位，到冰箱找东西吃，然后又回到计算机面前。下午两点钟，他觉得有点困，就伏在桌上睡了一会儿，醒来继续上网。下午五点左右，他上完厕所再继续上网，一直到他累了，衣服没换就上床睡觉。这是今天中国大城市许多青少年的生活写照。双亲要上班，家里的独子感到无聊，唯一可以打发时间的就是玩电脑、上网，最后孩子就患上了所谓的"网络成瘾综合征"。

一个10岁不到的小女生，看到同学在更衣室换衣服，抱着开玩笑的心态用手机拍下来并转发给其他同学，结果一传十、十传百，照片就流传到网络上。根据美国保护儿童的法律，任何人的电脑和手机如果存有18岁以下少年儿童的裸体照片，就算触犯联邦法律，下载和传送照片也是一样。这个传送同学换衣服照片的小女生在不知情的情况下犯法，最后被迫退学，父母逼不得已雇请律师为女儿这个玩笑行为辩护。不过最不幸的应该是被偷拍的当事人，成为无辜受害者，压根儿不知道自己的不雅照最终会落在何人手中，也不知道日后会造成何等的伤害，有可能一辈子要背负这个莫名其妙的重担。（摘自《读者文摘》2010年10月）

你还记得没数码相机、手机、电玩机、高画质电视、平板电脑的年代人们是如何生活的吗？这些电子产品（electronic devices）是近十几年的东西，我们上一代的人都生在没有这些东西的时代，但现代人（尤其是所谓网络时代的一族）手上如果没有这些东西，他们可能认为人根本不能存活。有人曾经非正式地问过一些中学生，如果他们流落到孤岛上，可以允许带某个东西，他们会选哪一样。他们的首选是手机，然后是数码音乐播放器，最后是电脑。面包、干粮？提都没提！

高科技产品衍生的负面影响

不能否认，电子产品的确改变了人类的生活方式，但是这些高科技的产品也对现代年轻人产生了许多负面的影响。

第一，电子产品造成年轻人对它的依赖。就以手机为例，一个大学生这样说，他从上大学后便开始与手机"相依相伴"了，如果几个小时没接到电话或短信就会感到焦躁不安，怀疑自己手机的信号出了问题。现在，学生们上课、吃饭、逛街、聚会，随时随地都带着手机，甚至课堂上也随时能看到他们用手机发短信和浏览网页，并且经常使用拍照、听音乐、手机游戏、阅读电子书等附加功能。一个高二的学生表示，从初三时拥有第一个手机以来，他已更换了5个手机。他说："现在如果没有手机，我会被同学排斥，而且与朋友联系也很困难。"

电子产品功能的日新月异，使得年轻一代对高科技产生依赖。有学者提出警告，长时间对高科技过分依赖，会使人在面对面交流时产生胆怯和退缩等心理，严重的甚至会远离人群，把自己藏在电脑、网络的"洞穴"里头。

第二，高科技使人际关系变得疏远。说来也是很讽刺，人们通过即时聊天工具、电子邮件等，与远在天边的亲朋好友维持关系，但往往跟身旁的同事和邻居却形同陌路。有人在博客里提到，他室友电脑坏掉，在等新电脑送来之前，好几天两个人下班之后共进晚餐，面对面谈话。但一等到室友的电脑到了，两个人又恢复了"以前"的生活，室友在网络上的聊天室跟朋友聊天，博客作者安静地听他的音乐，玩他自己的电玩。这是一个典型的生活在高科技中的生活写照。高科技把人拉得很近，网络让地球两端的人建立联系，犹如隔壁邻居，但同住一起的室友却变成了陌生人。更让人遗憾的是，花时间在网络上或手机上与人所建立的关系，往往只是一份逃离现实的虚拟关系，而这种关系其实不但不会给当事人带来实际的好处，反而可能会造成心灵上的伤害。

不过话说回来，要孩子脱离电子媒体，不允许他们接触这些高科技的东西，也是不可能的事情。我们生活在一个高科技的环境中，重点不是把这些电子产品看作洪水猛兽，而是要知道怎样过一种均衡的生活。一方面，父母要教导孩子抑制对日新月异的产品无止境的欲求，同时也要明白这些高科技可能给孩子成长过程带来许多负面的影响。为了孩子能获得最大的好处，父母应该帮助孩子对这些高科技产品的使用有所节制，不能任由它们对孩子心理进行肆无忌惮的冲击。

父母在电子媒体使用上给予孩子适当的指引甚至严厉的约束，目的是要帮助他们在身心方面健康成长。而且父母要知道，这方面的约束和管教并不是等孩子进入青少年才施行，而是在孩子年幼的时候就应该开始，对孩子灌输教育观念并拟定规矩。因为一旦孩子幼年沉迷于电视、电脑、电玩、手机等，日后要处理就会大费脑筋。

这一章是针对时下容易导致孩子沉迷的几种电子产品，手机、电视、电玩，以及网络。正如前面所讲的，面对这些电子产品对孩子的诱惑，父母绝不应削足适履，禁止接触，而应当教育孩子如何适当使用这些电子产品。父母拟定使用电子产品的规矩，一方面让孩子恰当使用，另一方面又不让他们过于依赖和沉迷，最终帮助他们过一种均衡的生活。

手机

同一个时期，我听到两个母亲讲到孩子使用手机的烦恼事。两家的当事人都是女儿，一个女儿在短短两个星期内用手机收发了3 000条短信，另外一个女儿在一个月里面收发短信5 000条，都是月底收到电话账单时家长才如梦初醒。电话费用飙升只是一件小事，最让父母感到难以置信的是，孩子平均每天收发短信超过150条，那么还有时间读书温习功课吗？"手机岂不是已经成为孩子的毒品？"一个母亲这样问。

谈到手机，现代父母可以说是既爱又恨。如果你在外头遇到紧急事情，或在超市、商场跟孩子失散，手机在手就简单方便。但是，如果你孩子整天在卧房用手机讲个不停，连吃饭、睡觉都沉迷于电话，而每个月收到的账单是天文数字，为人父母的，我想应该巴不得用大锤把他们的手机砸烂才好。

孩子可能到了某个年龄看到同学、朋友都有手机，很自然也对父母作同样的要求。很多时候，父母也觉得孩子有了手机，他们容易跟孩子联络，知道孩子何去何从，因此，给孩子买手机是天经地义的事情。但很多父母仍是为此大伤脑筋。孩子上课不留心，在课堂上不停地发短信给朋友，那怎么办？怎样帮助他们自律？今天给了他手机，隔天他不知道放在哪里。怎样知道孩子已经够成熟而能拥有他们个人的手机？还有另外一个问题：孩子用手机上网的安全问题。孩子是否会成为别人的猎物？怎样阻止或者避免孩子使用手机涉猎色情网站？这些问题都是父母为孩子购买手机以前，必须考虑的事情。为人父母的，对手机科技最好先有较多的认识，父母对这方面了解得越多，越明白怎样保护孩子的安全，也能够帮助孩子学会做一个负责任和自律的人。要记得，父母始终是孩子的最佳"防火墙"。

一、父母事前须知

第一，父母要分清楚什么是"需要"，什么是"想要"。每一个小孩子都想要手机，但想要不等于那是他们的"需要"。为什么小孩子想要呢？因为手机让他们看起来很"酷"，尤其别人有，很自然他们也想拥有，但父母自己要想想看：孩子真的有这个需要吗？在你帮孩子买手机以前，有几个因素你需要考虑：

第一，你孩子通常是走路上学吗？路上安全吗？是否会有人欺负他？你需要常联络孩子吗？如果孩子走路上学，路上没有安全问题，你也常跟孩子在一起，那么暂时没必要买手机。

第二，是否给家庭带来太多压力和负担。买手机事小，但每个月的通信费用却并不是每一个家庭都负担得起的，所以夫妻双方必须考虑给孩子配手机是否会造成家里额外支出，增加经济负担。

第三，父母需要衡量孩子是否知道怎样照顾和打理自己所拥有的东西。如果他们尚在似懂非懂的阶段，东西常常丢失，也许孩子拥有手机的时候尚未来到。

二、与孩子约法三章

根据上面所讲的，父母认为可以为孩子配备手机的话，首先可考虑为孩子购买一个不能拍照也不能上网的儿童手机，等有需要时再买一部功能比较多的。有了手机之后，父母需要跟孩子约法三章，与孩子拟定手机使用规则：

· 手机尽量不要外借。
· 绝对不能跟手机（或网络上）认识的人外出见面。
· 学业为首，功课没做好，学业明显下降，手机收回。
· 限制手机使用时间。通信费超标自掏腰包。

- 遵守手机使用礼仪。不可一边听音乐一边发短信；不可在跟别人讲话时看短信；公众场合关掉手机（教室、婚礼、聚餐等场合），控制讲电话的音量。
- 未经父母允许不准下载游戏软件，不准发送不雅或不合宜的短信等，这些行为会导致他们暂时不能使用手机。
- 必须遵守学校的手机使用规定。
- 使用手机打电话或发短信都有时间限制。
- 手机要有网站过滤的安全限制。
- 不可用手机偷拍别人。
- 不可以用手机作弊。（从网络下载答案，或者把考试答案通过短信传给同学。）
- 不可以用手机浏览色情网站。
- （如果孩子已到开车年龄）开车时绝对不可收发短信。
- 尽量控制手机通讯费。

不要将孩子使用手机的规则看作可有可无，父母不妨把手机使用规则写下来，要求他们签字，以示你对这件事情的认真态度。当然，一旦拟定使用手机规则，父母必须做跟进工作，查看孩子是否遵守规则，如果没有遵守，父母需要剥夺孩子使用手机的权利。

三、有关手机的常识

1. 拟定手机使用时间

某些手机上有使用限制软件，在把手机交给孩子以前，父母可以把手机的使用时间限制设定好，孩子每个月只能使用手机若干时间，包括讲电话和发短信。一旦孩子超过这个限制，他们的手机就会自动发送一条短信给孩子父母，之后便自动关闭（紧急电话号码还是可以拨打使用，孩子拿到密码仍可使用手机）。有了这种特殊设置，父母就不必担心电话账单超标。

还有一点，某些手机到了晚上某一指定时刻便会自动停止通信功能（除了紧急电话外），目的是阻止那些缺乏自律的孩子晚上使用手机。如果你孩子的手机没有这种功能，请要求孩子不要把手机带进卧房，要知道很多孩子就是因为晚上"煲电话粥"导致睡眠不足。如果过了睡觉时间，孩子还常在使用手机打电话或收发短信，身为父母的应该有所行动。

2. 让孩子知道家庭每月电话费的情况

每个月收到电话账单时，不妨让孩子看一下，这是一个教育孩子有关用钱的责任的良机。甚至不妨请孩子在网上找出最划得来的网络营运商或手机套餐，也可以请他们把这个月的电话费账单跟上一个月的作比较，然后跟他们商讨是否需要减少或者增加手机使用时间。如果他们超过了限制时间，要求他们自掏腰包。

3. 限制发短信

手机通常兼有发送短信的服务，而通常收发短信的费用高于讲电话的费用，父母最好对孩子发送短信有所限制，并且帮助孩子明白发送短信的目的和用途，短信并不适合作深入谈话之用，也不能取代一般通话。手机具有接收来自网络的即时消息的功能，如果父母认为这种服务不妥当，而且孩子没这个需要，你也可以停止这项服务。

4. 父母学习发短信

有调查表明，青少年认为发短信给父母能够增进亲子关系。如果你不知道怎样用手机发短信，不妨请你的孩子教你几招，不但能让你很快与孩子打成一片，也让孩子找不到任何借口说无法跟你联络上。有很多青少年认为，用手机跟父母沟通，发短信远胜于讲电话（因为不想同侪听到他们与父母讲话）。你可以坦白地跟你的孩子说，如果不方便，他们随时可以发短信给你，如果遇到紧急事情，通话也许暂时不行，但短信还是可以用得上的，所以父母不妨学会使用发短信。

四、小结

建议父母尽量为孩子提供合理的手机和网络使用指引和规则，认真跟他们细谈你对这些事情的想法。正如在本书13章会提到的，父母应切忌用训话、下通牒等口吻来跟青少年讨论这些事，而应用关心的态度与他们商讨，不妨坦诚地告诉他们现代孩子容易沉迷于高科技产品，缺乏自律，父母不希望这些事发生在他们孩子身上。父母应及时表达对孩子的关注，希望他们过均衡的生活，参加其他不同的活动，譬如运动、阅读等，培养良好嗜好，花时间与朋友建立真正的友谊。

电玩

你家有体感游戏，任天堂之类的这些玩意儿吗？如果没有，你绝对不是"正常"家庭。电玩跟手机一样，已经成为现代人的一种生活方式，不过通常男孩子花在游戏上的时间比女孩子多。

玩电玩最大的问题是孩子容易沉迷其中，孩子年幼缺乏自律，可以整天抓着游戏控制杆，眼睛盯着屏幕。许多研究指出，沉迷于电玩的孩子，生活单调，不爱活动，思想会变得呆滞，功课学业有倒退现象。沉迷电玩也容易形成恶性循环，当孩子在现实世界中生活遇挫、学业退步时，就会钻到游戏的虚拟世界中去发泄，沉浸在虚拟国度里逃避问题。更令父母担心的是，沉迷电玩可能导致"电玩成瘾病症"。这是指一个人不能玩电玩时，身体会出现头痛、出汗、烦躁不安等病症，但他一坐到游戏机面前，这些症状就立刻消失。电玩成瘾最常出现在现代的青少年身上。

近年推出了一些在线社群虚拟游戏，跟现实生活很相似，有社会阶级、金钱交易、角色扮演等，结果很多在现实中不敢做的行为，都可在虚拟世界"做到"。很多玩家不了解在线游戏犯罪的严重性，认为游戏中的偷、骗是虚拟的，没关系，但实际上一些意识薄弱及自制能力差的玩家容易产生负面认识和犯罪意识，不但身心受到污染，道德观和价值观也受到扭曲。另一方面，电玩制造业者往往为了商业利益，在游戏当中加上暴力、色情等元素，导致常玩电玩的孩子，个性变得暴躁，行为带有侵略性。

先抛开那些带有暴力和色情成分的电玩不谈，玩太多电玩对任何一个人都是不好的，大人如此，孩子更甚。沉迷电玩会剥夺孩子参与户外活动、阅读、正常娱乐、运动、建立与人社交生活的乐趣，影响学业。

但不要太早对电玩判死刑，某些电玩其实能够帮助孩子在学习上有所进步，训练他们的反应，增加他们眼、手、脚的协调和灵活性。研究发现，电玩可以训练孩子的团队精神、决策能力、问题处理技巧、动脑能力、创造能力等。重点是父母要帮助孩子选择有益的电玩，并严格控制时间。

下面一些建议可以帮助父母知道哪一类的电玩对孩子有帮助，哪一类型可能成为孩子成长的阻碍。

一、选择带有教育性的电玩

1. 选择没有暴力、色情内容的电玩

选择可以培养思考能力，具有教育历史、地理、语言等作用的游戏。比如《模拟城市》（Sim City）就是一个很受欢迎的家庭电玩。

2. 了解电玩评级标准

美国和日本的电玩一般都有分级。如果购买美国电玩，不妨留意盒子外头的评级标准：

- EC（Early Childhood，适合3岁以上的孩童）：没有对孩子不良的内容。
- E（Everyone，适合所有人，包括6岁以上的孩子）：可能包含少量的打斗场面，一点不雅的言语，一点恶作剧。
- T（Teen，适合13岁以上的青少年）：有暴力内容、粗鲁言词。
- M（Mature，17岁以上的大人）：有激烈的暴力内容，有色情场景、非常不雅的用词。

· AO（Adult Only，仅限18岁以上成人）：含有暴力和色情内容。

　　某些电玩刚开始不含色情和暴力元素，但跳了两三级之后，就完全不是那么一回事了。有一个热门电玩，进入最高一层是当事人追杀警察，用摩托车撞路人，甚至可以用钱与妓女性交，最后把妓女杀掉。这个电玩没有贴上任何评级的标签，如果父母只看前面一段会觉得平平无奇，但到后面却大有文章，所以父母不妨跟孩子从头到尾走一遍，以确定这些电玩是否适合他们。

　　3. 跟孩子一起玩
　　有研究发现，如果孩子愿意跟父母玩电玩，他们也愿意花时间跟父母做其他活动，拼图、下棋、问与答等都是很好的家庭游戏。

　　4. 体感游戏
　　很多人都玩过体感游戏，这是以身体移动为主的电玩，内容包括网球、保龄球、高尔夫球、垒球等，玩过的人大都大呼过瘾，同时也能达到运动健身的目的。不过玩得太过激烈可能会导致手腕扭伤，这是父母需要注意的地方。

二、拟定电玩规则和限制时间
　　即便是有益身心的电玩，父母也不能让孩子沉溺其中，所以必须拟定电玩规则和时间限制。下面是一些建议。

· 周日半个小时，周末1~2个钟头，但要以课业为先。

- 如果孩子晚上常常不易入睡，早上又起不起来，不妨额外加一个规矩，睡觉前两小时不能玩电玩。如果学业成绩明显下降，则要暂时全面禁止，直等到学业回升。
- 以电玩作奖励。譬如说，学校放假的时候，要求孩子先阅读1小时，然后玩电玩1小时。
- 电脑和游戏机等不可以放在孩子卧室里，玩所有电玩前必须经过父母允许，朋友来访或他们带来的游戏也不例外。
- 设置定时器。让孩子自定时间表，一旦定时器声响，马上停止玩游戏动，违规者会失去隔天玩游戏的特权。
- 父母拟定规则必须贯彻始终，讲到做到，严格执行。
- 孩子到朋友家，父母在家里所拟定的电玩规则和时间都可以套用，以免孩子找借口常往别人家跑。孩子到别人家，父母不妨事前打听对方的家庭背景，与对方父母打个招呼，让双方都有同样的电玩限制。

三、为孩子把脉

你的孩子是否已经患上电玩成瘾症，不妨用下面几个标准来衡量。

- 孩子宁愿花时间在电玩上，也不愿跟朋友同学为伍。
- 侵略性行为出现。孩子玩过电玩之后，脾气变得暴躁且有侵略性行为。
- 对人缺乏关心和怜悯心。孩子对人冷漠，缺乏同情心和怜悯心。
- 学业明显退步。
- 睡眠不足。晚上不能及时入睡，早上不能按时起床。

· 孩子整天玩游戏面前，缺乏适当运动，体重上升。
· 电玩取代了其他娱乐活动。尤其当父母限制孩子玩电玩时，孩子失控发飙。

如果证实孩子已经患上电玩成瘾症，父母需要认真处理，必要时寻求专业辅导。

四、防患未然

为什么孩子会沉迷于电玩？主要是很多父母在孩子年幼时，根本没有花时间在孩子身上，要么用电视作婴儿看顾，不然就用电玩把孩子套牢，目的不外是让自己有个人空闲时间做自己的事情，但这种本末倒置的做法，往往会埋下日后孩子沉溺于电玩的祸根。为了孩子和家庭的幸福，父母不妨在孩子年幼的时候，尽量培养孩子的兴趣，常带他们到图书馆看书，培养孩子的阅读习惯。其他可以考虑的是，带孩子到大自然中收集昆虫标本等。

父母不妨动一点脑筋，想想还有什么东西可以引起孩子的兴趣，譬如球类运动、乐器演奏、下棋。父母如果帮助孩子培养多元化的兴趣和活动，孩子绝对不会沉迷于电玩。我的女儿小的时候，我们常带她到图书馆，让她学芭蕾舞、溜冰、网球等运动，所以她并没有特别爱电玩这些东西，只是偶尔到朋友家"疯"一下。而我们家从来没有购置任何游戏机，甚至后来有亲戚孩子要把他们不用的游戏机送给我们，女儿反而婉转拒绝，理由是这实在太浪费时间，倒不如花时间看看书。不过电玩对男生的吸引力比较大。但不可否认，很多孩子沉迷电玩的主要原因是因为他们觉得没事情做，生活过于沉闷和单调。聪明的父母不妨走在孩子前头，尽量找出可引起孩子兴趣的事物或活动，这才是治标治本的方法。

电视

不到2岁的小蕾，她母亲说她已经相当"懂事"，她知道在书架上挑选自己喜欢的DVD放在播放器里面，然后坐在电视机前欣赏。母亲还说，小蕾学会走路以前，就已经懂得开电视机、玩电脑、开DVD。说实在的，2岁的小蕾跟其他小孩子其实没两样，今天很多小孩子对电脑、电视、DVD这类东西比大人还要熟悉，连3岁的小孩子都会用电视遥控器去选一个频道看他喜欢的节目，但这不见得是好事情。一位母亲带她儿子到商场为朋友购买生日礼物，儿子看到售货员正在抽烟，老成持重地对他说："你可知道抽烟会危害健康？"对方有点反应不过来。当母亲告诉售货员她想买某一个牌子的产品时，儿子又开口说："不要买这个。"然后他指着另一个牌子的产品说："买这个有礼物送。"这母亲一方面感到惊讶，另一方面也感到害怕，因为母亲知道儿子是从哪里学来的，电视原来对孩子有那么大的影响。

小翠3岁多，一个周末她到外婆家过夜，外婆发现这孙女跟以前完全不一样了，孙女整天只想坐在电视机前面，不肯出去散步、逛街，不但没有以前那么活泼了，连外婆跟她讲话也爱理不理。后来从母亲口中知道，最近因为母亲要上班，于是请了一个保姆到家里，但经常陪着女儿的不是这位阿姨，而是电视机。自此，这孩子就判若两人，但妈妈却觉得无所谓，反正电视节目丰富，知识广博，这应该对小翠的智力发展会有好处吧。这个妈妈实在太过天真。

一、电视对孩子所带来的负面影响

最近几年，不管是东方或者西方学者，都对电视口诛笔伐，因为研究发现，电视带给孩子的负面影响很吓人。要知道，无论大人还是小孩，看电视的一个原因是对节目的认同，屏幕中所发生的情节会常在人的脑海中闪现，大人还有分析情节的能力，能分辨真假，年幼的孩子就缺乏这种认知，好的不见得能够完全领会，不好的却可能照单全收。除了电视节目内容让很多父母感到寒心之外，孩子无节制地看电视对大脑和身心各方面都有极大的冲击，社会学者普遍都认同下面讲到的有关孩子在成长过程中，电视对孩子带来的负面影响。

1. 导致孩子注意力不集中

要知道，婴儿从出生到3岁，他们的脑部变化很大，这时期脑部网络的发育跟他们的学习有关，孩子通过学画画、写字、用手触摸东西等来刺激脑细胞的发育，而这些刺激对他们的早期学习非常重要。电视因为节奏太快，与日常生活节奏不符，容易导致孩子脑部刺激过度，造成孩子注意力不能集中。连专家也不敢确定今天许多孩子出现过于好动的情况，是否跟电视机有关。他们认为需要更多的研究来证实，不过美国小儿科学会还是建议2岁以下的婴儿最好不要看电视。

2. 影响孩子身心健康

常看电视会无形中减少孩子们的户外活动机会，也会减少跟邻居、朋友和家人互动的时间。日子一久，孩子容易变得孤僻内向，不爱与外人接触，人际关系就会变得非常脆弱，自然情商也会降低。电视的另外一个弊端是让孩子沉迷在快速转换的画面上，没有太多时间沉思和动脑，剥夺了孩子正常阅读的时间。电视只是提供一些片段和表面的知识，缺乏思考的空间，所以一般来说，喜欢看电视的孩子没有良好的阅读习惯，思考能力也比较弱。

长时间看电视也会造成孩子疲劳、睡眠不足、就寝延迟等问题，这不但让他们的生活变得不规律，健康也容易出现问题。今天很多孩子身体超重，年纪轻轻就罹患糖尿病、高血压等，一方面拜垃圾食物所赐，另一方面电视是帮凶。孩子的睡眠时间在婴儿时期就出现不足的现象，从3个月的婴儿到10岁的儿童，每天的睡眠时间普遍不足。

美国专家认为儿童卧室摆设的电视机是儿童睡眠不足的原因。2009年的资料指出，3/4的美国学龄前儿童在卧房有电视机，3～5岁的儿童卧房有电视机的比例也高达1/3，另外，1/5的婴儿与幼儿房也有电视机。

3. 孩子被低俗电视节目洗脑

现今电视台为了提高收视率，多在电视节目中添加暴力、色情等镜头，孩子因为模仿能力强，无节制地看电视，会受到暴力犯罪的影响。根据学者的研究，常看暴力电视的孩子，出现暴力行为的可能性会增加，其道德和价值标准会降低。如今的孩子，比起邻居和家属的姓名，他们更熟悉电视主角的名字。以前孩子的行为来自父母的教育或邻居的教导，现在则往往是从电视上的人物那里学来的。

过去几十年间出现社会传统道德的滑落，主要拜一些低级电视节目和电影所赐。电视节目制造商为了商业利益，将原来的道德标准和正统家庭伦理作为攻击对象，这不但改变了原来国家的道德规范，也改变了一般正常人的行为。若一个青少年从幼儿时期开始就看过成千上万的谋杀、强暴等镜头，其心理和情感对痛苦的敏感性会降低，使得他们对现实生活中杀人、伤人这类事情变得无动于衷，这也解释了最近几年校园枪杀事件频频出现的原因。常看暴力电视节目的孩子容易有侵犯行为，容易焦虑和恐惧，以为暴力是处理问题的合理方式，而在电视和电影的剧情中，暴力行为总是与喝酒、抽烟、性行为扯上关系，孩子耳濡目染，把暴力和这些不当行为看成正常，日后他们也会效法。

4. 某类电视节目会扭曲真实世界

看电视入迷的孩子，会以为屏幕上所见的才是真实的，甚至把自己当作是剧情中的角色，将现实的人生放在第二位，产生似是而非的观念和认知。曾听到有孩子披上红衣，扮作超人，从高楼寓所往窗外跳，正是因为电视把他的真实世界扭曲了。另一方面，孩子对神奇恐怖剧情又爱又怕，但孩子年幼，没能力分辨真假，容易产生幻想，结果呢？晚上不敢一个人独睡，或者搞到噩梦连连。现在连过去标榜全家观赏的迪士尼卡通片也穿插有这些片段，这实在令人惋惜。

5. 容易挑起孩子的物质欲望

现在有很多针对孩子的电视广告，因为孩子容易受到广告的影响，造成他们对物质有无穷的欲望。美国曾经有个孩子为了买一双名牌鞋子而犯下枪杀案。孩子认知能力差，不善于正确分析，容易受到电视广告的影响。

二、怎样约束孩子看电视

1. 计算目前家人花多少时间看电视

在确定应该允许孩子花多少时间看电视以前，建议父母最好先计算一下，目前他们跟孩子每天花多少时间看电视。如果你从来没有这样做过，未来的几天花点时间记录你们一家人看电视的时间，一打开电视机就开始算时间，一个星期之后，把时间加起来算一算，说不定这会让你下定决心改变你们一家人看电视的习惯。

2. 改变家人看电视的习惯

如果你发现家人看电视的时间实在太过惊人，那么这正是改变看电视习惯的时候。正如吸毒酗酒一样，这种沉溺习惯是可以改变的，但必须要有计划和坚决的心态，孩子尤其需要父母帮助他们改掉这种不良习惯。

· 跟家里每个成员提出你对看电视这件事的关注，把这个看作是对家人的教育过程，让他们了解看电视对人的负面影响。
· 尝试执行"1个月不看电视"计划，并坚持到底。

· 以其他健康活动取代看电视。譬如说，下棋、玩扑克牌、学钢琴、学吉他、画画、游泳、浏览图书馆、参加球类活动、到公园散步、郊外骑脚踏车、培养阅读习惯等。重点是帮助孩子找出他们有兴趣做的事情或活动。

3. 限制看电视的时间

一旦孩子对电视已经"断瘾"，父母可以允许孩子再看电视，但这时候需要训练孩子的自律精神，父母可为他们拟定看电视的规则，方法如下：

· 为孩子准备一个电子定时器，从孩子看电视时开始计算，限制半小时或1小时，时钟响了，他们自动停止看电视。
· 孩子要看的节目结束，就把电视机关掉。
· 不允许孩子转换频道。
· 拟定"没电视时间"规则。譬如说，吃饭时间、晚上6～8点做功课时间等，父母按情况来拟定，寒暑假或周末按情况有所变通。
· 考虑把电视机锁住，孩子得到父母允许才可以看。
· 偶尔来一个"无电视日"或"无电视周"，如果有什么好看的节目，可以录下来，等日后再看。最好在孩子朋友到访时也照样严格要求，让孩子知道你的认真，也让他们有跟小朋友互动的时间，同时也给其他家庭作好榜样。

4. 有选择性地观看节目

看哪些电视节目必须经过父母同意，并且坚持执行。让孩子明白，看电视是需要经过父母允许的，而非理所当然。有时候父母可以将看电视作为跟孩子讨价还价的手段（孩子行为不检，当天不准看电视）。

5. 卧室绝对不放电视机

电视机如果在孩子卧室，父母就无法实时监管，而且孩子容易沉迷，造成睡眠不足，学习成绩铁定受到影响。

6. 不要矫枉过正

要知道，正如其他电子产品一样，电视也有它正面的功能，只是父母必须慎重地为孩子和家庭做适当和有教育性的选择。下面是几条对父母的建议：

- 有些高质量的电视节目如《芝麻街》等，可以教育孩子怎样做一个仁慈、善良、有智慧的人。所以父母不妨跟孩子坐下来观看，决定节目是否适合孩子，有些网站也会提供儿童电视节目的评论，父母可以先看过评论后再做决定。
- 跟孩子一起观看电视可以帮助建立亲子关系，也让父母明白孩子的兴趣在哪里，同时给父母机会向孩子灌输正确的价值观。譬如说，当在电视上看到不正常的性行为出现时，父母可以借机会跟孩子讨论有关道德上的问题，而不是马上把电视关掉，或者很严肃地跟孩子说："你会做这种事情吗？"父母可以借着不同的机会，对孩子作性教育。

三、按孩子年龄施行

1. 2岁以前

2岁以下的孩子，电视对他们没有任何智力上的好处，遑论社交层面上。有很多研究甚至指出，儿童注意力缺陷多动障碍（Attention-deficit hyperactivity disorder, ADHD）是幼童观看电视造成的结果。虽然美国幼儿学会建议2岁以下儿童不要看电视，但很不幸，每天还是有很多2岁不到的孩子在看电视。

2. 学前儿童

幼童和学前儿童最容易受电视人物的影响。为防止他们晚上做噩梦，父母要特别留意孩子观看的电视节目，甚至一些电视卡通人物也会造成负面的影响。父母要注意电视节目的内容和对白是否适合，孩子耳濡目染，很多不该说的话往往都是从电视节目的人物中学来的。

3. 学龄儿童

限制孩子看电视的时间，免得他们学业受到负面影响。带有暴力倾向的电视节目容易导致孩子出现暴力行为，父母要注意孩子看电视的内容，确定其与你家的价值观相符。

4. 青少年

孩子在这个年龄容易受到物质的引诱，电视广告正是针对他们而来的。对孩子说明你的生活准则，晚上很多电视节目带有挑逗性、不雅镜头、粗鄙言语和暴力行为等，所以父母平常的家庭教育和品德培养非常重要。

父母在把电视机抛到窗外以前需要以正面的态度来看电视的存在价值和意义。电视的确有它值得保留的一面，很多电视节目是为孩子设计的，给孩子提供了很好的学习机会和娱乐的途径。著名的《芝麻街》《天线宝宝》《花园宝宝》等都是非常不错的儿童节目。但最重要的是，父母需要在这方面为孩子拟定看电视的家庭规矩和时间，避免电视带来危害。

网络安全

那天是周末，小明父母从外面逛街回来，一打开电脑，小明爸爸就感到不对劲了。在谷歌搜索引擎上，他看到有"少女""裸体""裸女"等字眼，打开网络浏览器，翻开曾经访问过的网站，就看到几个色情网站。当他把9岁的小明叫过来的时候，小明显得非常不自在。他承认浏览过一些不应该去的网站。虽然父母亲没怎样严厉责备他，但经过这次之后小明的个性就变得非常沉默，总是回避跟父母讲话，失去了以前的欢笑，常一个人待在房间。小明父母一方面担心，不知道那些色情网站对小明有怎样的影响，另一方面，他们也不知道怎样跟他谈这件事情。

网络的发明改变了人类的生活，不但做到以前我们先人所讲到的"足不出户却知天下事"，过去的历史和现在世界任何角落的事件都可以在弹指间得知。网络的出现也带给人类更加多姿多彩的生活，无论在娱乐、消遣、沟通、咨询、购物、互动、教育等方面，都跟以前完全不一样了，世界也因为网络的发明变得没有疆界。

但网络有如双刃剑，有利也有弊。色情的网站、四处蛰伏的猎头、网络偷窥者、虚假的社交网站等都让网络危机四伏。让人担忧的是，这个时代长大的孩子，他们对网络的熟练往往在父母之上。父母理应在网络上想尽办法保护孩子，但很多时候父母连"计算机病毒"是怎么一回事都不知道，在电脑上储存一个文档也要孩子帮忙，又怎能要求父母在电脑上安装安全软件去阻止孩子上色情网站？

虽然这里不是对父母传授网络知识，但却希望引起父母的注意，好帮助父母及时在网络安全上做一些防患未然的工作。网络的确存在许多陷阱，但网络也有其存在的价值和意义。父母的责任不是阻止孩子上网，而是对网络要有深刻认识，并且了解孩子在网上所做的事情，然后给予他们适当的指引，并且拟定网络使用规则，帮助孩子懂得自律，另一方面，也让他们知道如何保护自己。

一、先做防患工作

1. 父母要充实自己的网络知识

浏览一些为父母提供网络安全建议的网站，参加小区、学校提供的有关网络安全的讲座，跟其他对这些事情也很关注的父母交流心得。当孩子到朋友家使用电脑上网时，不妨事前跟对方父母打个招呼。孩子上网的用户名、密码和用户数据，父母都需要知道。

2. 把电脑放在明显的地方

不要让孩子在卧房放置个人电脑，应把它放在一个每人都会经过的明显地方，也许是客厅或餐厅。这可避免孩子在暗地里做偷偷摸摸的事情。

3. 拟定网络使用规则

下面是一份父母与孩子订立的使用网络规则的样本，父母可以参考。

- 上网前必须先征求父母同意。
- 未经父母同意，不可以在网上告诉对方任何个人资料（包括姓名、电话、地址、年龄、照片、电子邮箱等）。
- 未经父母同意，不可与网络上认识的人碰面。
- 未经父母同意，不可以进入网络聊天室（chat room）。
- 未经父母同意，不可以告诉对方你现在身在何处，或告诉对方你正在做什么事情。
- 在网络上认识的新朋友，必须让父母知道对方是什么人。
- 不可以通过网络使用信用卡。
- 未经父母同意，不可以通过网络购买任何东西。
- 未经父母同意，不可以下载任何文件。
- 未经父母同意，不可以私下在网站登记注册。即便你允许他们登记注册，父母也应该好好把网站的要求细读一番。
- 在网络上看到或收到任何让你感到非常不安的东西（恐吓性的电子邮件、不雅照片等），马上告诉父母。

父母不妨把定下的网络使用规则写下来，要求孩子签名，好表示你是认真看待，并且把规则放在电脑旁边显眼的地方。父母也需要让孩子知道，这些规则不但适用于家里，也要求他们外出使用公共电脑或别人的电脑时遵守。

4. 制定"随时经过"规则

意思是说，父母经过走道，如看到孩子马上切换屏幕、把电脑盖住、把电脑关掉等行为，父母可以马上切断电源，并且不许孩子当天再使用电脑。这要严格执行。

5. 与孩子维持亲密关系，灌输给孩子有关网络的安全知识

父母与孩子关系越是亲密，孩子越能够感到父母的关注并愿意跟父母合作。让孩子知道，任何时候父母都愿意跟他谈论任何事情。许多父母没有跟孩子谈论有关网络安全的事情，父母不妨让孩子知道，在网络上常发生成人装扮成小孩子骗人的事情。

6. 限制上网时间

限制孩子的上网时间，如同限制他们看电视、玩电玩。孩子需要到外面与人接触交往，学习社交，面对面与人沟通交流。有些父母会设定上网时间，时间长短视具体情况而定。

7. 熟悉孩子使用的网络术语

孩子可能会发明一些网络术语，目的是让对方知道他们父母正

在附近，很可惜，很多父母不知道这些术语是针对他们而设立的。所以做父母的，不妨花点时间搞清楚孩子在这方面的伎俩。下面是美国小孩常用的术语：

A/S/L：age, sex, location（年龄，性别，地点）

BRB：Be right back.（很快就回来。）

DIKU：Do I know you?（我认识你吗？）

ILU：I love you.（我爱你。）

P911：我爸妈在房间。

PA：Parent alert.（父母警报。）

POS：Parents over shoulder.（父母在监视我。）

PIR：Parent in room.（父母在房间。）

PAW：Parents are watching.（爸妈在看着我。）

WUF：Where are you from?（你来自何方？）

PANB：Parents are nearby.（父母在附近。）

PAL：Parents are listening.（父母在听着。）

JMO：Just my opinion.（这是我的看法。）

N/P：No problem.（没问题。）

143 or 459：我爱你。

420：大麻。

LMIRL：Let's meet in real life.（我们出来见面。）

1, 2, 3, 4, 5：Parent reading the screen.（父母正在看屏幕。）

8. 用搜索引擎搜索你孩子的名字

有专家甚至建议父母在网络上搜索他们孩子的名字，一旦发现孩子的信息已经到了网络上，父母可尽早找出原因，并且做一些补救工作。

9. 定时检查

每个月至少在电脑上浏览一次孩子下载的文件，看看是否有不宜的东西。至少一个月检查一次孩子曾经浏览过的网站，看看是否有他们访问过的网站。

二、为孩子进入网络做准备

父母需要按照孩子的年龄和成熟程度来教育孩子如何使用现代科技，说老实话，孩子开始也许需要父母帮助，但他们很快就会驾轻就熟，过不了多久，孩子在网络高科技这方面就会远超父母。但不管如何，父母要常常在这方面自我充实，也需要与孩子并肩前进，好跟得上时代步伐，按照孩子的年龄做适当的教育。

1. 4～7岁

这个年龄层的孩子尚且年幼，未经父母监督，他们不适合单独使用电脑，就算父母允许使用，也应该有时间限制。尽早要求他们遵守电脑使用规则：不能把姓名、电话、地址告诉别人，只有经过父母同意才可以使用电脑。这个年龄的孩子，适合使用教育性的软件，玩与数学、字母、汉字有关的游戏。

孩子在这个年龄开始接触电脑，父母不妨提供一些简单的电脑游戏和教育性软件，也可以协助他们到有趣味性的儿童网站玩耍。尽管孩子领会得很快，但一些比较复杂的事情还是需要父母的帮忙，所以要对他们有耐心。这个年龄的孩子也会接触同辈朋友，也许是学校同学、小区其他家庭的小孩子。偶尔朋友到访，或者到别人家作客，孩子或多或少会参与电玩，趁孩子年幼，父母应尽早与孩子商谈有关电玩和电脑的使用规则。有时候由于学业上的要求，孩子可能需要学会怎样获取网络资源或使用打印机，父母不妨加以指导。这个时候也许他们需要设立电子信箱，为了孩子的安全，父母可以考虑跟孩子使用同一个电子邮箱。

监管孩子上网，把电脑放在醒目的地方，限制使用电脑的时间，检查电脑游戏的适合程度，一步一步讲解有关电脑的使用守则，特别是强调不可透露自己的姓名、父母的姓名、家里的电话号码等。

2. 8～11岁

这个年龄的孩子，对网络科技已很熟悉，他们知道怎样在网络上寻找数据作读书研究报告，懂得使用电子邮件跟同龄人以及亲戚朋友联系，但他们也很容易成为网络的"性猎物"，因此父母需要额外注意和保护他们。一方面要求孩子严格遵守家里所拟定的网络使用规矩，另一方面也让孩子充分了解网络上充满危险和陷阱，叮嘱孩子避免与陌生人接触，小心屏幕弹出的不雅广告。如收到不雅照片或来历不明的电邮，必须让父母知道。

3. 12～14岁

这个年龄段的孩子精于在网络上寻找各种资源，在聊天室跟同龄人天南地北谈得不亦乐乎。不过，缺乏自律的孩子容易沉迷其中而荒废学业，另外，这个年龄的青少年更容易成为网络上的"猎物"。为了保护孩子的安全，父母必须要给孩子设立严格的网络规则，并且限制他们使用电脑和上网的时间。父母在严格要求孩子遵守家庭规则的同时，也需要跟孩子维持良好的亲子关系，保证沟通渠道畅通，可以偶尔跟孩子谈论与网络有关的事情：

· 是否有看过色情图片？
· 是否有人企图与他们接触？
· 是否与在网络上认识的人见过面？
· 是否有人询问他们的个人资料？
· 是否有人企图与他们见面？

一旦感到有不对劲的事情，父母必须马上处理。

4. 15～19岁

不论孩子是否已成年，只要孩子还在家里，父母仍应要求孩子遵守家庭所拟定的规则，电脑绝对不可以放在他们的卧房，这没有商讨的余地。前面提到的有关网络的规矩，在这个年龄还应继续要求他们遵守。孩子进入青春期，身体受荷尔蒙的刺激，对性的诱惑非常敏感，所以父母要注意网络上的色情广告。

三、亡羊补牢

一旦你知道孩子在网上已经被人盯上了，或者你发现孩子频频到色情网站浏览，你应该怎么做？首先，不要过分激动，必须平心静气来处理。尽管你可能暴跳如雷，血压升高，但请记得怒气不能成事，也不能改变已经发生的一切，你越平静，效果就越显著。下面是父母可以采取的处理方法。

1. 跟孩子沟通

尽量收集足够的资料，开诚布公地跟孩子对话。这件事已经进行多久？还有什么人参与其中？是大人还是小孩？如果是孩子，尽量通知对方父母。打听当地法律的规定，必要时通知当地警察局。如果孩子违反当初你跟他们所设定的上网规则（下载不当文件、使用信用卡、浏览不当网站等），要按章处理。

2. 暂时不允许他们使用电脑

父母如果不在家，暂时不让他们使用电脑上网。

3. 联络网络服务公司

很多提供网络服务的公司允许父母自行拟定进来的电子邮件，父母可以从电子邮件的发件人知道发信人是什么人。必要时，你可以更换孩子的用户名或密码，甚至打电话到电话公司要求更换电话号码。

4. 联络信用卡公司

如果你孩子曾经偷用你的信用卡，到过色情网站购买或者下载色情文件，你最好更换信用卡密码，并且从现在开始特别留意你户头的购买动向以及每个月的账单情况。

5. 检查邮件包裹

注意寄给孩子的包裹或者邮件中有什么不寻常的东西。

6. 监控孩子的行动

注意孩子最近的活动和行为是否有不寻常之处（吃饭胃口、睡眠习惯、情绪起伏等），必要时寻求专业辅导。

聊天软件

据估计，有过半孩子每天都会到聊天软件报到，晚上熬夜泡聊天软件，早上爬不起来上学，在课堂就打瞌睡，等回家之后又频频等着手机传来的聊天软件新信息。如果你是家长，应如何处理孩子这种行为？聊天软件有它存在的价值和意义，但孩子成瘾也是一个大问题。如果孩子不能约束自己，那这就跟吸毒、酗酒没有什么差别。父母最好在孩子尚未聊天软件成瘾以前，好好帮助他们。

一、检查孩子是否出现聊天软件成瘾情况

青少年若有聊天软件成瘾，可能的迹象如下：

· 每天使用聊天软件超过1个小时。
· 宁可牺牲睡眠时间还要继续在聊天软件上流连。

- 当时间、场合都不合适时，仍想尽办法找机会上聊天软件。
- 把玩聊天软件看得比学校课业或其他社交活动还重要。
- 只喜欢在聊天软件上聊天交朋友，对现实的人际互动却没兴趣。
- 因无法连上聊天软件而感到浑身不对劲。

二、帮助孩子戒除对聊天软件的依赖

- 父母也在聊天软件注册，并要求孩子把你加为好友，借以观察孩子的使用状况。如果孩子感到被窥视而不舒服，父母可以坦白说明目的，通过沟通建立双方可接受的规范。例如要求孩子只浏览，而不回应友人的对话或发布的照片。
- 定期和孩子讨论所见，了解其兴趣所在与如何分配时间，若有不妥处，应适时给予提醒。例如发现孩子聊天、玩游戏的时间太长，或每天上聊天软件查看的次数偏多，或者发言的内容不恰当，父母主动介入关心并进行辅导。
- 限制每天上网时间，规定使用时段，教导孩子如何有效管理时间。除了聊天软件以外，孩子或许也会利用网络处理其他事务，训练他们将有限的上网时间做好规划，必要时可在电脑旁放置闹钟、定时器。
- 全家也可以每周几天实施"无聊天软件日"，一起从事其他娱乐活动，让孩子知道没有聊天软件也能正常生活。

如果尝试过上述方法，孩子依然欲罢不能，仍强迫性地想去玩，建议最好还是尽早寻求专业辅导的协助。聊天软件虽然带来诸多的乐趣与便利，但也要让孩子懂得"适可而止"的道理，以免玩过头而迷失在网络虚拟的世界里。

因特网（Internet）的发明实在让人兴奋，它改变了人类的生活方式，连孩子都能够体会到它的好处。年轻人通过网络获取知识，让他们得到更高层次的教育，增加人际交往的机会，网络也提供了更多职业选项，让娱乐变得多样化，生活显得更多姿多彩。

　　但因特网对年青一代的负面影响也日益严重，很多年轻人几天不上网就受不了，这种依赖心理很容易导致网络成瘾症。过度使用网络也会让那些经常上网的年轻人产生恐惧心理和孤独感，他们依恋网络的虚拟世界，日久对着计算机会更孤立、冷漠和非人化，造成社交能力下降，心情紧张，个性孤僻和冷漠，本来性格内向的人更加内向和自我封锁。另一方面，网络犯罪也变得年轻化，有很多小孩子居然崇拜黑道，有些甚至有成为黑道的念头。年轻人落入这种光景并非一朝一夕造成，双亲外出工作、单亲家庭的出现、父母缺乏对网络的了解，都导致孩子使用网络缺乏监管，结果就是孩子过度依赖网络，严重的甚至出现网络成瘾症候群。

　　我曾经帮助过一个家庭，夫妻因工作而长期异地相隔，儿子从小跟母亲生活，可以说是随着网络长大。大学毕业后既不进修也不找工作，每天躲在房间上网过他独行侠的优哉生活，而年迈的母亲还在外头赚钱维持生计。其实，今天很多家庭都在不知不觉中塑造了类似这样的"寄生虫"。为了孩子未来前途着想，父母最好趁孩子年幼时，帮助他们学会节制，并且协助孩子有一个均衡的生活。

结论

根据美国凯瑟家庭基金会（Kaiser Family Foundation）的统计，今天孩子平均每天要花7个半小时在手机、电玩、电视、电脑和网络上面，换句话说，孩子每个星期有50多个小时沉迷在这些电子产品上。算一算，孩子在这些东西上花的时间居然比大人上班还多。根据该机构的研究，花时间在这上面越多的孩子，他们的学业成绩越低。这些孩子也承认，他们父母在家里并没有拟定任何电子产品使用规则或限制。报告也指出，如果父母在家里有拟定规则和时间限制，孩子花的时间会平均减少一半。很明显，父母在这方面具有举足轻重的作用。而且做父母的要知道，当孩子年龄越大，尤其到了青少年时期，他们使用电子产品的时间就越多，如果父母不趁孩子年幼时设定电子产品使用规则和限制，日后要改变孩子的习惯就非常困难。

当然，父母本身也必须以身作则，如果父母习惯每天晚上坐在电视机面前看连续剧到深夜，或在电话上东家长西家短讲个不停，你要孩子少用电脑和手机绝对是纸上谈兵。所以在家里不妨多放柔和音乐，尽量少看电视。全家相处时间、家庭用餐时间，应禁止看电视、用电脑、听电话、收发短信。平常多参与社团聚会、社交活动、室外游戏等，不妨偶尔来个无电子产品的周末，一家到野外露营亲近大自然，欣赏自然奇妙的创造，这些都可以营造家庭相聚的快乐时光，也可以减少电子产品对家庭的负面影响。

◎ 问题讨论

1. 你曾经为孩子要买手机、平板电脑，玩电玩机这类事情感到头痛吗？你是怎样处理的？

_____

_____

2. 你是否认为孩子对家里的电子产品比你还熟悉？你如何知道他们在你背后做了一些你不知道的事情？你会怎样处理？

_____

_____

3. 你对孩子使用手机、电视机、电脑等有限制吗？最大的难处是什么？

_____

_____

4. 这一章给你最大的挑战是什么？哪些你可以马上套用在你的孩子身上？

_____

_____

11 品格培养（上）

前些年，中国有本畅销书名叫《哈佛女孩刘亦婷》，讲述一名被美国哈佛大学录取的女孩子的故事，全书内容是她母亲记录她读书的成功史。结果盛极一时，这名女生成为很多父母要求孩子模仿的对象，从此家庭对孩子的要求标准又向上推高一点，父母对孩子施加的压力更大了。

在望子成龙的期盼下，许多父母为了给孩子打造一条直通哈佛大学、剑桥大学的道路，无论花多少钱都在所不惜。问题是，父母这种"万般皆下品，唯有读书高"的心态，给孩子传递了一个错误的信息："其他都是不重要的，你的人生目标就是去读哈佛这类名校。"

品格及其培养

一、品格的重要性

我曾经收到过一个电子邮件，讲到世界各地的特色：

到了美国，才知道不管对方是谁，你都可以打个官司告一告；

到了奥地利，才知道连个乞丐都能弹上一支小调；

到了瑞士，才知道开个银行账户，没有百万美金会被人耻笑；

到了撒哈拉，才知道节约用水的重要；

到了阿拉伯，才知道做男人是多么的骄傲；

到了中国又怎样？

过去几十年，中国经济腾飞，外汇储蓄举世无双，中国人为此极为自豪。但在这背后，却隐藏着让中国人不安的事实，那就是部分中国人的道德水平已一落千丈。

在一个大学的实验室里面，一个母亲叫她3岁的孩子做"坏"事，吩咐他故意捣蛋，把杯子里的水倒在桌子上，讲了5次，孩子都不肯这样做；另外一个母亲也是这样吩咐自己4岁的儿子，但他也不肯去做。这表示什么？三四岁的孩子都懂得对错的观念。镜头转到一群十来岁的青少年身上，他们晚上跑到主人外出的家中，极尽破坏能事，把所有家具推倒、窗门玻璃打破，喂狗吃毒品，把活的金鱼放在微波炉里，把油漆泼在墙壁上。到底是什么原因让三四岁孩子都能分辨对错，却让十几岁的孩子变成比魔鬼还恐怖的人？

品格培养导师迈克尔·约瑟夫森（Michael Josephson）认为，

这是父母教育孩子失败的结果。他说，你看到孩子打人、骂人、吐口水、使劲摔门、吼叫、跺脚、大哭大闹、没礼貌、挑食、顶嘴、手足对骂、说谎的时候，是否想过这些行为是从哪里学来的？孩子天生是如此吗？绝对不是！是孩子在家里看到父母所作所为，耳濡目染的结果。俗语有说，上梁不正下梁歪，因为父母本身品格出现了问题，所以不能为孩子提供良好的教育。更重要的是，如果家庭不能为孩子提供学习良好品格的环境，便只能任由外面的世界去随意塑造他们了。

二、良好品德包括什么

父母花许多心血栽培自己的孩子，等他们进入大学或者进入社会后，对他们最重要的，不是英文、数学或计算机知识，而是在漂浮不定的人生中，他们是否能够过着自信乐观的生活，是否知道如何经营自己的家，是否懂得如何维系自己和他人的关系。当面对自己的人生时，孩子所能凭借的不是头脑上的知识，而是内在的品格，这包括诚信（honesty）、正直（integrity）、勇气（courage）、正义（righteousness）、可靠（reliability）等。他们将来的事业能否成功，家庭能否幸福，不但在于专业知识是否扎实，更得凭借良好的品格素质。

有项美国著名运动教练的意见调查显示，优秀的运动员（成功的人）应该具备的品格如下：可靠、忠诚、专心、可信赖、坚定不移、自我牺牲、自我控制、遵守纪律，有决心，有信心，有贡献、合作精神。

《家庭美德指南》（*The Family Virtue Guide*）与《教孩子正确

的价值观》（*Teaching Your Children Values*）这两本书列举了世界各地的价值观——大约涵盖了世界上20个主要文明：爱心、尊重、诚实、自律、勇气、诚信、与人为善、自我接纳，这些价值放之四海而皆准，是人类良好行为的规范。因此，父母应培养孩子的美好心灵和良好的生活习惯，帮助他们将来成长为身心健康、自律自信，又能与人和睦互助的全人。

三、如何培养孩子的品德

孩子像一面镜子，成人所做所讲，他们都会模仿。所以，孩子所学到的行为，绝大部分是模仿过来的，只有小部分是根据大人的指示而做的。人就像一盘录音带，每天听到的话、所经历的事情都会进入潜意识里被"录"下来。大人成为孩子的模仿对象，孩子成长过程中所听到的语言就是他们日后的语言，在中国家庭长大的孩子会讲日语和德语吗？不会的！

孩子模仿的对象包括父母、亲戚、朋友、同学、同辈、老师、电视，与外界接触越多，他们模仿的对象也越多。我们无法掌控孩子所接触的对象，但我们可以限制孩子所接触的人、事物，譬如电视、电脑、网络等。毋庸置疑的是，早期孩子模仿的首要对象就是父母，因此父母要为孩子树立良好的榜样。

由于篇幅过长，我将品格培养分成两章，这一章重点放在孩子爱心的培育、学习尊重、培养诚实和学会自律上，下一章会谈到勇气、忠诚、心平气和和自信。为了避免父母只是对孩子说教而缺乏实质的行动，每一个品德培养单元结尾都有一段家庭讨论时间，建议父母以此为参考，定时（最好每个星期一次）抽出一个晚上，全家一起讨论一个主题，以获得更好的成效。

爱心

一、前言

虽然我们很难为"爱"下具体的定义，也无法说得完全，但每个人都需要爱，大人如此，孩子也一样。孩子有了爱，他们生命中将会产生很大的满足感，他们会懂得爱自己、爱别人，甚至爱小动物和周围的环境。一切都是从爱开始的。

1. 肯定你的孩子

孩子从小就渴望从父母那里得到爱，对孩子来说，所谓爱就是父母对他们无条件的接纳和肯定。孩子的优点父母欣赏，孩子的不足父母也能接纳，对孩子来说，这就是他们需要的爱。孩子天赋不同，有些擅长文学，有些爱好音乐，有些喜欢运动。如果孩子的嗜好并非父母所认同的，父母能够按孩子的本相来接纳、肯定他们吗？还有，当孩子捣蛋、对父母叛逆之际，尽管父母不见得认同孩子的不良行为，但孩子具有不足之处是否能被父母接纳呢？对父母来说，这是一个很大的考验。要知道，父母对孩子的无条件接纳和肯定也正是父母对孩子爱的肯定。

2. 花时间跟孩子在一起

父母不能仅仅靠嘴上讲爱，因为孩子不是光听你嘴上说的而已。对孩子来说，爱就是你愿意花时间跟他在一起。很可惜，今天许多父母对孩子物质上一点都不吝惜，可以说对孩子有求必应，平板电脑、手机、体感游戏机、电脑，要什么就给他们什么，而对孩子最需要的父母的陪伴，父母却往往说："对不起，我太忙，没有时间。"要知道，孩子根本不在乎房子有多大，是否干净整齐，对他们来说，最重要的是他能否感觉到家的温暖。

父母该怎样做呢？在繁忙的日程表当中拨出一些时间跟孩子约会，把这看作是与重要客户谈生意的时间。就算是只有一个钟头的时间，你也可以告诉他，你现在有一个小时的空档，你希望我跟你做什么？也许孩子提出来的是很幼稚的活动，管他呢，他们就是要跟你在一起，那就是你给他们的爱，是孩子从别的地方得不到的。你的公司随时可以找到一个人取代你的位置，但你作为孩子父母的角色是无人可以取代的。

3. 实质行动

不要光用嘴巴告诉孩子要有爱，孩子要看到你的行动。孩子一直在观察你如何与人互动，如果你自私自利，对人态度恶劣，孩子也会用同样的态度待人，因此，父母要成为一个关怀人的好榜样。如果你多表达对他人的关心和关怀，等于无形中教导孩子关心和关怀别人，你会成为孩子的榜样，他们会做你所做的。例如在过年过节时，请孩子帮忙收拾旧的衣物送给有需要的人，把孩子不要的玩具送给那些有需要的家庭，捐助孤儿院、慈善机构等。带孩子到孤儿院参观，参与灾区救助，邀请孩子作志愿者，善待街上的流浪汉，施予乞食者等。

教导孩子爱大自然，爱护周围环境，不乱丢垃圾，爱护公物，做大自然的好管家。还要教导孩子爱护动物，因为爱护动物可培养他们拥有一颗善良的心，对周围的生物有怜悯的心肠。可以带他们到动物园，或是让他们看看小狗的出生，给他们解释，那是自然奇妙的创造，是需要我们尊重和爱护的。

4. 管教也是爱

管教孩子也是爱的表现。管教不是对孩子禁足，或者打屁股，管教是一种爱的表示，是要改正他们的错误行为。如果孩子犯错，父母不管教，这并不是爱孩子的行为，而是放纵他们，日后会导致孩子无法无天。管教从来就不是有趣的事情，但却是爱的表示。不过，管教孩子是一回事，管教孩子的方法和态度又是另外一回事。孩子有错，可以告诉他们你不喜欢他们的行为，但对孩子讲话的态度、语气、声调要让孩子感到被尊重。对孩子又吼又叫，极尽威胁、恐吓地责骂他们，这不是惩罚，而是虐待。适当的管教是需要的，但要给他们合理的解释，让孩子知道施行处罚是为了他们好，态度要温和（详细情形请参看第6章）。

5. 夫妻恩爱也是向孩子灌输爱

霍华·韩君时教授分享过他家庭的故事。他的孩子正处于青春期，有一天同学跟儿子回家，父亲正和母亲喁喁私语，儿子看到这情景就对同学说："我们等一会儿再进去，因为我父母正在卿卿我我。"未料对方居然回答说："有什么关系，我倒希望看到我父母多做一点，我父母已经离婚，母亲带回来的男人每天都不一样，我都不知道谁是我爸爸。"孩子希望看到家里充满爱，尽管父母嘴里跟孩子讲爱，但是如果他们看不到父母彼此相爱，对孩子来说这种爱是非常空洞的。

二、家庭讨论

开始之前：

· "一、前言"的部分给父母阅读，"二"才用作家庭讨论。
· 讨论题目只作参考，父母请按孩子年龄选择问题，可按家庭情况添加或修改题目内容。时间最好限制在30分钟到1小时。
· 讨论问题不要只是针对孩子，免得让孩子以为讨论是针对他们的。（譬如讲到尊重，父母不要马上指出孩子过去对父母有不尊重的行为，而是先以自己过去的失败为例子，这样孩子才容易吐露心声。）
· 讨论的一个目的是增加家庭沟通的机会，同时也增进亲子关系。切勿将家庭讨论时间作为攻击和控诉孩子的机会。
· 夫妻若有不同意见，最好私下讨论，不要在孩子面前争吵。

1. 问题讨论（以下为家庭讨论，父母问，孩子回答）

· 你认为有人爱你们吗？你怎样知道别人爱你？

2. 实例

· 小华和朋友在外面玩耍，他穿了妈妈刚买给他的新鞋子，现在这双鞋子上都是泥巴，你认为小华的妈妈还爱他吗？

- 2岁的小洁想知道妹妹的玩具小狗是否可以游泳，就把它放在厕所马桶里面，你认为她妈妈还爱她吗？
- 6岁的小豪没有把拼图做好，他说自己很笨，很蠢。你认为他爱自己吗？你认为爸爸妈妈爱他吗？

3. 深入讨论

- 你认为爸妈爱你吗？（建议父母用平常心听听孩子的心声，不要强辩，事后夫妻私下检讨。）
- 什么时候你最能感受到父母对你的爱？
- 你认为爱是否也包括惩罚管教？为什么？
- 别人如何从我们身上感受到爱？

尊重

一、前言

尊重的定义是关注、体贴和考虑别人，避免在言语上或行为上伤害、贬抑、侵犯别人，尊重包括对自己，也包括对他人。尊重是一种终生学习，是一个持续不断的过程。

我们常常听到"己所不欲勿施于人"，你要人家怎样待你，你就要怎样待别人。尊重人是一种态度，孩子若懂得尊重，他们的一生就更容易成功。如果孩子不懂得尊重别人，他们便很难跟同辈相处。不知道尊重在上掌权的人，不能跟人合作，不能跟老板相处，他们的情商铁定有问题，那又如何能够出人头地？

　　常常听到父母讲今天的年轻人不知道尊重别人，讽刺的是，父母教导孩子对人要有尊重的态度，但自己教育孩子的方法却让孩子感到不被尊重。父母这种矛盾的教育方式，如何能使孩子学会尊重人？如果父母粗暴不礼貌，孩子自然也不会对人有尊重的态度；教导孩子尊重别人，我们自己必须成为孩子的模仿对象，我们也要抱着尊重孩子的态度。

　　如果在你的成长过程中，父母用的是批判、辱骂、责打等教育方式，你的心中是否感觉受尽藐视、轻忽，不被尊重；很不幸，等成为父母之后，当孩子针对你而来，而你又看不惯他们的幼稚行为、不负责任的态度时，你会不知不觉使用上一代的教育方式来对待自己的孩子，会讲出同样不尊重人的话。

　　怎样教育孩子尊重他人？父母首先应改变自己的思维，就是要学会怎样看待一个小孩子，明白什么才是尊重。每一个人生出来就有自尊，要尊重别人首先得承认这一点，无论种族、肤色、有钱没钱、大人小孩，每个人都有自尊，对人不尊重就是否定一个人的自尊。

1. 注意你讲话的语气和态度

　　用责骂、吼叫、批评、威胁等不尊重孩子的教育方法，只能收到一时之效，等孩子到了可以跟你对抗的年龄，这种方式就一点都不管用了。你希望孩子怎样尊重你，你就得用同样的态度对待孩子。不论孩子是住在家里，或在外谋生，他们仍是一个独立的个体，值得你对他们尊重。这不是说我们把孩子与大人画上等号，而是说，任何对人不尊重的话，我们都不应该跟孩子说。

孩子如果犯错，有不对的行为，父母可以跟孩子说："你这样做让我们非常生气。"这不是对孩子的不尊重，父母绝对可以这样教育孩子。但是，对孩子吼叫、批评、侮辱、藐视却是对孩子不尊重。"我要掐死你！""你实在无药可救了！""我怎么会生出你这种孩子？""我早就说你是没用的。"……当你开口的时候，你要自问会用同样的语气、态度跟你的好朋友讲话吗？如果不会，那么就是不尊重。

如果你是很认真地希望教导孩子对人要有尊重的态度，你必须把过去在成长过程中，存在你记忆库中的那些对人不尊重的程序删除掉，改变你对孩子说话的态度和语气。

2. 基本礼貌

对孩子常用"谢谢""请"这些有礼貌的话，注意要以温和的语气和态度跟孩子讲话。进入孩子房间前先敲门，尊重孩子的隐私。

3. 对待基层人士的态度

为人父母者应反省自己平日对待基层人士的态度，像快餐店的服务员、餐馆的工作人员、街道上乞讨的人，这些极不显眼的人，你是用什么态度对待他们的？

4. 父母要尊重自己

教导孩子尊重别人，同时也尊重自己。不能爱自己，又如何谈爱别人？所以尊重自己，爱自己是应该的。自我尊重是另外一种尊重的形式。但有时候父母遇到挫折困难，会自言自语责备自己，"我实在够笨" "怪不得妈妈说我将来没出息"，这些话，孩子听在耳中，也会成为反面教材。如果你孩子没有把拼图拼出来，骂自己是笨蛋，父母一方面要自我检讨，同时要趁机教导他们要对自己有尊重的态度，懂得尊重自己就容易尊重别人。爱人和尊重人如同一个硬币的两面，一个懂得爱自己的人也是一个有自尊的人，晓得怎样尊重人也会知道怎样爱人。

二、家庭讨论

1. 问题讨论

· 与孩子讨论什么是尊重。
· 你认为别人怎样做会让你觉得被尊重？
· 尊重的对象包括什么人？

2. 实例

下面这些例子，你认为哪一个是对人不尊重？对谁不尊重？

· 老师在前面教书，同学在下面说话。
· 弟弟跑到邻居的花园把别人的花摘回来。
· 妈妈和朋友在聊天，小孩子在旁边吵着妈妈。
· 姐姐进弟弟房间前，先敲门。

· 哥哥对妹妹说"笨蛋"。

· 在商场里，用手机大声讲话。

· 男生帮女生开车门。

· 弟弟偷看哥哥的信。

让孩子自己说他认为还有哪些行为是对人尊重的行为。

3. 深入讨论

· 你觉得父母尊重你吗？请解释你的答案。（前面也提过，父母要以开放的心态聆听孩子的心声。）

· 你最近是否对人（家人或者外人）有不尊重的行为？如果有，你应该怎样做？

诚实

一、前言

美国的《读者文摘》杂志曾做过一个调查，把960部手机故意遗失在全球32个城市，每个城市丢30个，一般民众面对突然出现的诱惑反应为何？结果总共有654只手机被送还。各城市成功收回手机的数目如下：多伦多收回28只（排名第二），纽约收回26只（排名第五），台北收回16只（排名二十五），香港收回13只（排名三十一）。

教导孩子做人诚实极具挑战性，因为每天我们周遭发生的事情那么多，父母本身的所作所为也不见得完美，孩子耳濡目染，都会受到影响。况且人性的弱点往往会让人们为了维护自尊，尽管已知犯错，仍被迫错到底。还有，孩子本身不够成熟，在思想不周密的情况下，难免会做出一些非他所愿的事情，如以说谎来保护自己。所以，教育孩子诚实本身就是一种挑战。

1. 了解小孩子与诚实的事实

孩子年幼时很需要得到大人的注意，正面强化（多对孩子称赞鼓励）会鼓励孩子正面的行为。但是当好的行为无法引起大人的注意时，那么他们只好用负面的方法，比如故意捣蛋，甚至以说谎来引起父母的注意。因为对年幼的孩子而言，挨批评总比没有人注意来得好。

所以孩子小的时候家长要多给予其关注，当他们愿意对外在世界进行尝试与探索时，不妨鼓励称赞他们，这便是正面强化教育。如果他们犯错，但肯承认错误，那也是值得鼓励称赞的事情。如此，可让他们明白犯错不是问题，认错是好的行为，诚实更重要，让孩子清楚地明白做错事是一回事，但认错是另一回事，诚实才是上策。

父母也要记得一件事情，尽管孩子有时候所讲的与事实有出入，但大部分5岁的孩子是没有勇气撒谎的。事实上，他们往往出于害怕才会这样做，可能害怕被处罚，或者害怕父母不高兴，所以最重要的是让孩子无须惧怕地说出事实（后面有实例说明）。

2. 如何教育孩子

父母以身作则。最好的教育孩子诚实的方法当然是父母做出好榜样。孩子看到父母向公司请病假，转头跑去打球，或者朋友打电话来叫孩子说你不在家，这种好像是无伤大雅的小谎言，会让父母成为孩子的坏榜样，为日后埋下祸根。等父母发现孩子说谎的时候，正是父母自己要为自己的谎言付出昂贵的代价的时候。

不要贴标签。不要骂孩子是"贼""骗子"，因为当父母这样骂孩子时，孩子有可能会为了维护自尊，将错就错，最后父母的气话就变成了"预言"成真。应该怎么做呢？你虽不喜欢他们做的事，但你仍然爱他们，因此可以淡淡地说，"听起来好像有点不对""有时候当我们做错事，因为害怕，所以没有讲出事情的真相"。这样的回答会让孩子知道，你不赞成他们的行为，但让他们有机会解释到底是怎么一回事。

不要明知故问。譬如说，孩子没有把房间收拾好，你不要故意问孩子是否已经收拾房间，你这样做，无疑是设下陷阱叫人说谎。不如直接对孩子说："我看到这个星期你还没有清理房间。"或者说："麻烦把房间整理一下。"这样，你就把清理房间的责任交给了他。如果你抓到他说谎，不要反问："这是真的吗？"因为绝大部分的孩子都会说那是真的。

找出原因。几个孩子玩五子棋，其中一个孩子作弊，并且不肯认错。此时父母无须过于激动，可以私下对孩子说："看来，你非常希望赢他们。"再听他陈述为什么输赢那么重要。之后，谈一下有关下棋的技巧以及公平竞争的重要性。

称赞孩子。一个8岁的孩子因为屡次考试不理想，干脆把成绩单毁尸灭迹，但期末时老师要查阅之前发回给父母签名的成绩单，孩子逼不得已向父亲招供，结果得到的不是爸爸的原谅，而是一顿痛打。从那一年开始，父母发现这孩子说谎的恶习变本加厉。这种情况下，家长应该怎样做呢？当孩子告诉你事实时，可以给他适当的鼓励，上面这个例子中的孩子之所以说谎，显然是害怕受罚，每次硬着头皮说实话的结果是招来一顿修理，以致他一路错到底，死也不认错。要知道，每个人都有犯错的时候，如果第一次犯错时得到父母的饶恕，日后尽管再度不小心犯错，他们也不怕认错，这正是父母希望孩子对犯错所拥有的正确态度。

无心之失。孩子可能会有无心之失，如偶尔把东西打破，然后装作若无其事，甚至坚决否认那是他们的杰作。遇到这种情况时，父母无须指责他们，可以淡淡地说："听起来，你真希望这没发生过。"然后说："没问题，我可以从你的零用钱中扣除作补偿。"其实孩子犯错，他们也心里有数，父母的智慧处理则能让孩子有一个台阶下。想想看，同样的事发生在父母身上时，我们偶尔也要赖皮，就是别人不说，我们也心知肚明。

冷静处理。逮到孩子说谎时，一般父母的反应都是非常激动、生气，忍不住发火，甚至开口大骂，但是冷静处理才是父母教育孩子最好的方式。孩子看到父母激动的反应就感到惧怕，自然的反应就是抵抗到底，父母便失去一个教育孩子的好机会。父母虽然生气，但在怒气中也要懂得采取适当方法。父母大可以用承担后果的处理方式管教子女（请参看第6章）。如果孩子能够体会到他们绝对不会因为说实话而带来滔天大祸，那么父母在这方面的教导就非常成功了。

二、家庭讨论

1. 游戏学习

可以跟幼童玩下面这个简单的游戏，好让他们明白什么是事实，什么是说谎。

让我们来看看，什么是对的，什么不是：

· 天是绿色的（孩子说，不是）
· 车子有四个轮子（孩子说，是）
· 耳朵是用来看东西的（孩子说，不是）
· 牛是吃草的（孩子说，是）

然后跟孩子说："你真的能分辨'是'和'不是'，非常好。你知道吗？当一个人没有说出真相，把'是'说成'不是'，那就是说谎。没有人喜欢别人说谎。是就说是，不是就说不是。"

再试试看另一个游戏，让孩子说说看，什么是对的，什么不对。

· 从罐子里拿出一块饼干，把它吃掉，然后说"我没有吃"。
· 在地上捡到1块钱，但说"我没有捡到"。

若孩子为青少年，可以用以下的情境来展开家庭讨论：

· 当你到商店买东西，店员找钱给你，多了10块钱。你应该怎样做？这不是你的错，你可以用这10块钱买你想买的糖果或者你喜欢的东西。

· 你参加考试，有一道题目你忘记答案，但你旁边的同学知道答案，而且你很容易就能看到，只要抄下来，你就可以拿A，你会怎样做？

2. 深入讨论

· 为什么我们要诚实？

· 不诚实会有什么后果？（可以以《狼来了》的故事或《木偶奇遇记》为例）

· 如果父母自己讲话不算数，那会有怎样的后果？

自律

一、前言

　　自律，或称节制，英文叫 "self-control"，《韦氏词典》对这个单词的定义是，鞭策自己求上进。自律是指一个人具有克制自己欲望的能力，尽管面对自己的所爱，但仍能够克制自己，做正当的事情。譬如说，看到口味众多、叫人垂涎三尺的冰淇淋，懂得适可而止，不会因商场大减价而过度购物，在学业上能够鞭策自己上进等。换句话说，一个具有高度自律的人，他们能够放弃个人私欲，去做正当的事情。

自律的人同时也具有欲求延缓（delay gratification）的能力。第5章讲到的"棉花糖测验"考验的正是孩子的自律能力。你可知道，根据研究，那些不肯等20分钟而要马上满足个人口欲的孩子，他们的自我价值比较低，容易成为学校的捣蛋分子，他们嫉妒别人，做事有头无尾，学习成绩也比其他人差。其实这也不难理解，想想那些准备参加奥运会的运动员，如果他们不能约束自己，在饮食上不够节制，不肯严格参加各种训练，也不愿意遵守纪律，只凭自己爱好做事，抱着这种缺乏自律的精神参加比赛，怎么可能在运动场上拿到优异的成绩？

绝大部分父母都知道要教导孩子自律，但成功的却不多。要知道我们今天是活在"快餐""速溶"的文化里面，什么都是讲求快、马上、立刻，等一刻都觉得等不及，"我要就马上要"，管它是刚出炉的面包还是刚上市的时尚手机。连父母本身也缺乏等待的耐性，我们又怎能完全责怪孩子是这副德行呢？本节虽是讲培育孩子自律的品格，但在教导父母怎样帮助孩子的同时，父母也要自我检讨，反思自己是否也是缺乏自律的人。

1. 父母放慢脚步

父母的工作过于繁忙，根本不可能与孩子有高质量的相处时间。最好的解决方法便是父母放慢工作的脚步，多点家庭相聚的时间，减少物质上的东西，让孩子得到情感的满足，也帮助他们学会自律。今天的社会大都是双薪家庭，父母为了弥补不能与孩子在一起，尽量在物质上满足他们，希望自己童年缺乏的物质能在孩子身上得到弥补。父母这种心意虽好，但却会让孩子认为得之"理所当然"。很多父母忽略了一件非常重要的事实：绝对无须给孩子任何物质上的享受，不要被那些琳琅满目的高科技产品所引诱。手机需要每年换一部吗？电视机一定要高画质的才能看吗？父母一定要搞清楚"需要"和"想要"的区别。

2. 训练孩子自律

生活上的自律。孩子到了懂事的年龄，父母应该尽早训练他们有良好的生活习惯，为他们准备闹钟，让他们自行照顾自己。要求孩子在电视、电脑、上网、电玩上要有节制，孩子如果失控，父母得为他们定规矩，必要时剥夺他们的权利。只要孩子一天住在父母家，父母就拥有管理大权。

金钱管理。如果不是必要，买东西尽量等季节大减价，并且有效使用折价券，有的父母甚至用折价券所省下来的钱给孩子作奖励，这也是训练孩子懂得管理钱财的好方法。另外，可以按孩子年龄给他们零用钱，每月固定给他们若干钱作私人使用。记得在我进入青春期时，只有小学教育程度的母亲每月给我发零用钱，当中包括我平常的早餐、午餐、娱乐等开支费用，她这个方法无形中训练了我如何管理金钱。所以父母可以考虑每月固定给孩子若干零用钱，以训练他们成为金钱的好管家。

饮食管理。今天物质过于丰富，孩子平均体重易超标，主要原因是没有注意饮食，健康食物不肯吃，垃圾食物却是趋之若鹜，每顿早、午、晚餐的食物都是高脂肪、高淀粉、高糖，孩子年纪轻轻就患上了糖尿病、心脏病、癌症等致命的疾病，这都是父母没有很好地节制孩子的饮食的结果。父母应该帮助孩子从小培养良好的饮食习惯，尽量不要买高糖分的食物，包括冰淇淋、汽水、加工过的食物、糖果、蛋糕等。父母不买这些食物回家，孩子自己绝对吃不到。不过，父母如果自己都无法控制饮食，就很难责怪孩子没有养成健康的饮食习惯。父母的身教最重要，研究显示，体重过重的父母，往往孩子也是一样过重。

做家务。饭前帮忙摆碗筷、饭后洗碗、洗衣服、晒衣服、修剪草坪、洗车子、倒垃圾，甚至帮忙煮饭等，这些家务活都可以按照孩子的年龄来分配，务求每个人都参与，这也是训练孩子日后独立的好机会。今天太多孩子进了大学后，才发现不知道怎样使用洗衣机，最简单的炒蛋都不会，更别说煮一顿像样的饭菜。结果除了读书、上网、看电视、玩电脑、逛街之外，其他生活变得一塌糊涂，原因就是父母从小没有给孩子足够的自律训练。

在这个竞争激烈、节奏快的社会，青少年和儿童都容易犯错，一些过错会给他们的一生带来非常严重的后果，所以自律自制非常重要。父母要帮助孩子，指引孩子，学习聆听自己内心微小的声音，那是个人价值的反映，知道何为对错，要忍耐，做明智的决定。生活中犯错的代价越来越昂贵，当孩子犯错的代价还不是那么昂贵的时候，不妨让他们多犯一点错，在错误中学习自律与独立。

二、家庭讨论

1. 讨论

　　记得第5章"情商"中提到的斯坦福大学的棉花糖实验吗？父母可以跟孩子讨论，如果孩子参加这个测验，他们会做怎样的决定。马上把棉花糖吃掉，还是等一会儿？请他们解释为什么。

· 什么是节制？节制有什么好处？缺乏节制的人有何问题？（自律和节制可以通用）

· 填空题（按孩子年龄讨论）

如果在言语上不节制，会造成＿＿＿＿？（纷争）

如果在工作上不节制，会造成＿＿＿＿？（伤害身体）

如果在金钱上不节制，会造成＿＿＿＿？（债台高筑）

如果在情感上不节制，会造成＿＿＿＿？（情感冲动）

如果在情绪上不节制，会造成＿＿＿＿？（情绪失控）

如果在思想上不节制，会造成＿＿＿＿？（钻牛角尖）

如果在饮食上不节制，会造成＿＿＿＿？（生病、超重）

如果在欲望上不节制，会造成＿＿＿＿？（放纵情欲）

· 现代人最难节制的事情是什么？

2. 深入讨论

· 我们家人有哪一个需要加强自律（或节制）？在哪一方面？

· 你自己是否需要节制？在哪一方面？（时间、食物、用钱、上网、电玩、电视，或者其他）

◎ 问题讨论

1. 你孩子哪一方面的品格让你感到担忧？你认为什么原因会导致品格的缺陷？

_____

_____

2. 本章讨论4个重点，爱心、尊重、诚实、自律，你认为作为父母，哪方面你需要加强？

_____

_____

3. 在这4个范畴上，你的孩子在哪方面做得非常不错，哪方面需要改进？你认为该怎样帮助他们？

_____

_____

4. 这一章对你最大的挑战是什么？

_____

_____

12 品格培养（下）

　　计算机业界颇有名气的李开复在谷歌工作时曾经面试过一名中国留学生。这名留学生为了得到工作，暗示他可以把仍在任职的公司研发的技术一道带过来，他满以为这一定会得到李开复的垂青，谁知道适得其反。尽管这位应征者从聪明才智、工作能力上来看都是最佳人选，但李开复对他一点兴趣都没有。原因很简单，他今天把别人的技术偷到这里来，日后也可能会把公司的秘密偷走。一个公司会雇用这种人吗？无怪乎投资专家巴菲特（Warren Buffett）说："选择员工要看三个条件：品格、智慧、干劲。但假如员工缺乏第一个条件，其余二者将会是他的大患。"

　　当父母整天关注孩子的学业前途时，应退一步再思考一下，自己是否很认真地想过怎样来培育孩子的品德。有人说，当孩子离开家门，有三样最重要的东西会跟着他们的一生，并且决定孩子是否成为值得他人信赖的人：他对人是否仁慈，是否尊重，是否诚实。也就是说，品格的培养远胜于孩子的学业成绩和事业。

　　什么是品格，就是"当没有任何人注意时，你的真我（真正的你，表里如一的你）"，也是"集合所有的表征和特性，形成的一个人在道德上或伦理上的素质"。品格不是一切，但却是长久而且唯一的，因为它决定着人的行为和态度。

有位刚进大学的女生，在大学主修艺术，半年后有朋友私下告诉女生的父母，他们的女儿自拍裸照发到她自己的微信朋友圈里。当父母问她是否真有其事时，她反而责怪他们思想太落伍，追不上时代。"今天是网络时代，裸照算什么东西？"对她来说，如果裸体不算什么，滥交、同居、堕胎便也不是什么值得大惊小怪的事情。

孩子生长在哪一个年代，出生在哪一个家庭并不是他们能够选择的，但是如果你孩子有幸成为你家里的成员，那么身为父母的你们，就应该把正确的人生观、道德观和价值观教给他们，尤其是要对孩子进行品格上的培育。趁孩子年幼时，父母要以身作则，向孩子灌输正确的价值观念。

前一章讲到了爱心、诚实、勇气、自律这4方面的品格培养，这一章的重点是放在另外4种品格的教育上：勇气、忠诚、心平气和和自信。

勇气

一、前言

勇气是人的内在心态，尽管遭遇困难、危险，他可以凭着自信和决心来面对挑战。提到勇气，也必须提到毅力、正直和斗志。毅力是指当遇到困难挫折，仍不轻易放弃，勇往直前；正直指一个人说到做到，为自己的生活负责任，他们的所作所为与信念和价值观一致；斗志是指一个充满活力的人，热衷自己所做的事情，轻看过失，着眼于机遇，他不是要求完美，却关注个人的成长和进步。一个有勇气的人，一定同时具有毅力、正直和斗志等人格特质，否则他只算是有匹夫之勇。

有勇气的人敢于尝试新鲜事物，他不会盲从附和，能按照个人的信念，敢对别人说不，拥有影响他人的能力。在某些情况下，尽管众人都做出相同的决定，但他会去做自己认为是对的事情，这就是勇气。为人父母的，都希望自己的孩子是一个有立场的人，不会盲从附和。

怎样培养孩子的勇气？

1. 正面强化的沟通

要与孩子有正面强化的沟通，孩子在行为态度上有良好表现，如自动收拾玩具，与弟妹和谐相处，父母就应给予口头鼓励："我看到你玩耍完毕自动收拾玩具，表示你是一个负责任的人。""你讲故事给弟弟听，真是一个好哥哥。"一旦父母与孩子建立一个美好的亲子关系，他们日后就可以加强对孩子的鼓励。

当孩子愿意尝试踏出第一步，父母也可以给予孩子适时的正面鼓励：

· 孩子尝试玩新的游戏；
· 孩子尝试吃新的食物；

· 孩子主动结交新朋友；

· 孩子初次加入社团活动；

· 孩子尝试新的运动。

当孩子做一些他们未曾做过的事情时，内心总会有惧怕和不安，担心自己会做错，不知道别人是否会嘲笑他，也不知道父母会有什么样的反应，所以尝试新的事物是很需要勇气的。前文曾提及父母需要跟孩子建立亲密的亲子关系，你可知道，亲子关系正是父母培养孩子勇气的基石，唯有当孩子感到来自父母的无条件的爱和接纳时，孩子才有勇气去尝试新的事物，他们不会害怕父母的责骂和批评。孩子能够得到来自父母的爱，他们便有信心去尝试新的事物，不怕被人嘲笑、轻看、藐视和羞辱。尽管偶有失败，但借着父母的鼓励，他们能够再接再厉，因为父母肯定了他们。

2. 父母分享过来人的经历

父母本身也可以给孩子正面的鼓励，他们可以跟孩子分享自己过去的"英雄事迹"，第一次与蛇共舞的经历（到郊外探蛇窝）、参加蹦极、7岁时一个人坐飞机、第一次上台演讲、第一次跟异性出去等。父母不是要吹嘘自己的"丰功伟业"，而是让孩子知道要踏出第一步需要极大的勇气，如果总是害怕出错，便永远不会得到成功的果实；而且让孩子知道，不管多糟糕的事情，它总是会过去的，唯有尝试才会进步。

3. 以故事人物来讨论

讨论童话故事、历史人物、新闻报道人物的英雄事迹，也可以鼓励孩子。让孩子想一想：如果你是故事主角，你会有他这种勇气吗？你认为为什么他会有这种勇气？有一天你离开你的家人到外地求学，你心中会感觉如何？

4. 事前的准备

让孩子知道，事前的充分准备极为关键，不管是参加钢琴演奏、演讲比赛，还是网球选拔赛，都必须下苦功，好好准备，成败是次要的，最重要的是要在整个参赛过程中获取宝贵经验。

二、家庭讨论

1. 实例

· 明知玩一个游戏输多赢少，你还会玩这个游戏吗？
· 好久没有看到外婆，你很想抱她一下，但有很多大人看着，你觉得很不好意思，你会怎样做？
· 你和几个同学一起，其中有人拿出装有红色药丸的瓶子，大家都知道那是毒品，但每个人都拿一颗放在嘴里，当药瓶传到你手中时，你会如何做？
· 有一个新来的同学没有朋友，也没有人理他，你很想过去打招呼，但又觉得很尴尬，你会怎样做？
· 学校有一个歌唱选拔赛，你很想参加，但你的朋友都没有参加，你会怎么办?

· 你有一件很独特的衣服,是从国外带回来的,你很喜欢,但很多同学觉得很老土,你会穿这件衣服出去吗?

· 有一天你离开家人,到外地求学,你会怎样想?

2. 深入讨论

· 彼此分享,过去在什么情况下你最需要鼓起勇气?

· 有什么事你过去没有勇气面对,但现在已经克服了?

诚信

一、前言

如果要你选择先进的电子产品,你会考虑买哪一个国家制造的呢?美国、日本、韩国、意大利?你对下列哪种行业的人感到信赖?是汽车经销商、公司总裁、医生、护士、药剂师、律师、政治家,还是电视记者?下面这样的人会引起你的"戒心"吗?戴着墨镜,说话时眼睛骨碌碌转,穿着古怪服装,有文身,头发染得五颜六色。

打着"日本制造"标签的产品,人们会更愿意购买;一般人都相信医生胜于汽车经销商;头发五颜六色加上文身会惹人怀疑。从国家制造产品的好坏,到各行各业的工作,到个人的信赖,归纳起来就是"诚信"——诚实和守信。不管是一个国家、一种职业,还是一个普通人，一旦诚信遭到破坏，他的一切也就荡然无存。

西谚也说："一个人失去了金钱，只是失去了一点点东西；但名节丧失了，就什么都失去了。"又说："名节乃人的第二生命。"金钱损失实属小事，可以随时弥补；但美名丧失，却一生难以恢复。所谓名节、美名、声誉等，均指一个人的"诚信"。

诚信可以说是有价，也可以说是无价。诚信无价是因为诚信本身不能用金钱衡量，它基于个人的操守和交易原则，绝对不能以价格和价值来定义。但是诚信也是有价的，因为诚信是不贴商标的商誉，是超越常规价值的无形资产。建立诚信是日积月累的工夫，但一个过失却可以瞬间将人的声誉毁于一旦。有人把诚信放在人所有的品德之上，你能够想象如果人人都不诚信，今天这个世界还能够存在吗？

所以培养孩子的诚信是父母义不容辞的责任。那么父母应怎样培养孩子的诚信呢？

1. 以身作则

一般人常有一些看来无伤大雅的不良习惯，但这些坏习惯其实正在蚕食他们的诚信。聚会常常迟到、违法影印文件、盗拷计算机软件或CD、借了别人东西不还、路上捡到东西据为己有，这些外表看来好像微不足道的行为或习惯，却会在孩子心中留下错误的观念，认为这种行为和习惯不是什么大不了的事情，但这些错误观念可以慢慢泛化成为人身上的一个"缺乏诚信"的毒瘤。

所以做父母的，在孩子眼中要做一个守时的人，戒掉迟到的坏习惯，接送孩子不要迟到，不要盗拷CD或违法影印东西，借人东西有借有还。父母在这方面的言传身教都可以训练孩子成为一个诚信的人。

2. 不贪小便宜

你有贪小便宜的习惯吗？为了参加宴会，到商店买一件衣服，只穿一次，隔天就退货还钱。这种贪小便宜的行为绝对是教育孩子的负面教材。

有一位母亲分享了他们一家外出旅游的故事。他们一家4口准备开车旅行，先到一个加油站将油加满，之后就上路了。过了2小时他们才知道，不满8岁的儿子竟然悄悄地拿走了加油站商店中的一件玩具。父亲一方面感到气愤，另一方面想着该如何适当地处理这件事情。最后爸爸决定再开2个小时回加油站，将这个不到10美元的玩具还给店主。这位父亲做了一件很令人很赞赏的事，因为一般人不会如此，这来回4个小时的路程，给孩子上了最宝贵的一堂课，也成为听到这个故事的人的很好的榜样。

3. 信守诺言

讲话算数，答应孩子的事情一定做到，不要以为孩子会忘记或容易哄骗。常有母亲哄孩子吃饭，答应饭后给他们冰淇淋，事后却不当一回事，这自然会惹得孩子生气。父母不但不尊重孩子，而且做了坏的榜样。答应孩子的事情，必须尽一切所能完成，这才能让孩子对父母口服心服。有位父亲答应周末带孩子去动物园，临时有客商要求开会讨论一笔很大的生意，这位父亲婉转拒绝，对方搞不清楚是怎么一回事，有什么比几百万的生意还来得重要，等这位父亲说明原因，对方不但没有生气，而且称赞他是一位守约的好父亲，最后还特别把这笔生意留给他，因为他的诚信赢得了对方的信任。

4. 不要搬口弄舌

你是否经常在电话上讲个不停？是否有到邻居家闲聊东家长西家短，常在人背后说人是非？小心你这些"闲话家常"的坏习惯，孩子小的时候还看不到问题，但孩子慢慢懂事之后，你在孩子心中的诚信度就如江河日下。

5. 勇于认错

其实孩子不要求有完美的父母，但是他们却希望看到一个内外一致的父母。人人都会犯错，坦然在孩子面前认错，远胜于明知有错，却为了自己的面子死不认错。如此，孩子对父母的信任度会大打折扣。

人犯错在所难免，但犯错之后如何处理，却具有举足轻重的影响。你也可以在犯错之后，寻找各种理由解释为什么要这样做，但你更可以直接又诚恳地跟对方说："对不起，我错了，恳求你原谅。"这么做更能赢得别人的信任，对孩子也是如此。

6. 对孩子不要偏心

如果家里不止一个孩子，你需要注意不要让孩子感到你偏心。我认识一个家庭，连续生了3个女儿，心有不甘，非要生一个儿子，最后真的如愿以偿。但你能够想象，在教育孩子方面，这个家庭已经出现很大的偏差。首先儿子最小，姐姐总是觉得爸爸过于宠他；其次同样犯错，儿子总是从轻发落。久而久之，最大的姐姐便成为最不听话的一个孩子。在大女儿心里，爸爸所讲的话根本没有用处，这多少是他自己所造成的结果。

二、家庭讨论

1. 分享

· 你家的电视机是什么品牌？电脑呢？大部分电子产品是哪一国的牌子？为什么你们喜欢用这个国家的牌子？
· 你选好朋友以什么为依据？（忠诚、亲切、友善、慷慨、勇敢？）

2. 实例
讨论下面的例子中的不诚信行为。

· 大明的父亲吩咐他周末剪草，他答应了，但他却忘记了没有剪。
· 社区计划在周末帮人洗车子募款，很多青少年答应会来帮忙，结果没有一个人出现。
· 你的邻居去度假，她花园的花需要每天浇水，你哥哥答应帮她浇水，但他忘记了。

你曾经有过类似的经历吗？是别人不诚信，还是你自己？如果有人说话不算数，有错不承认，你怎样看这个人？再讨论下面这个例子。

- 小毛常跟一群小朋友玩，其中有几个孩子对小毛不是很友善，并且故意为难他。小明过去跟小毛是好朋友，但如果他现在继续跟小毛做好朋友，便可能得罪那几个男生，他们可能用同样态度来对付小明。如果你是小明，你会怎样做？

3. 深入讨论

- 最近我们家有出现这种情况吗？（讲话不算数、偏心、有错不认等）
- 你认为在什么情况下最难显出一个人的诚信？

心平气和

一、前言

一群人在等公共汽车，那天下大雨，一位年轻人上了车之后，因为收伞时不小心，伞上的雨水滴到坐在椅子上的一位男士头上，对方马上破口大骂："你眼睛瞎了吗？"这位年轻人也不甘示弱："下雨天就是这个样子，我又不是故意的。"结果你一言我一语，双方吵到准备动手打架的程度，最后在车上乘客的劝解下两个人才停下来。

在北京，两个司机为了抢道起冲突，双方最后从车上跳下来就在马路中间拳脚相向，大打出手。

在美国，我也曾碰到过有人嫌我开车慢，把车子飞速开到我前面，然后急刹车，直把我逼停在路旁，才肯扬长而去。

有人形容现代人是活在一个弹药库里面，火药味非常重，随时随地可能发生爆炸，造成伤己伤人的情况。大城市人群熙来攘往，不少人讲话像吵架一样，好像不如此，对方就听不到。看电视，语不惊人的新闻不会吸引人，所以台湾电视上常常出现官员互骂、开会动手打人等镜头。人通过传媒和周围人群的互动，耳濡目染，如果加上家里每个人讲话都是用力扯喉咙喊叫，你还能责怪今天的人都像互骂的台湾官员吗？

只有心平气和的人才会倾向以和解模式处理冲突，而非与人争个头破血流，也才能够站在他人的角度看事情，不用吵架的方式来回应。心平气和的人较能控制自己的脾气。为孩子提供一个安全的环境，就是为他们塑造内在的平静心境。父母如果懂得控制自己的情绪和脾气，就能为家庭营造和谐的气氛，让家庭成员在家中常常感受到爱和温暖。要懂得和平共处，就需要一颗冷静忍耐的心、一个明白事理的头脑，只有这样我们才能掌控和调适个人情绪，并与人建立良好的人际关系。

1. 在家中制造和平气氛

宁静和平的气氛能够帮助家人建立和谐的人际关系，维持宁静的心境也会让人感到你是一个情绪稳定、理智清醒的人，让人看到你内在的良好品德。以下是培养孩子安宁的心境，让他们学会心平气和的方法：

- 刻意制造家庭平静的生活环境，在家中经常播放柔和的音乐、诗歌、古典音乐，以及钢琴曲，这会让人感到舒畅、心情放松，营造出平静的气氛。
- 少看电视，多花时间跟家人孩子一起谈天说地，听听孩子学校当天发生的事情，聆听他们与同学之间互动的情况。
- 注意说话的语气与声调，大呼小叫的讲话方式最易破坏家里的平静与和谐气氛。
- 多用肢体语言，跟孩子说话时，把手搭在他们的肩膀上，用温柔的眼神看着他们，给孩子亲切感。

2. 父母以身作则

父母检讨自己是否容易脾气暴躁、情绪失控，尤其是当孩子挑战你的底线、惹你发怒的时候，通常你是如何处理的。你是安静处理，还是火爆对待？如果你自己都无法掌控情绪，不管你怎样教导孩子心平气和，都是徒劳无功的。

在此给父母几个建议：

- 每天有固定的15～30分钟的安静时间，思索当天或者前一天是否有让你动怒的情况，是什么让你生气，是否有更好的处理方法，下次同样事情发生时你会怎样处理等。
- 学习适当表达自己的怒气。孩子行为不妥时，不要对孩子吼叫责骂，而要平心静气地对他们说："你这样做让我感到很生气。"

3. 认识怒气

生气不一定是错的，也不见得是坏事，重点是，你要明白为什么你在生气，生气的时候你该怎么做。怒气也有合理与不合理之分。譬如说，你在公司被老板责备，在高速公路上车子爆胎，在超市付钱排长龙，在这些情况下，不少人都会生气。小孩子也不例外，当他们被父母责骂，被老师不公平处罚，学校考试不理想，被同学出卖时，你能怪他们生气吗？不过生气是一回事，如何表达和处理又是另一回事。

4. 教导孩子如何表达自己的感受

从一些生活杂志中找出一些不同表情的小孩图片，问孩子图片中的小朋友是什么感受，是喜、怒、哀，还是乐。让孩子知道，生气是可以接受的，但不可以喊叫，不可以骂人，不可以用粗言秽语，不可以摔东西，但可以讲出心中的感受。例如：

"妈妈说我是吝啬鬼，让我感到很难过。"

"我跟弟弟都有错，但爸爸只罚我一个，我觉得不公平。"

5. 学会双赢

我曾听过一位父亲讲两个儿子的有趣故事：哥哥8岁，弟弟7岁不到，两个人睡在同一间卧房，但不睡同一张床，父亲很爱两个孩子，孩子睡觉以前他都会跟他们讲枕边故事。两兄弟大部分时间都能够和睦相处，偶尔还是会为了一些鸡毛蒜皮的事起冲突。一次，两个人为了在房间听音乐的事发生冲突，弟弟不准哥哥在房间听音乐，因为这样他无法集中精神看书，而哥哥不买账，所以弟弟到爸爸面前告状。爸爸问清楚之后才晓得，真正原因是两弟兄抢用房间的CD播放机，哥哥要放他的音乐，而弟弟想听别的，两个人各不相让。爸爸要他们两个人自行处理这件事情，否则晚上再没有枕边故事。两兄弟经过两小时讨论后决定，单数天放哥哥喜欢的音乐，双数天就让弟弟听他所喜欢的，结果是皆大欢喜。

在家庭中，难免遇到类似这种偶发的冲突，不妨让双方坐下来谈谈，找出一个双赢的解决方法。

二、家庭讨论

1. 游戏学习

用红色卡纸剪出一个小人，再用黄色卡纸剪出另外一个。红色代表生气和没有耐性，黄色代表冷静处理。询问孩子以下情况出现时他们会如何，并请他们举起红色或者黄色的小人。

· 闹钟响了，你知道你可能上课迟到。
· 你在打篮球，裁判吹哨子，说你犯规。
· 朋友约了跟你吃午餐，但她没有出现。
· 学校本来有郊游，但天气不好，取消了。
· 外婆送你的遥控汽车突然坏掉了。

接下来，父母可以再问，在这种情况下，你该如何处理？

2. 讨论

· 分享最近一次让你感到很生气的事情，并讲讲你是如何处理的。
· 分享你对怒气的看法。（绝对不可以生气，可以生气，要适当表达怒气等）
· 老师安排你跟同学成为一组，一起做个案研究，在选择题目时，你发现同学心中所想到的跟你不一样，而且看来她非常坚持。在这种情况下，你认为你会怎样做？
· 你遇到过类似的情形吗？讨论一个最近让你家人（或朋友、同学）意见不同的事情，说说你们后来是怎样处理的。

3. 深入讨论

· 你们家人处理冲突的方式是怎样的？（怀怒不作声、大喊大叫、逃避、坦诚面对和处理）
· 你们家谁最容易发脾气？谁常吼叫骂人？有什么好方法帮助彼此改正这些不良行为？

　　建议解决方案：家人达成一个协议，准备一个存钱罐，家里任何一个成员对人吼叫，讲粗言秽语、不礼貌的话，都要受罚，小孩子1块钱，大人10块钱（可按当地币值决定）。这个办法让每一个人都受到监管，大家一视同仁，没有任何人有特权，等存钱罐满了，可以全家一起出去吃大餐。

自信

一、前言

你看过电影《喜福会》（*Joy Luck Club*）吗？这部电影讲的是4对中国母女的故事，故事虽然发生在美国，但剧情是从中国战乱时开始的。电影中的一对母女，女儿小时候精于下西洋棋（国际象棋），多次得到冠军，因此她非常自信。一次她得到全国西洋棋分龄冠军，母亲高兴之余，四处炫耀。然而女儿对母亲这种炫耀的行为感到很尴尬。母女关系濒临分裂，女儿扬言从此再不下棋。随后一整个月，母亲对女儿完全不理不睬，女儿最后受不了，终于对母亲投降，主动告诉母亲愿意再次下棋，但母亲却不买账，冷冷地说："一下要，一下不要，可没那么容易。"没想到母亲的话成了女儿的诅咒，从此女儿比赛成绩一落千丈，再也不能在棋场上扬威，因为她已经失去了过往的自信。

自信与自我形象分不开。形象可以分两个层面来看，一个是自己给别人看到的形象，另外一个是自己看自己的形象。在别人心目中留下的形象可能非常重要，但自己认知的自我形象如何，也有很重大的影响。若一个人看自己的形象是正面的，其行为和表现会是积极而进取的；相反，如果看自己的形象是负面的，所表现出来的行为也是消极而退缩的。

自我形象是一种心态，它不是别人对我们的评估，而是我们在脑海中对自己的评估。这个评估可能来自外表，也可能是对自我能力、智力或个性上的评估。这些评估很多时候并不一定正确，但当这个形象根深蒂固之后，你慢慢就会认同这个形象。最要命的是，一旦认同这个形象，就会影响你对自己的看法、与别人的人际关系，甚至你将来的成就，它可以影响你长达一生之久。如果一个人的自我形象是正面积极的，他会表现得自信，不但能够与人建立亲密关系，将来的事业也会很有成就；相反，如果自我形象是负面消极的，那么他的自信程度便大打折扣，这会造成他与人之间的关系恶劣，一生都会受到限制。

父母的教育是帮助孩子营造自信的关键。下面我们就来谈谈如何营造孩子的自信。

1. 对孩子无条件接纳

孩子一直在寻求父母的认同和接纳，而父母的无条件接纳正是孩子成长的关键。由于孩子想要活出父母对他们的期盼，因此如果在成长过程中，孩子从父母的言行举动中察觉到他们在父母眼中是一个笨蛋，是一个不中用的家伙，他们便会认定自己没用，没价值，一生就是那么窝囊，一事无成。相反，父母的言行态度也能够帮助孩子建立健康的自我形象，他们一句鼓励的话就有让孩子脱胎换骨的能力。

台湾有一位叫卢苏伟的名人，他不是绝顶聪明的人，童年时因父母的疏忽，得了乙型脑炎又延误医治，结果造成他的智商只有70。班上老师还戏称他比猪还笨。他念小学时，考试从来没有得过10分以上，"马""鸟""写"这几个字对他来说都是一样的，自己姓苏，但常常把名字写错。这种被老师认为无可救药的孩子，居然考上大学，以全系第三名毕业，还写了45本书，并准备完成博士论文。

是什么帮助他实现如此非凡的成就，做到常人所不能的事？答案在他的父母家人身上。当每科考试拿零分，老师嘲笑他，叫他把鸭蛋拿回家叫妈妈煮给他吃时，母亲却回答说他能够照顾自己的生活他们家人就很高兴；等儿子第一次考到10分时，母亲以鸡腿作为奖励；老师骂他是"脑震荡的猪"，爸爸就说他是"越震越厉害的猪"。不管他在学校受到了怎样的对待，父母从来没有因为他学业上的"不足"而批评拒绝他。卢苏伟在家里一直感受到父母无条件的接纳，家里兄弟姐妹给予他的归属感，以及家人对他内在潜能的认同和肯定，这些建造了他的自信。所以，尽管智商远低于常人，但他的成就却超越了一般人，原因无他，就是父母帮助他建立了自信的基础。

2. 让孩子有家的归属感

每个孩子都需要找到一个有归属感的地方，这地方理应是在家里。但如果孩子在家里找不到这种归属感，那么只好往外寻求，不管那是流氓、帮派、乞丐都无所谓，只要你肯接纳我、认同我就可以了。这就是为什么给孩子一种归属感非常重要，因为那是他建立自信心的一个基础，是他形成健康的自我形象的跳板。

父母如何让孩子建立归属感？首先，在家里给孩子投票的权力。不可因为父母是大人就拥有绝对的权利，孩子尽管年龄小，但也是家庭成员，他们也需要别人的尊重。平常不妨仔细聆听孩子的心声，到了懂事年龄，不妨询问他们的看法和想法。到超市买菜，问问他们需要什么，有何建议。家里计划远行或度假，询问他们的意见，请他们上网找资料。这些点点滴滴都会让他们感到有家的归属感。

尽量让家里的兄弟姐妹成为彼此的支持系统。孩子有球赛活动，父母不但积极参与，也尽量要求兄弟姐妹一起去加油。最好不要把孩子的课余活动安排得太紧，因为父母与孩子的时间和精力都有限，所以最好选择性地参加，这样一家人一起参与的机会就比较多。家庭晚餐很重要，尽量不让电视、手机、电脑、电玩妨碍家人一起享受用餐时间。要知道，你的朋友随时更换，孩子的同学也是如此，但家人的关系是永远存在的，要让孩子知道"我们是一家人"。

我认识一对姐弟，父母整天忙着他们餐馆的生意，为了防止孩子学坏，放学就把他们锁在家里，电话不准用，电视、电脑不准碰，孩子上学、放学都有专人接送。父母以为这样就可以高枕无忧，孩子就不会学坏了。但孩子上了大学离开家之后，女儿判若两人，不到半年，滥交、吸毒、酗酒、同居，父母气得切断了她的学费和生活费，但她也不在乎，一个人自力更生。尽管家财万贯，但这个家却不像家。

3. 训练孩子的独立生活能力

在训练孩子独立方面，不可否认，西方文化胜过东方文化。西方孩子从小被父母训练做家事，屋子里里外外的事情都学会怎样处理，小的时候擦地板、洗厕所、换灯泡、摆碗盘，大一点就洗车子、剪草、修理门窗等。反过来看东方家庭，往往除了读书读得好，很会玩乐器外，其他平平无奇。有学者发现，甚至在学校作读书报告时，白人学生在表面上也是更胜一筹，白人学生站在台上，三分材料却被他们吹嘘成七分，倒过来，东方学生，七分的材料但让人觉得只有三分的功力，这也与家庭训练有关。父母从小训练孩子做家务，一方面能训练他们学习独立，另一方面也能增加他们的自信。一个能够帮父母把家里里里外外弄得井井有条的孩子，他们的自信心铁定胜过那些衣来伸手、饭来张口的少爷，孩子的自信与他们办事的能力成正比。

所以，尽量让孩子从小就参与家庭的杂物工作。譬如，孩子小的时候，可以吩咐他们帮忙喂狗、饭前准备碗筷、收拾房间、把衣服放在洗衣机、挂衣服、叠衣服等，年龄稍微大一点，就可以开始做一些比较繁重的工作。父母不需要过于强调成果，最重要的是要让孩子有参与感，并且在此过程中学会承担责任，因为责任可以带来自信，责任越大，自信心也越强。这是孩子进入未来的社会，做一个负责任、自信的成年人的必要准备。

4. 给孩子鼓励而不是赞扬

你是否听过有父母在孩子面前这样称赞他们的孩子？

"小华，你数学拿满分，实在很棒，我马上打电话告诉你爸爸，他一定高兴极了。"

"你实在是天才，你一个人把这个拼图拼好了。"

"这幅画实在很棒，我要拿去给邻居看。"

"你穿这一套衣服，越来越漂亮。"

很多父母把鼓励和称赞混淆了，鼓励是夸奖其行为，称赞是夸奖其天分。鼓励孩子是好事，但赞扬孩子却适得其反，对孩子有害无益。原因有几个。第一，孩子有时候知道你所说的不是真的，只是让他好过一点。对孩子说"你很棒""你实在很漂亮""你实在很聪明"，这种赞扬要不得。想想看，如果孩子有天考试没有考好，打球输了，他们会想"我原来这么差劲"；当脸上有一点点瑕疵出现，她会觉得"我是那么难看"。

赞扬是把孩子的自我价值与他的所作所为连接在一起，孩子脑海中会这样想："如果我不能继续做好，我就是一个没用的人，爸爸妈妈就不会接纳我、爱我。"

不赞扬孩子，那么父母要怎样做呢？鼓励孩子。鼓励注重的是孩子为完成一件事付出努力的行为，而不是他个人的天资。看看下面的例子：

"小华，这次数学你考了100分，我知道你为了这次考试花了很多时间，每一分都得来不容易，你一定为自己感到高兴，是不是？"

"你花了一个星期把这1 000块的拼图完成，实在不简单。尽管多次遇到困难，但你还是没有半途而废，我为你感到骄傲。"

"你花了很多时间选了这条裙子，跟上衣颜色非常衬，表示你很会配颜色。"

"虽然这次球赛的结果非你所愿，但我知道你尽了全力。你认为有哪几方面你做得很好，哪些你可以改进？"

鼓励和赞扬的差别体现在说话的技巧上，其效果有天壤之别。标榜孩子所花的力气，鼓励孩子的打拼精神，这种一点一滴的鼓励，是帮助他建立自信的基础，那是一辈子的事情，以后在面对同侪压力时，他们也能够坦然面对处理。

所以日后女儿参加钢琴演奏，你可以对她说："你花了很多时间准备这首曲子，你一定为自己的演奏感到欣慰。"孩子把球踢进球门，你可以说："我知道你过去一个月每天都在练习，你终于如愿以偿，是不是？"这种鼓励就可建造自信最根本的基础。

二、家庭讨论

1. 实例

拿一张百元钞票，用手把它捏成一个纸团，问孩子们，还有谁想要这个"烂纸头"？

再用这张百元钞票，把它放在一个很漂亮精致的盒子里面，还绑上漂亮丝带，问，谁愿意高价来拍卖它？

这告诉我们一件什么事情？

这张钞票无论以什么模样呈现，它的价值永远都是一百块，不会改变。同样，不管是一个没有机会受教育的人，还是一个拥有博士学位的人，我们的价值一样，我们都是平等的。

2. 讨论

· 你上次数学考试拿了一个A，你感到自己非常不错，但这次英文考试成绩就非常不好，你会觉得自己没有用吗？
· 你是篮球队员，最后1分钟你投篮失手，结果球队输了，虽然教练和队友都没有说话，但你很不是滋味，你会怎样看自己呢？
· 老师和学校同学常常称赞你妹妹长得很漂亮，但不太有人说你漂亮，你会怎样想？

3. 深入讨论

· 你自觉是一个有自信心的人吗？解释你的回答。
· 自我价值跟我们的能力、才干、智慧有关吗？
· 一家人观看电影《喜福会》（*Joy Luck Club*），然后讨论电影里面的情节。

结论

我们用了两章来讨论孩子品格的培养，因为在我们一生当中，品格比什么东西都重要。明白这一点，父母就应该把孩子品格的塑造放在教育孩子的首要地位上。孩子跟父母生活在一起只有短短十几年，父母能够影响孩子的日子不长，孩子的品格能被父母所塑造也就是那短短的几年。如果父母不花时间去做培养孩子品格的工作，那只好让这个社会、传媒和他们的同辈影响他们。我们知道这是一场输不得的战争，有智慧的父母绝对不会掉以轻心。所以，趁孩子年幼的时候，父母应该花时间栽培孩子，不光是言传，更是身教，把父母所领受的，在家庭生活中活出来。孩子年幼时不见得完全体会父母花在他们身上的心血，不过有一天孩子最终会感激父母花在他们身上的工夫。

◎ 问题讨论

1. 上一章所讨论的4种品格培养——爱心、尊重、诚实、自律，你有机会在家里操练吗？你觉得在家里推行最困难的地方在哪里？

_____

_____

_____

2. 本章讨论了4个重点，勇气、诚信、心平气和和自信，作为父母，你认为哪方面你需要加强？

_____

_____

_____

3. 在这4个范畴上，你孩子在哪方面做得非常不错，哪方面需要改进？你认为该怎样帮助他们？

_____

_____

_____

4. 这一章对你最大的挑战是什么？

_____

_____

_____

13 青少年

伟浩今年16岁，是家里唯一的男生，据他母亲所述，三年前的他与现在判若两人。以前的伟浩虽然不是顶乖的孩子，但跟父母相处也算融洽。最近一年，为了垂肩的头发和超低腰的裤子，父母不知道跟他吵过多少次。上个月，他因为父母不肯买手机给他，整整一个星期不肯吃饭。爸爸在他电脑中找到一些不雅的图片，他极度愤怒，把自己关在厕所里用拳头捶墙，并且用"三字经"骂人。父母听过来人的建议，向他下最后通牒，并且把他关在房间禁闭，第二天却发现人不见了，原来他趁着夜深打破窗子溜走，父母只好报警寻人。3天后，他又从外头跑回来。此后父母都不知道怎样管教他，硬的也试过，软的也试过，但完全不管用。

淑贞在家里排行老大，下面有两个妹妹。过去这个姐姐在学校和家里都是模范生。当她第一次来月事时，父母不但带她到高级餐馆庆祝一番，还郑重其事买给她一条金项链作为纪念，有守身如玉的意义。但不知道曾几何时，母亲发现她跟女儿的关系不如从前，女儿情绪起伏不定，早上高高兴兴出门，放学回家就判若两人。常有男生打电话到家，一讲就是几个小时，当问她对方是谁，她就故作神秘，再多问几句，她就显得不耐烦，甚至瞪母亲。以前吩咐她帮忙做家务，她都非常合作，现在三催四请才肯做，有时候母亲多讲几句，她甚至翻脸。母亲也搞不清楚，到底是她教育失败，还是女儿神经错乱。

大概只有做过青少年父母的人，才能完全体会养儿育女那种甜酸苦辣的滋味，焦虑、紧张、烦恼、生气等五味杂陈，皆不足以表达心中的感受。好像孩子都非常有默契，一进入青春期就开始闹革命，每样事情都要跟父母唱反调，很多时候他们的语气和态度简直叫疼爱他们的父母受不了，父母气得一夜之间多了好几根白头发。

青少年真的是那么棘手吗？真的会把家里搞得人仰马翻吗？那也不见得，应正视两个关键问题：第一，孩子年幼时，父母是采用哪种管教方式来教育他们；第二，父母是否了解孩子进入青春期后生理和心理上的变化。本书第3章"沟通"和第6章"管教"可帮助父母在孩子进入青少年之前做些防患未然的工作。如果父母在孩子年幼时已经建立良好的亲子关系，又同时能够深入了解孩子在青少年时期生理与心理的变化，那么尽管他们的青少年孩子会引起家里一些或大或小的风暴，但在跌跌撞撞的过程中，他们仍能平安度过这段艰难的岁月。倘若孩子不幸生长在一个病态的家庭（dysfunctional family），父母与孩子之间缺乏良好沟通，孩子内心隐藏着很多对父母的不满和怒气，一旦孩子进入青春期，便会如同一颗随时可能爆发的定时炸弹，造成的伤害可能让父母无法想象。

本章的重点是帮助父母了解孩子进入青春期后在生理和心理上的变化。如果你的孩子尚且年幼，本章可以未雨绸缪，让你有充足时间准备孩子青春期的来临，做到知己知彼、百战百胜。如果你按照前面几章所讲的方式教育孩子，你与孩子的亲子关系便足够帮助你们携手走过这段崎岖路程。

倘若你看到本书时，你的孩子已经进入青少年的风暴期，你遭遇的问题难度可能比较大，不妨先细读下本书前面几章，改变你对孩子的态度，并运用本书讲到的应对策略，重新与你的孩子建立一种美好的关系。尽管风暴在所难免，即使在走三步退两步的状况下，你还是有很大的机会跟孩子共同走过这段艰难的日子。

青少年生理心理变化

父母在小孩子心目中具有崇高的地位：爸爸妈妈有着无穷的智慧和知识，世界上似乎没有可以难倒父母的事情。此时，孩子将父母所讲的话奉为圭臬。但是随着孩子年岁的增长，父母的地位就会像飞上了高空的直升机突然坠落，孩子对父母的吩咐左耳进，右耳出。到了青春期就更是每况愈下，不单把父母的话当耳边风，而且处处唱反调。一位母亲曾经领教过他14岁儿子的厉害。孩子小的时候，她用"早起的鸟儿有虫吃"这句话鼓励孩子早点起床，过去孩子将这句话看作是金科玉律，哪里想到孩子成为青少年，当她再用这句话的时候，孩子就说："为什么要早起床？虫就是早起才被鸟吃掉的，不是吗？"母亲顿时语塞，想不出什么好方法来反驳儿子。

很多父母不太了解，为什么这个时期的孩子一下子变得那么"精灵"，以前对父母所讲的话总是唯命是从，突然间，脑筋转得比风车还要快，点子出奇的多，甚至讲出一些令父母啼笑皆非的"真理"，父母不得不对他们刮目相看。但说他们已经变得成熟吗？这也不见得，因为父母也发现，他们家的青少年有时候处理事情不顾后果，让父母为他们捏把冷汗，飙车就是最简单的例子。要了解他们这种突变，父母必须明白这个时候青少年最显著的变化。

一、认知发展

青少年此时最明显的不同就是认知的改变。根据心理学家皮亚杰（Jean Piaget）所提出的有关人的认知发展的理论，孩子在不同年龄阶段，他们的心智和思想有跳跃性的变化。比较明显的分界线是0~2岁，2~6岁，6~12岁，12~25岁，而青少年时期正是孩子进入认知的第四个阶段的时候。

0~2岁，皮亚杰称此时期为"感觉动作期"（sensorimotor）。在理智上，他们明白隐藏的东西虽然看不到，但仍然存在。譬如说，孩子跟父母玩捉迷藏的游戏，父母故意把东西藏起来，但幼童知道东西只是看不到却还是存在，所以会要求你把东西找出来。

2~6岁属于"前运算期"（pre-operational），这个年龄的孩子懂得把东西按形状和颜色来分类。红色归红色一类，三角形跟正方形不是一类。

6~12岁是属于"具体运算期"（concrete operational），孩子具有逻辑思维能力，明白数字"1加1等于2"的运算；把圆形杯子的水倒到方形的杯子里去，他们能理解水的量是恒定的，没有增多，也没有减少。

从12岁开始，孩子便进入青少年时期，具有抽象思维能力，能够演算推论事情，他们不但接受1加1等于2，还会问为什么1加1不等于3这类问题。皮亚杰称此阶段为"形式运算期"（formal operations）。正因为他们具有抽象思维和逻辑思维能力，所以才会说"为什么虫那么笨，那么早起才被鸟吃掉"。另外，到了青春期的孩子，他们的思维模式开始具有抽象性，自然会想到未来和各种事情发生的可能性。不过复杂思想却引起很多担心，突然间他们发现人生有太多可变性，而他们也面临许多不同的选择。但这时候的他们人生阅历尚浅，缺乏足够的知识和智力来做出适当的决定，过多的选择反而成为他们的烦恼。一旦感到困惑，加上倘若无法从家人那里得到体谅和爱，他们就可能会做出一些愚蠢的事情，这正可解释为何会出现青少年自杀的现象。

二、脑额叶尚未完全发育

为什么青少年会做一些愚蠢并且有危险的事情？而且有时候他们做决定根本不顾后果。对此问题，我们必须从生理上加以分析。研究发现，人类脑部的发育有一个从幼年、青少年，然后到成年的过程。科学家发现，大脑中负责掌控人类情绪的部分为杏仁核（amygdala），这部分最早发育完成；而负责理性分析的脑额叶部分（prefrontal cortex）却一直到成年期才会发育完成。

科学家用电子仪器扫描脑部发现，青少年脑部运作的情况跟成年人很不一样。青少年的决定大多数时候是被大脑的杏仁核部分所支配，他们比较少使用到负责理性分析的脑额叶。换句话说，青少年容易被个人情绪掌控，所以做出的决定往往缺乏慎重的考虑。科学家也发现，若婴儿在子宫中受到毒品和酒精的影响，或者童年脑部曾受过撞击等，到青少年阶段，他们脑部的正常发育也会受到影响。

由于脑部发育尚未完成，青少年比较冲动，容易误解接收的外来讯息，因而出现意外事件，与人产生摩擦，出现高危险行为等。他们比较不会三思而后行，也不会冷静思考行为不当可能出现的后果。

但脑部运作不同，并不是说他们不能做出适当的选择，或者说他们不能分辨对错，这更不能成为他们不负责任的借口。只是父母和老师应该要体会青少年的处境，不与他们正面起冲突，用智慧和策略，通过良好的沟通帮助他们改正错误的行为。

三、体型和荷尔蒙的改变

医学研究指出，荷尔蒙在人的一生当中对大脑有两次极大的冲击：一次是胚胎前6个星期，这个时期决定子宫里的胎儿偏向男性大脑还是女性大脑；第二次就是青春期，荷尔蒙在青春期的时候，男性增加睾丸脂酮的分泌，而女性则是雌激素与黄体素的增加。这好比一个性的荷尔蒙活塞被打开，孩子一下子从一个懵懵懂懂的儿童变成了少男少女。荷尔蒙的变化也解释了为什么青少年会有很多的烦恼，为什么他们与父母之间会出现前所未有的矛盾。

父母面对青少年的问题

了解孩子进入青春期的生理和心理变化后，父母的确需要雅量来接纳他们在错误中成长，明白孩子并非冲着父母而来，有时候他们自己都搞不清楚是怎么一回事。下面汇总了几个父母跟青少年孩子之间极易产生冲突的范围，对此，父母的重点是要抓住重要的法则教导他们，并且带领他们度过这个尴尬的时期。

一、挑战权威

当孩子进入青春期后，父母发现他们的孩子最明显的行为变化是他们很喜欢跟父母争辩，他们不再像以前那样对父母唯命是从，无论大小事情都会跟父母争个道理。父母于是会认为孩子变得叛逆，不再把父母放在眼里，要挑战父母的权威。

客观来说，其实并不是青少年故意冲着父母而来。孩子到了12～13岁，开始察觉到在家庭以外还有一个更大更自由的世界，他们往外探索的兴趣越来越浓厚，开始幻想自己能像大人一样，可以无拘无束在外任意游荡。

所以对青少年来说，追求独立是迈向自由的第一步。另一方面，青少年不想再被当作小孩子看待，他想证明自己已经长大，有自己独立的思想，不想继续活在父母的阴影下。再加上他们的认知发展有了跳跃式的进步，看事物的态度跟幼童时期不再一样，对父母的某些观点不见得认同。其实，这是孩子追求成熟和独立的必经之路，也是健康的成长过程。

因此，父母必须调整自己的心态，不要以为青少年争取独立就代表他们要与父母断绝关系，或是对父母的一种反叛行为，应该从更深更广的角度来看待与孩子之间的关系。父母要明白一件事，孩子在追求独立自主的同时，还是希望跟父母维持良好的关系的。有智慧的父母，不必对青少年不顺服的态度有过度的反应，以致严重破坏亲子关系。

另一方面，青少年要求更多自由是正常的事情，但如果让孩子完全放纵毫无节制，这也不是青少年自己所乐见的，因为无约束的自由是很可怕的。尽管表面上他们很想拥有无限度的自由，但私底下他们还是希望父母给予他们某些程度上的限制，因为他们知道这些约束其实代表了父母对他们的关爱和保护。心理学家费尔（Dr. Phil）曾提到他自己青春期的经历，当时他常与一位在学校中恶名昭彰的朋友混在一起。某个周末，他们准备开20分钟的车到另一个城市看篮球比赛，当时外面正下着大雪，他们准备出门时，他父亲考虑到安全问题不允许他们出去。两个年轻人只好跑回房间，才刚坐下来，他看到这个朋友眼中含有泪光，便好奇地问他怎么一回事。对方说，如果他父母也是这样管制他，他绝对不会成为一个那么讨人厌的家伙。

所以，尽管孩子向往自由，争取独立，但他们也希望父母给予他们合情合理的约束。父母要对青少年传递清楚的信息，就是父母对他们有一个期盼，他们某方面的行为不是父母乐意看到的，一旦有不当的行为出现，后果他们得自行负责。父母必须让孩子清楚明白，绝对不能投机取巧。只有等孩子完全成熟后，他们才会得到更多的自由。

二、情绪易波动

青少年的另外一个特征就是他们情绪起伏比较大，典型的例子就是早上心情愉快地出门，跟家人有说有笑，下午回家就变成另外一个人，闷闷不乐，无精打采，讲话爱理不理。不要说父母搞不清楚是怎么一回事，有时候连他们自己也说不出个所以然来。虽然这是他们体内的荷尔蒙作怪，不过他们遭遇的来自各方面的压力也是重要原因。

这些压力可能是来自学校的课业、别人对他们的期盼、对自己的要求和接纳、男女之间的交往、未来的人生目的，或者是毕业之后的方向等。另外，他们还要常常跟父母讨价还价来争取自由，如果再加上父母关系欠佳，或者知道家里经济状况不太理想，压力就更大了。青少年算是半懂事的年龄，他们开始思考许多复杂的人生问题，但很多时候这些问题超出他们的能力范围，无形中便使得他们的情绪变得起伏不定。

这种起伏不定的情绪，往往成为他们与父母争吵的导火索。因为他们不够成熟，容易失去耐性，加上情绪不稳定，有时候他们对父母讲话的语气和态度往往让父母受不了。父母通常的反应是："我绝对不允许你这样跟我讲话。""看看你讲话的态度。"当青少年感受到压力的时候，最不适合跟他们争辩，因为这会在无形中施加更多的压力，让他们变得更加痛苦。最佳的处理方法就是不要被他们起伏不定的情绪左右，不要过分针对他们变化无常的情绪，别以为你的孩子是冲着你来的。父母要明白一件事情，这个时期起伏不定的情绪只是暂时的，这好比他们坐在一条独木舟顺流而下，水流本身已是波涛汹涌，他们本身也在惊涛骇浪当中，明智的父母这个时候绝对不要去摇他们的独木舟，而要静心等候，让他们自己安静下来，然后借着沟通来跟他们讨论，这样会更有效果。

三、重视同辈的认同和接纳

在我还是青少年辅导员时，一位母亲对我诉苦说，她与13岁的儿子到百货商场逛街，两个人本来有说有笑，儿子迎面看到他的一位同学后，走路时便刻意与母亲保持距离。我告诉她，她儿子的行为是"正常"的，因为他不愿意被朋友认为他还是母亲裙带边的"婴儿"。

同侪的压力非常巨大，对青少年尤甚，他们的心思意念都会受到同辈的影响。这个时候的他们非常在意别人的看法。因此自然而然地，他们一定是全心向着与自己同年龄的朋友的，因为大家臭味相投，行动举止、思想衣着都差不多，他们认为与父母在一起只能整天听他们啰唆批评。但若要被同侪接纳是需要付出代价的，如果不想被人拒之门外，便要遵守不成文的规矩，像是喝酒、抽烟、穿奇装异服，甚至偷窃。很多时候他们宁愿跟着大伙一起鬼混，也不愿被同侪踢出团体。

中国俗语说：近朱者赤，近墨者黑。如果他们跟一群有正确价值观和人生观的朋友在一起，他们就会往高处行；如果他们是跟一群狐朋狗友混在一起，他们就会变得无法无天，令父母感到失控。父母要怎样做？如果你的孩子出现这种破坏性的行为，你该如何帮助他面对青少年同侪的压力？

美国教育学家杜布森（James Dobson）回忆他刚进入青春期时，也是一个非常捣蛋、让父母头痛的小子。有一次他在学校闯祸，母亲就警告他说，如果学校再投诉说他在学校行为不检点，她隔天就跟他一同到学校，天天坐在他的旁边和他一起上课。他回忆说，妈妈这一招非常管用，他母亲深谙青少年心理，一个青少年被妈妈这样一搞，以后可能根本没法再在同辈面前抬起头来。从那个时候起，这个捣蛋的青少年便开始收敛了。

所以说，父母如果掌握了青少年的心理，就可以"以毒攻毒"来化解孩子制造出来的五花八门的难题（后面会有一些建议）。

四、注重外貌

10岁的孩子可能不太在乎他们的外表，父母批评他们衣着邋遢，他们都不以为意。但是一旦进入青春期，孩子待在洗手间30分钟都嫌不够，早上起床，父母常常为了与他们抢用洗手间而抱怨。因为这些孩子到了一个非常注重外表的年龄，不管男生女生都是一样。更惨的是，青少年因为荷尔蒙的分泌而长出青春痘，对他们来说，这实在是很要命的事情，父母千万不要等闲视之，如果可以，尽量找医生来处理。另外，如果孩子认为他们牙齿不美观，在经济能力允许的情况下，帮助他们矫正牙齿。

五、对异性产生兴趣

身体的荷尔蒙也让他们对异性产生兴趣，孩子可能整天在电话上与异性谈个不停，或者在网上互通心声，甚至开始约会。这是无法避免的事情，但如果父母能够事前让孩子感到家庭的温暖，给予足够的爱，他们对外界的爱就不会那么向往。最麻烦的是，孩子因为缺乏家庭的爱，到了这个需要爱来肯定的年龄时，很容易到外面去寻找异性的爱。那个时候，父母怎样禁止都不见得有效。如果父母能够在孩子尚未进入青春期时，就先说明约会的要求和年龄限制，孩子便有了不需抢着交异性朋友的心理准备。如果能够让孩子参加一些青少年活动，借由群体活动让他们进行"群体约会"，而减少"单独约会"的机会，也是一个可行的办法。另外，如果朋友的父母也有同样的要求，在进入大学以前不允许孩子单独约会，也会让孩子减少争论的机会。

六、身份认同危机

我曾经帮助过一个美籍华人家庭，夫妻只有一个儿子，儿子在进入青春期之后对自己的黄皮肤、黑头发非常在意，痛恨自己为何不是白皮肤、金头发。皮肤颜色不能改变，最后他决定把头发染成金黄色，算是圆梦。父母询问，为什么孩子会讨厌自己的华人身份？

事实上，这个家庭本身就不健全。夫妻两人是因为到了适婚年龄，找不到合适的对象，通过别人介绍认识的。从认识到结婚不到一个月，婚姻基础非常薄弱。结婚之后，先生只是埋头工作，对太太的情绪需要完全不闻不问，在孩子出生之后，太太自然把所有希望寄托在孩子身上，对他保护有加，形影不离。父母一心一意要孩子在白人世界里闯出名堂，所以尽量不让他与中国人玩在一起。孩子自己是黑头发、黄皮肤，而同学朋友都是白皮肤、金头发。在这种环境中成长的孩子，不知道自己是要当中国人还是美国人。美国人不认同他，他也不认同自己是华人，这种心态难免让他痛苦万分。

青春期是寻找个人身份认同的年龄，这时候的孩子，想要知道自己是谁，人生目标是什么，要怎样达成目标。孩子年幼时，他们不会想到自己的身份，如果有，只不过是父母的延伸而已；当他们进入青春期后，他们开始寻找，想知道自己的独特性，于是便与父母分开。他们很想知道一件事情："除了是父母的儿子（或女儿），我是谁？"

这是一个很严肃、很重要的问题，因为这关系到他们未来的人生、职业、价值观、人际关系等。在摸索的过程中，他们可能会尝试不同的门路来寻找自己，一开始也许会对运动很有兴趣，一个月之后又可能跑去搞绘画。当然，在他们追寻身份的过程中，他们的父母、同侪、老师都会对他们产生或多或少的影响。进入青春期后，那些对他们具有影响的人，他们过去所讲的话，会成为他们的所爱和不爱，当他们到达某一个年龄（约20岁左右），他的身份就可能定型了。父母要了解一件事，他们对青少年寻找身份认同的这一过程，是具有相当大的影响力的。另一方面，父母不要因为青少年在职业选择上举棋不定而感到气馁，相反，父母不妨鼓励孩子多花一点时间在他们有浓厚兴趣的事情上，并且考虑参与一些校内校外的有益活动，或各种不同团体的聚会，这些都能够帮助他们来确定自己的身份。

青少年矛盾情结

当孩子到了这个年龄阶段，他们心中有说不出的矛盾，身体发育得越来越像一个成人，但他们的心智和行为仍然相当幼稚，有些说不定晚上睡觉还需要一个洋娃娃在床边做伴。他们很向往大人所拥有的自由，想去他们要去的地方，买他们想要的东西，但他们没有赚钱的能力，经济上还得依赖父母；他们不想生活在父母的阴影下，嫌父母思想老套落伍，但在很多事情上他们还是需要询问父母的意见，寻求他们的指导。

这正是进入青春期孩子内心的矛盾。把他们当作大人来看待，他们还不算大人；说他们是小孩子吗？他们不再会盯着电视看《芝麻街》。你说他们不懂事吗？却有人肯付钱给他们去照顾婴儿（baby sitter）；你说他们明白事理？他们一句话会把你气炸。这正是青少年矛盾的地方。

父母与青少年的冲突区

青春期是父母和孩子之间最容易爆发冲突的时期。为了保护孩子的安全，父母会拟定各种规矩，晚上外出规定要按时回家，孩子却认为父母约束他们的自由。青少年崇尚自由，喜欢交一些与他们志同道合的朋友，但父母却认为他们人生历练不够，担心他们误交损友。孩子有钱在身，认为有花钱的自由，而父母却担心孩子养成浪费的习惯。等孩子进入大学选择自己有兴趣的专业，父母却问，到底你所读的是否有前途？说到穿衣服，青少年追求时尚，能够追上潮流，但父母却认为他们穿得人不像人，鬼不像鬼。音乐方面，青少年喜欢的是那些热门摇滚歌曲，而父母认为吵死人，完全没有音乐品味。你说是代沟也可以，你说是两代思想的差异也无妨，不管怎样，这些都是孩子进入青春期之后父母与孩子容易产生冲突的地方。

青少年最容易挑动父母神经的语言和行为

正如前面所讲到的，青少年时期是孩子生理和心理的转变期，他们的行为和言语有意无意地冲着父母而来，父母一方面不能对孩子的幼稚行为视若无睹，但如果对他们定规矩和施行管教，又容易与孩子产生冲突。有时候父母一个不留神，随时可能被一句话弄到暴跳如雷。下面是一些青少年容易挑动父母神经的话语和行为，聪明的父母不但要有智慧避重就轻来处理，而且要知道如何见招拆招。

1. 你什么都不让我做

譬如说，当孩子因为行为不检而被你禁足，不得到朋友家里过夜时，很生气地说："你什么都不让我做。"于是你搜肠刮肚地思考自己真的什么都限制他吗，让你从主动变成被动。其实，青少年这句话只是在转移目标，造成你的愧疚感，你不须太在意他所讲的话。按照规矩执行处罚就是。

2. 你根本不爱我

当你准备处罚孩子行为不检的时候，青少年这句话可能勾起你的愧疚感，你可能会问自己："我是一个称职的父母吗？"很多时候父母会因此上当，手下留情，不再处罚他们。其实处罚孩子跟父母是否爱他们是两码事。当你生病的时候，苦药绝对不好吃，但却是对你好。

3. 我实在恨死这个家

这句话可以让你暴跳如雷，暂时失去理性，不知道如何继续处罚你的孩子。这又是一个转移话题的伎俩，使得父母从主动变成被动。不过话说回来，如果父母与孩子过去的亲子关系非常薄弱，要么不讲话，要么一讲话就吵架，若是孩子讲出"我恨死这个家了"，请记得现在不是生气的时刻，而应当自我检讨。要想办法认真修补亲子关系，必要时寻求职业辅导的帮助。

4. 骂脏话

如果青少年骂脏话，父母在处罚他们的同时，也必须自我检讨：他们这些这些话是从哪里学来的？父母本身在家里是否有好榜样？如果亲子关系已经到了势如水火的地步，这可能不是孩子个人的问题，而是家庭的问题，父母本身有很大的责任，可能需要寻求外来的帮助，否则随时会出现家庭暴力。

5. 你根本不是我妈／我爸，我为什么要听你的？

这对继父母来说是一个致命的打击。但事实上，这跟是不是亲生父母毫无关系，他们只是故意冲着你来，让你极度生气，于是你忘记了真正的问题——孩子没有遵守家规。

6. 翻白眼，瞪你一眼

有时候肢体语言、非语言的态度行为或讲话的语气，也具有强大的杀伤力。如果你太过介意他们这些小动作，你就落入他们的圈套了。一旦他们知道这些会引起你强烈的反应，他们就会不断用这些动作来刺激你。

7. 说谎

捏造事实，谎话连篇，假假真真等事情，都可以让父母暴跳如雷。如果青少年发现父母平常不怎么理他们，但这一招让父母有强烈的反应，他们可能会不断使用，父母只好连连接招。父母必须先让自己冷静下来，再去检讨过去是否太过忽略孩子的需要，或者对孩子过于严厉，孩子说谎背后的原因才是父母需要留意和处理的。

8. 逃课／逃学

大部分父母非常看重孩子的教育，通常青少年不太在意未来的事情，即使将学业搞得一团糟，他们也觉得没什么大不了的。但是青少年知道父母非常在乎他们的成绩，所以他们故意这样做让父母生气，于是他们从被动变成了主动。

9. 我不要回家

这句话是警告父母不要逼人太甚，有很多父母非常担心孩子离家出走，所以青少年知道这一招非常有效，让父母不敢强迫他们遵守家规。

上面9点，有哪些常让你暴跳如雷并且感到失控的？如果有，青少年孩子可能已经找到你的"致命伤"。你最好认真检讨过去对他们的处理方式，不要用暴力，应当平心静气地面对，将他们所讲的话和事件分开。另一方面，如果这些问题常出现在你的家中，冰冻三尺非一日之寒，显然父母与孩子过去的亲子关系并没有建立在互相尊重的基础上，两代之间缺乏良好沟通，建议父母鼓起勇气寻找外界的帮助，心理医生或专业辅导都是可以考虑的对象。

避开地雷区

所谓知己知彼百战百胜，一方面你不要被青少年的言行刺激；另一方面，你最好不要踩到他们的雷区，触碰他们的禁忌。有时候父母有意无意触碰青少年的禁忌，结果把亲子关系搞坏，以后再要求他们跟父母合作就非常困难了。

一、青少年的禁忌

1. 训话或者老生常谈

当青少年听到你一开口说"当我在你这个年龄的时候……"或者"只要有一天你住在我家……"，他们的耳朵会马上关闭，一句话也听不进去，因为没有一个人喜欢听别人对他的批评，或者把他与其他人作比较。通常他们的反应不是生气走开，就是跟你斗个没完。如果你不改变抨击他们的态度，便无法与他们建立良好关系。

2. 长篇大论

你叫他们把垃圾拿出去丢时，千万不要长篇大论："我每次吩咐你做什么事情，你没有一次马上帮我去做，你把我讲的话当耳边风……"要记得一件事情，你啰唆得越多，麻烦也会越多。你会挑起孩子的怒气，到头来，你会发现完全切断了与孩子沟通的渠道。

3. 贴标签

青少年最讨厌父母说："你就是那么没用。""你总是这样懒惰。""你从来就是这样。"……这种讲话的方式是无形的人身攻击，是对他们品格的贬低。而且父母说这种话，最终可能会预言成真，因为你的孩子相信你所讲的话，会在潜意识中认为这是一个事实。譬如说，孩子不肯做功课，你问他为什么，有些孩子的回答是："不管我怎样努力，我老爸都说我将来不会有什么前途，我想他是对的。"

4. 讲预言

这是用负面的讲话方式来讲孩子的未来，譬如说："你这种成绩绝对进不了大学。""没有人会雇用你这种人。""你这种态度，谁嫁给你就倒霉一辈子。"对孩子讲负面评语，必然造成孩子对你的憎恨和愤怒，他的行为或态度会正如你所预言的，不幸成真。

5. 不能忍受他们的情绪飘浮不定

青少年的一个特色是情绪捉摸不定，不太容易猜测。不过这种情况总会过去，但如果你处理不好，很容易踩到地雷。"你搞什么鬼""你生什么气"，父母这类话只会招来更多的反抗，孩子自己有时候也说不出个所以然来，他们绝对不会跟你说："对不起，我想荷尔蒙失调把我心情搞坏了。"

6. 不接受他们的奇装异服

孩子的行为你不见得喜欢，但接受他们却是另外一回事。青少年的服装、发型是他们个人身份的象征，是一个正常的成长变化，如果你花太多精力去规范他，即使在这些鸡毛蒜皮的事情上赢了，但你会发现在其他更重要的课题上可能惨败，例如打架、酗酒、逃学等。所以不要跟孩子争一些无伤大雅的事情，倒要多花时间注意孩子的品格、道德行为。

7. 批评侮辱的话

来自父母的批评和带伤害性的话会严重伤害孩子的心灵，这比身体上的伤害还严重千万倍。有时伤害经过若干年都不见得能够治愈，如果你特别挑剔他们眼睛、身材等外貌上的毛病，极尽侮辱之能事，尤其当两边吵得不可开交的时候，故意去挑他们的毛病，他们必定跟你势不两立，宣告冷战开始。何必故意去挑他们的毛病呢？倒不如称赞他们做得好的地方。

挑剔孩子有点像抽烟，会成为习惯。怎样改变你这些坏习惯？你需要改变心态。每天早上起来，提醒自己：为人父母有什么是致命的死穴？对待孩子方面，有哪一个地雷是你常常有意无意踩到的？写在纸上，提醒自己。日复一日，你会发现批评侮辱孩子的情形会越来越少。

二、家庭约法三章

有一个可行之法，可以由父母与孩子一同协调进行。准备两个钱罐，一个给父母，一个给孩子。如果父母踩到孩子的地雷，他们要罚10块钱；如果孩子踩到父母的地雷，孩子也要从自己的零用钱中，拿出5块钱放进钱罐（大人经济能力强，可以多罚）。这个游戏的目的是要双方警惕雷区，学习彼此尊重。父母和孩子都有可能犯错，一家人学习包容、接纳、提醒。等钱罐满了，一家人出去聚餐。

父母容易犯的六个过错

1. 放空炮弹

如果你用一些话来威胁孩子，但却从来不执行，那就是空炮弹。例如："如果你不去找工作，我不给一毛钱。""如果你不高兴，收拾行李出去不要回来。"如果你有这个毛病，必须马上停止。你可能不觉得自己有这方面的问题，不妨问问你配偶的意见。

2. 夸大其词

当你极度生气的时候，是否常常讲一些非常极端的话，"你一年都不用回家""你一个月不可以用电话""你以后不准用电脑""你以后不要跟我讲话"。如此做，无疑是把自己推到了一个死角，因为你知道那是不可能的事。如果孩子犯错让你动怒，先给自己一点时间冷静一下，待心情稳定之后，再到他们面前，平心静气地告诉他们你准备怎样处罚他们，这远胜过马上开口说一些会后悔的话。

3. 是就说是，不是就说不是

不要对孩子讲模棱两可的话，说了可以，转头又说不可以。本来说今天要禁足，结果想到你约了朋友有事情，禁足会让你也出去不成，于是你改变主意，让孩子到朋友家。如果你有这种毛病，你会让孩子觉得你信不过，也给孩子树立了一个讲话不需守信的坏榜样。

4. 没有跟进（验收）

吩咐孩子做一件事情，但从来不去检查一下到底他们是否有做完。譬如说，你要他们收拾房间，之后你是否会检查？如果你不能验收成果，就不要吩咐他们做那件事。

5. 父母意见不一致

如果夫妻对管教孩子的意见不一致，必定会出现很多麻烦，一个太严，一个太松，你的孩子自然会倾向那个容易说话的一方。在这种情况下，比较严的一方就会对配偶和孩子感到很气愤。你的青春期孩子在犯错时，自然乐于看到父母意见不合，因为如此他就可以轻松地逃过一劫。

6. 处罚不一致

对于孩子同样的行为，父母的处罚前后不一样。譬如说，孩子没有做家务，今天你对他禁足；两天后，同样的事情发生，你只是训他一顿就了事。因为通常父母下班回家太累，根本没有精力来执行处罚的工作，使得孩子认为父母订的规矩不见得要遵守。

对付青少年的有效工具

每一个孩子都有他们的致命伤，他们不希望你去触及这个地方，你可以运用这个弱点来对付他们，或者鼓舞他们。例如，负面的处罚不会马上看到功效，因为青少年看重短暂的享受，他们宁愿暂时被你处罚，而不肯放弃实时的快乐，像是酗酒、性的享乐、玩通宵，所以，你必须做一些让他们感到非常难受的事情，他们只好放弃暂时性的享乐以免忍受长期的痛苦，不过，最好这些后果有点创意。

另外一个致命伤是正面的，通常不容易被发现，因为很多时候他们好像满不在乎，而事实上却很在乎，你最好找到抓准他们心意的事情。

对9岁以下的孩子，拿走他们的玩具，不给他们吃冰淇淋，要他们提早上床睡觉，这些惩罚也许会有明显的功效。但是到了13岁，同样的处罚却完全无济于事。孩子年龄越大，父母就需要动更多脑筋。以下应对青少年的手段与方法是经过多年研究的结果，也是父母鼓舞青少年的最佳武器，用在刚迈入青春期的孩子身上效果最为显著。

1. 金钱

控制零用钱或者把钱拿走是最管用的方法。

2. 电话、手机或者上网

朋友对他们来说非常重要。所以，限制他们跟朋友讲话，尤其是跟异性来往，非常有效。

3. 自由

失去自由会让青少年感到日子不好过，包括禁足、不能与朋

友外出、不能看电视、不可以上网等，这些对他们来说是致命的
处罚。

4. 衣着

青少年的服饰代表着他们的身份，把他们心爱的衣服拿走，或
者只允许他们穿怪里怪气的衣服，简直是要他们的命。

5. 车子

18岁是他们考取驾驶执照的年龄（在美国是16～17岁），过去
通常是父母开车代劳，现在他们可以开车，给了他们很大的自由。
如果突然禁止他们驾车，他们只好使用其他公共交通工具代步，这
会让他们感到非常不方便。（这个方法对美国家庭比较管用。）

6. 解除禁令

父母可以考虑解除禁令，允许青春期的孩子晚点回家，或者晚
一点上床睡觉，让他们感觉自己不再是小孩子，享受了成年人的待
遇，这也是一个很好的鼓舞。

7. 外表

青少年总是希望在朋友面前保持体面，除了打扮得光鲜，他们
还喜欢在同学朋友面前耍酷。如果你的孩子逃学或者行为不检，你
可以跟他一起到学校上课，尤其是坐在他旁边，这会让他在同学面
前颜面尽失，一招击中要害。

与青少年建立美好关系

孩子踏入青春期，因为学业、同侪的压力，起伏不定的情绪，尚未完全发育的心智等因素，整个家庭可能陷入暴风雨当中。父母如何有效处理与青少年之间的冲突是一个关键，但父母不在言语上挑衅青少年，并且跟他们维持美好的关系，更为重要。尽管两代之间的冲突有时候在所难免，但凭借父母与孩子之间的良好关系，冲突还是可以减到最轻。面对孩子的各种问题，父母应该如何处理呢？应注意以下几个重点：

一、不要对孩子唠叨

不要啰唆、唠叨，尤其是妈妈过去已经习惯对孩子不断地唠叨，这种方法表面看来有效，但孩子到了青春期，最怕的就是父母长篇大论，一旦达到引爆点，他们甚至可能会在你面前发脾气、摔东西，把所有的怒气一次性发泄出来，伤害是非常大的。

二、不讲威胁的话

我看过有母亲骂女儿说，"你有本事就不要回来""我看到你就非常讨厌"。孩子思想并不成熟，很容易在怒气之下做出蠢事。想想看，女儿离家出走，紧张的还是父母。不要跟青少年说威胁的话，冲突是难免的，但我们可以用许多不同的方法来处理。

三、尊重孩子

切记要尊重孩子的个人隐私，不要到他们房间看他们的日记、信件等。没有他们的允许，不要随便进去，否则他们会认为你不尊重他们。

对孩子的朋友也是如此，不要在他们面前或者背后批评他的朋友。尊重他们也是尊重你的孩子。也许这些朋友的衣着打扮让你不太习惯，但你应在孩子进入青少年期以前，就让他们了解你不喜欢的衣着打扮，因为等他们成为青少年时再处理，就已经太晚了。

四、定规矩

为了不让青少年孩子为所欲为，你可以事先定好规矩，比如说，晚上几点之前要回家，用钱方面要有节制，要帮忙做家事等。穿着、洗碗、洗衣、看电视、用电脑、上网等都要有规矩。从表面上看，他们很不喜欢这些约束，其实内心却可能希望父母能够帮助他们约束自己。

五、信任孩子

青少年常常会说："你根本不信任我，常常到我房间东翻西翻，擅自看我的信。"这些行为会让他们感到不被信任。如果你发现他们有说谎的行为，你最好直接告诉他们，这种做法会造成很大的不信任，但同时也要给他们一些机会。至于是否让他们到朋友家里过夜，首先可让他们请朋友到自己家中来过夜，观察其言行，以判断其是否成熟、负责任，是否可以信任。这亦可作为决定他们是否适合与异性约会的一个条件。

六、建立良好的沟通渠道

父母应理解青少年在思想上的改变，明白孩子情绪不稳定并非故意冲着父母而来，亦非跟你唱反调。你应该正面看待他们拥有的这种思考的能力，因为他们正在磨刀霍霍地查验自己对人生的思考能力。

面对孩子成长过程中的挑战，有智慧的父母不会采用与孩子对骂、痛斥孩子叛逆等方法跟孩子交手，而是用建设性和鼓励式的方法来与孩子沟通，学习多聆听，多明白他们的心意。

以下这几个步骤是基本的沟通技巧，可以让父母与孩子每个人都有机会听到各自不同的看法，容许自由发言，互相尊重，让孩子自由表达他们个人的想法。

1. 轮流讲话

不要用吼叫、以大压小的方式处理，等对方完全表达出心中想要讲的话，然后才做回应，要给对方充分的发言机会。

2. 重复对方所讲的话

务求清楚地明白对方所讲的话，避免出现误解。当对方讲话的时候，不要插嘴以表示尊重。尽管父母不见得认同孩子的看法，但重点是要明白对方的立场。

3. 表达尊重

当孩子感受到你对他们的尊重时，尽管你不见得赞成他们的看法，但至少孩子看到父母尝试明白他们立场的诚意，便会更愿意分享他们的感受。

有关约会的事

进入青春期，青少年身体的荷尔蒙开始大量分泌，从一个乳臭未干的孩子变成了小帅哥，从丑小鸭变成亭亭玉立的少女，突然间他们都渴望跟异性约会，而这正是父母最担心的事情。从身体发育来看，他们跟大人相差无几，但心智上仍未成熟，父母怎能放心他们与异性约会呢？父母都是过来人，明白一失足成千古恨，一个小小的差错随时可能毁掉孩子的一生。但父母也知道不能一辈子把他们紧抓在手心，总不能因为外面的世界有细菌就永远不出门吧？孩子不能一辈子困在家里，总有一天会离家上大学，出去谋生。所以最佳的方法不是禁止他们约会，而是事先教育他们如何去约会。

第8章提到的性教育，正是为青少年约会而设。如果你从小就给予孩子正确的性教育，便已成功了一半，此时谈约会的事情就事半功倍。如果你从没有跟孩子谈过性，不妨先细读第8章，以轻松的语调跟孩子来讨论这个严肃的话题。不管怎样，讲到青少年的约会，还是有几个重点与步骤值得父母注意并且尝试。

当青少年提出约会的要求时，父母可以坐下来跟他们约法三章，提出自己对约会的看法和要求。父母可以很坦诚地以过来人的身份说出自己对约会的看法，同时要体会孩子内心的需要和感受，因为那是一个正常年轻人都会有的需求。但年轻人在约会时会面对许多不同的挑战和诱惑，这就需要定好规矩，如同年幼的孩子不能随便碰刀叉、火炉、电器等东西，那是为了保护他们，以免发生危险。

青少年开始学习开车时，父母会因担心而限制他们，因为开车上路会遇到许多不可预测的危险状况。父母为了保护孩子，会以渐进的方式，一步一步训练他们学习开车。约会也是一样，父母不会阻止孩子，只是希望通过不同的方式来帮助他们免除不必要的危险和诱惑，主要是希望借此保护他们，使他们不会因一个过错而遗憾终生。如果父母能够跟孩子有这样坦诚的沟通，孩子绝对不会认为父母是故意为难他们。

一、为他们约会做准备

既然他们急于想要开始跟异性约会，不妨请他们从书本或者网络上找到几个与约会有关并且有意义的问题的答案，诸如：约会的真正目的是什么？在约会中会遇到的试探和危险有哪些？什么是在约会中可以做和不可以做的事情？有两本书与这些问题有关，第一本是《预备青春期》（*Prepare for Adolescence*），另外一本书叫《纯粹的兴奋》（*Pure Excitement*）。父母可以要求孩子在读完这两本书之后，写2～5页的读书报告，并且回答前面提到的3个主要问题。

二、要求青少年表现出一定的成熟度

要青少年孩子明白，如同学习开车一样，不是所有孩子都能够立刻开车上路，他们需要有足够的稳定性和成熟度，所以法律要求到了法定年龄才可以开车。约会虽然没有法定年龄限制，但依然需要有相当的成熟度。父母可以要求青少年在约会前表现出一定的成熟度，包括积极主动做家务，诚实可靠，衣着得体，擅于管理时间，读书、玩耍、上网能够自律，平常待人接物为长辈所称许等。如果青少年孩子达到了这些要求，那么他们就通过了第一关。

三、允许集体约会

经过前面两个步骤，如果父母认为孩子已经做好了约会的准备，可以考虑让他们进行集体约会，即允许孩子与至少两三对男女外出约会，让他们首先尝试约会的感觉。集体约会与单独约会很不一样，可以让他们有机会初步与异性直接接触，同时又不会带来单独约会的压力和诱惑。通过集体约会与异性接触，他们可以对异性有更多的了解，这是一个好的开始。

四、约会守则

经过一段互相交往的过程，如果他们还是很认真地想单独约会，且父母认为孩子已经成熟到这一步，就得开始认真地跟他们订下约会手守则。首先，父母应要求青少年孩子把他们的男朋友或是女朋友带回家与父母见面。约会守则应说明什么地方可以去，什么地方不可以去，约会中有什么行为是允许的，什么是不被允许的，以及约会时间等。当然，等青少年出去后，父母无法盯着他们，但至少可以让他们知道，父母是非常认真地看待他们的约会的，他们也不会马马虎虎等闲视之。

通常经过这么多步骤，你的孩子也差不多快进大学了，你为他做准备工作也告一段落，因为大学后的日子也许不再是你所能掌控的。你已尽到了应尽的职责，日后的事情，很大程度上要靠孩子自己来把控。如果你从小为他们建立了良好的根基，你可以充满信心地看着他们自律、自重地继续成长。

结论

父母都是过来人，都曾走过那段无人理解的尴尬岁月，那时我们一样与父母起过冲突。一晃就是几十年，往事最好不要回味。现在面对我们的下一代，轮到他们走入我们以前所经历的青少年时期，而我们也得如我们父母般地度过忐忑不安的日子，老天很公平，是不是？

既然我们都是过来人，那么对新一代的年轻人，是否应该网开一面，不要再以上一辈对待我们的方式对待我们的孩子了呢？青少年会给我们带来困扰，但终究都会过去。不要强求每一件事情孩子都会符合你的心意，明智的父母只会选择重要的战场。头发、衣着只是短暂的潮流，很快就会过去，不值得争论，品格、行为、责任感才是决定他们一生的重要特质，才是父母需要看重的事。如果不是最重要的事情，为了维持亲子关系，父母不妨稍微让步。父母可以试问一个最关键的问题：互动过程中有人受到伤害吗？孩子的衣着、发型会对人构成伤害吗？也许短时间会造成尴尬（父母的尴尬多于青少年），但并没有让他们或者别人受到伤害，是不是？父母要牢记一件事情，正常的年轻人总会在一些事情上跟父母唱反调，这样才能显示出他们跟父母的不同，这也是他们独立的宣言和成长的象征。

因此，父母要尽量避免批评青少年的衣着、发型、打扮，以及他们所听的音乐。为了这些事情而破坏亲子关系实在是不值得，可允许他们在这些无关痛痒的事情上拥有选择权，而在其他事情如约会、抽烟、吸毒、喝酒等事情上认真处理。一般来说，青少年若能够在家庭中得到足够的关怀、爱和尊重，亲密的亲子关系便可帮助他们不致做出极大错误的选择。

为人父母的我们都很想帮孩子做选择，因为总担心孩子不懂得做出明智的决定。然而父母的关心是一回事，采用怎样的态度又是另一回事，特别是当青少年与你唱反调时，如果父母的处理是"你整天就是跟你的狐朋狗友在一起""你听的是什么鬼音乐"，这种讲话的语气和态度，会将你的关心扭曲成论断和批评，孩子会认为你不认同他们，甚至觉得他们一文不值，这无疑会将他们推到门外去。父母的介入很重要，但处理时却需要技巧，最有效的方法是表达对他们的关心，并且没有任何批评的色彩，以开放和尊重的方式与他们对话。

本书已到最后一章，前面所讲到的有关教育儿女的原则，正是为你和孩子进入青少年这段风暴期做准备，帮助你先建立良好的亲子关系，这样，你与孩子所经历的便不会如耳闻的那么可怕。尽管走的路程中仍然难免会有风波，但由于过去所建立的稳妥基础，你跟孩子还是会平安度过。

与孩子关系恶劣的父母，在管教孩子过程中不是过严就是过松。这些偏差都可能导致你的家庭在孩子进入青春期之后产生严重的风暴。建议父母把前面几章有关如何与孩子沟通和管教的内容好好细读，检讨过去你与孩子之间的互动模式，主动修正与他们之间的关系，如有必要，不妨寻求专业辅导的帮助。

◎ 问题讨论

1. 如果孩子还小，你要怎样为孩子进入青春期做准备？你又怎样让自己做好准备？

_____

_____

2. 回想你的青春期，你跟父母争执得最多的是什么？这是否影响了你跟儿女的关系？

_____

_____

3. 如果孩子已经进入青春期（10岁以上），你现在面临的最大的挑战是什么？

_____

_____

4. 本章给你最大的启发是什么？

_____

_____

参考文献

高伟雄，2009. 有伤害没伤痕[M]. 台湾：橄榄出版社.

江汉声，宴涵文，2000. 性教育[M]. 台北：性林文化.

佚名，2007. 揭开暴力之谜[J]. 读者文摘.

苏颖睿. 敬拜乐天伦（下）[M]. 第23章"父亲节". 香港：学生福音团契出版社.

宴涵文，黄富源，2000. 家庭性教育[M]. 台湾：一家亲文化有限公司.

有关儿童青少年零食消费指南[EB/OL]. http://news.spos.com. cn/20070924/9607.shtml.

竹君，1989. 爱的雕琢[M]. 香港：宣道出版社.

竹君，1995. 爱的融会[M]. 香港：宣道出版社.

Bledsoe, Mac, 2004. Parenting with Dignity[M]. New York: Alpha Books.

Borba, Michele, 2009. The Big Book of Parenting Solutions[M]. [S. 1.]: Jossey-Bass Books.

Chapman, Gary, Ross Campbell, 1997. The Five Love Languages of

Children[M]. [S. l.]: Northfield Publishing.

Chirban, John T., 2007. What's Love Got to Do with It: Talking with Your Kids about Sex[M]. Nashville, Tennessee: Thomas Nelson.

Cline, Foster, Jim Fay, 2006. Parenting with Love and Logic[M]. Colorado Spring, Colorado: NavPress Publishing.

Dobson, James, 1986. Dare to Discipline[M]. Carol Stream, Illinois: Tyndale House Publishers.

Dobson, James, 1989. Preparing for Adolescence[M]. Ventura, California: Regal Books.

Dobson, James, 1985. The Strong-willed Child[M]. Carol Stream, Illinois: Tyndale Publishers.

Emotional IQ[EB/OL]. (1996-07-05). http://abcnewsstore.go.com/webapp/wcs/stores/servlet/DSIProductDisplay?catalogId=11002&storeId=20051&productId=2012867&langId=-1&categoryId=100039.

Eyre, Linda, Rickard Eyre, 1993. Teaching Your Children Values[M]. New York: Fireside Books.

Faber, Adele, Elaine Mazlish, 1980. How to Talk So Kids Will Listen & Listen So Kids Will Talk[M]. New York: Avon Books.

Faber, Adele, Elaine Mazlish, 1987. Sibling without Rivalry[M]. New York: Avon Books.

Fay, Jim, Foster Cline, 2006. Parenting Teens with Love and Logic[M]. Colorado Springs, Colorado: NavPress Publishing.

Fay, Jim, 1994. Helicopters, Drill Sergeants and Consultants[M]. Golden, Colorado: the Love and Logic Press.

Ginott, Haim G, 1972. Teacher & Child[M]. New York: Avon Books.

Goleman, Daniel, 2006. Emotional Intelligence[M]. New York: Bantam Books.

Gottman, John, 1997. Raising an Emotionally Intelligent Child[M]. New York: Simon & Schuster.

Gottman, John, 1997. Raising an Emotionally Intelligent Child[M]. New York: Simon & Schuster Paperbacks.

Gottman, John, 1994. Why Marriages Succeed or Fail: And How You Can Make Yours Last[M]. New York: Fireside Books.

Harley, Willard F., 2001. His Needs, Her Needs: Building an Affair-Proof Marriage[M]. Grand Rapids, Michigan: Revell Books.

Hendricks, Howard, 1987. Heaven Help the Home[M]. [S. l.]: Victor Books.

How to Be a Better Parent[EB/OL]. (1997-04-13). http://abcnewsstore. go.com/webapp/wcs/stores/servlet/DSIProductDisplay?catalogId=11002& storeId=20051&productId=2012226&langId=-1&categoryId=100029.

Jones, Stan, Brenna Jones, 2007. Facing the Facts (Age 11-14)[M]. Colorado Spring, Colorado: NavPress Publishing.

Jones, Stan, Brenna Jones, 2007. How and When to Tell Your Kids about Sex[M]. Colorado Spring, Colorado: NavPress Publishing.

Jones, Stan, Brenna Jones, 2007. The Story of Me (Age 3-5)[M]. Colorado Spring, Colorado: NavPress Publishing.

Jones, Stan, Brenna Jones, 2007. What Is the Big Deal? (Age 8-11)[M]. Colorado Spring, Colorado: NavPress Publishing.

Leman, Kevin, 2009. Have a New Kid by Friday[M]. Grand Rapids,

Michigan: Revell Books.

Mellody, Pia, et al., 1989. Facing Codependence[M]. San Francisco: Harper Collins.

Navarro, Joe, 2010. Louder Than Words: Take Your Career from Average to Exceptional with the Hidden Power of Nonverbal Intelligence[M]. New York: Collins.

Navarro, Joe, 2008. What Every Body Is Saying: An Ex-FBI Agent's Guide to Speed-Reading People[M]. New York: Collins.

Nicolosi, Joseph, 1997. Reparative Therapy of Male Homosexuality[M]. Lanham, Maryland: Jason Aronson Inc.

No More Picky Eaters[EB/OL].(1999-06-27). http://abcnewsstore.go.com/webapp/wcs/stores/servlet/DSIProductDisplay?catalogId=11002&storeId=20051&productId=2010157&langId=-1&categoryId=100039.

Nystrom, Carolyn, 2007. Before I Was Born (Age 5-8)[M]. Colorado Spring, Colorado: NavPress Publishing.

Popov, Linda, Dan Popov, John Kavenlin, 1997. The Family Virtues Guide: Simple Ways to Bring Out the Best in Our Children and Ourselves[M]. London: Penguin Groups.

Pruett, Kyle, 2000. Fatherneed: Why Father Care Is as Essential as Mother Care for Your Child[M]. New York: Broadway Books.

Sells, Scott, 2002. Parenting Your Out-of-control Teenager[M]. New York: St. Martin's Press.

Shellenberger, Susie, 2002. The One Year Devotions for Teens[M]. Carol Stream, Illinois: Tyndale House.

White, Burton L., 1995. The New First Three Years of Life[M]. New York: Fireside Books.

White, Joe, 1996. Pure Excitement[M]. Carol Stream, Illinois: Tyndale House.

Wilkoff, William, 1998. Coping with a Picky Eater[M]. New York: Fireside Books.

ABC News Thursday Night: Kids and Morality[EB/OL]. (1998-08-27). http://abcnewsstore.go.com/webapp/wcs/stores/servlet/DSIProductDisplay?catalogId=11002&storeId=20051&productId=2010880&langId=-1&categoryId=100039.

Attachment Parenting[EB/OL]. (1999-10-06). http://abcnewsstore.go.com/webapp/wcs/stores/servlet/DSIProductDisplay?catalogId=11002&storeId=20051&productId=2009858&langId=-1&categoryId=100039.

http://abcnewsstore.go.com/webapp/wcs/stores/servlet/DSIProductDisplay?catalogId=11002&storeId=20051&productId=2012226&langId=-1&categoryId=100029.

http://archpedi.ama-assn.org/cgi/content/abstract/159/7/607?maxtoshow=&HITS=10&hits=10&RESULTFORMAT=&fulltext=television+bedroom&searchid=1120595127674_1281&stored_search=&FIRSTINDEX=0&journalcode=archpedi.

http://en.wikipedia.org/wiki/Mary_Ainsworth.

http://www.hyper-parenting.com/chicagotrib4.htm.

http://www.kff.org/entmedia/entmedia012010nr.cfm.

http://www.libertytimes.com.tw/2010/new/may/24/today-family1.htm.

http://www.touchlife.org/bible_sermon_content.asp?article_id=2589&whichp
age=1&title=sermon.